增长战略

李云龙　曾　楠
——————
著

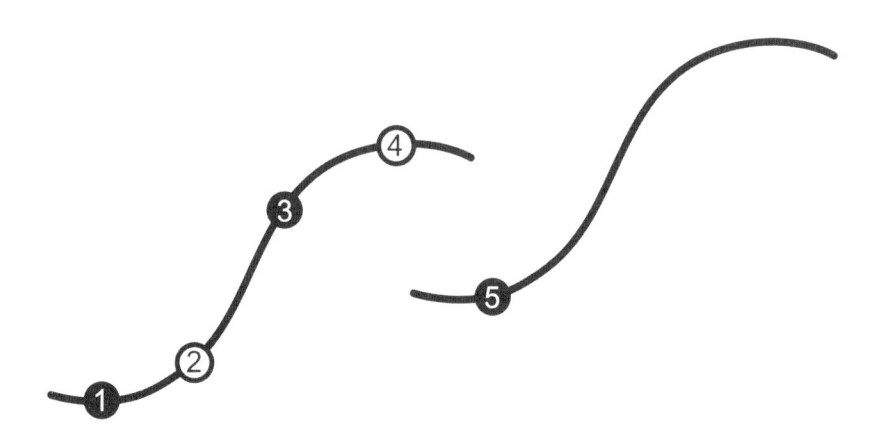

中信出版集团｜北京

图书在版编目（CIP）数据

增长战略 / 李云龙，曾楠著. —北京：中信出版社，2022.3
ISBN 978-7-5217-3801-8

Ⅰ.①增⋯ Ⅱ.①李⋯ ②曾⋯ Ⅲ.①企业发展战略 Ⅳ.① F272.1

中国版本图书馆 CIP 数据核字（2021）第 240809 号

增长战略

著者： 李云龙　曾楠
出版发行：中信出版集团股份有限公司
（北京市朝阳区惠新东街甲 4 号富盛大厦 2 座　邮编　100029）
承印者：北京诚信伟业印刷有限公司

开本：880mm×1230mm 1/32　印张：12.75　字数：274 千字
版次：2022 年 3 月第 1 版　印次：2022 年 3 月第 1 次印刷
书号：ISBN 978-7-5217-3801-8
定价：69.00 元

版权所有·侵权必究
如有印刷、装订问题，本公司负责调换。
服务热线：400-600-8099
投稿邮箱：author@citicpub.com

目录

推荐序一 认知是因，创新是果，增长是实 / 李善友　V

推荐序二 "四浪叠加"的增长战略 / 贾伟　IX

推荐序三 增长的战役永不停歇 / 丁洁　XV

自　序 什么是增长战略　XIX

第一章　增长的本质

运营性增长与结构性增长　003

科学增长　014

数字化增长转型　018

第二章　价值破局

策略解读：持续增长不是流量侧的奇技淫巧　039

价值主张：生意因何存在　050

价值曲线　054

价值、价值感与价值观　067

价值验证　072

流量：酒香也怕巷子深　083

第三章　杠杆放大

策略解读：如何以小博大　107

杠杆之社会资源　109

杠杆之变化趋势　120

杠杆之关键节点　130

增长飞轮：构建自增长闭环　135

第四章　核心聚焦

策略解读：找到你的天赋　147

爆品突破：R策略与K策略　149

打透细分：只有小格局，没有小生意　168

势能崛起：善战者，先胜而后求战　185

第五章　壁垒构建

策略解读：从战略进攻到战略防御　201

留存为先：从AARRR到RAARR　203

网络效应：越多越好，越好越多　229

第六章　系统破界

策略解读：有限的游戏与无限的游戏　253

认知升级：企业的边界，是创始人的认知边界　255

时光穿梭：如何正确地"抄作业"　279

地图 VS 导航　292

附录 1　SHEIN：下一个 10 年的大机会　297

附录 2　茑屋书店：线下业态的增长密码　321

附录 3　叮当快药：传统行业数字化转型样本　345

附录 4　理想汽车：奔跑在逻辑里　365

附录 5　本书涉及行业及企业　377

推荐序一
认知是因，创新是果，增长是实

混沌学园创办人　李善友

美国科学家做过一个思想实验：把魔方打乱，交由一个盲人还原，假设盲人永生且不需要休息，每秒转动一次，理论上他需要多久才能将魔方复原？

答案是一百几十亿年，也就是从宇宙大爆炸到现在，还需要再等几十亿年才能实现。

如果加入一个变量——每转动一次魔方，就有人向他反馈一个信息，告诉他是更接近目标了，还是更远离目标了，请问盲人需要多久才能把魔方还原？

答案是两分半！

这个思想实验揭示了一个秘密：迭代反馈是一种强大的宇宙法则。让我感到欣喜的是，云龙正走在这样一条迭代反馈的道路上。几年前，从他第一次向我提到他在研究增长开始，这个话题在他这里便没有断过。一方面，他自己讲课、做咨询、到企业操盘，积累了很多实践经验。另一方面，他又能将这些实践所得抽象化、理论化。他不仅仅是归纳总结，还在尝试构建一套基于演绎法的理论体系，并通过出版持续输出。据说他已经规划了10本以上的关于"增长"的出版计划。这很难得，先起心动念，其他的交给时间。只要不断与现实商业实践进行迭代反馈，终究会从一棵幼苗长成参天大树。

一定要做这样一件事情：事情本身在成长，我们也在成长，事情带着我们往前走，人和事之间形成一种互动，我们和时间成了朋友。

2021年，混沌学园提出了"一思维"，并组建了教学研究团队。云龙是混沌的领教，也是"一思维"的团队成员。"一思维"有三个环节——本质认知、单点击穿和迭代反馈，云龙将"一思维"应用在自己身上，他单点击穿的方向就是增长，研究增长的商业实践与理论体系，在这个一米宽的地方，扎一万米深。

混沌学园只讲创新，我们讲的创新来源于认知的提升，认知是因，创新是果。可为什么要创新？在商业上，归根结底，创新的目的是增长，增长是所有企业的宿命，增长是创新之后的那个"实"。从这个意义上讲，云龙的增长体系是从混沌的创新体系上长出来的，于时代也恰逢其时。目前，中国的商业实践已经度过了"抄作业"的阶段，前方一片无人区。以往的商业世界不曾出现过字节跳动这样的物种，也不曾有过贝壳找房这样的实验，新能源即将造就新的时代，而中国处于领先的位置，数字化即将改变所有的传统行业，过去同样没有先例……蓬勃的商业实践必将催生与之匹配的商业理论，云龙和它的增长研习社就是参与者之一。

我们要敢于挑战大问题,对于那些大问题,与其继续等待,不如亲自去解决。

在商业研究领域,增长是一个新兴话题,很重要。云龙在这本《增长战略》里将它划分为"结构性增长"与"运营性增长",其结构性增长借用了第二曲线模型图,提出"增长战略,是指在企业生命周期中,实现不同阶段结构性跃迁的战略",从而将之与获客、激活、留存、增长黑客等运营性增长概念区分开来,而后者是云龙的第一本书《增长思维》的主要内容。

讲战略的商业图书很多,云龙的贡献是从企业生命周期的视角切入,阐释企业如何从一个阶段跨越到另一个阶段。这种阶段之分与企业的存在时长没有关系,任何一家企业都可以识别自己当前所处的阶段,任何一家企业只要增长,也必然会经历这几个阶段。阶段与阶段之间并非连续的,也不会自然地发生跨越,企业需要匹配与之对应的策略。这本书的核心要点,皆在于此。

茨威格说:"一个人生命中最大的幸运,莫过于他在还年富力强的时候,发现了自己的使命。"云龙正处于生命中最好的年华,很显然,他也将研究增长这件事当作了自己的使命。我们都看到了他的努力,希望这条路他能够一直走下去。

推荐序二
"四浪叠加"的增长战略

洛可可创新设计集团创始人、董事长　贾伟

时至今日,我相信没有一个创始人、CEO(首席执行官)会去质疑增长的重要性,可是什么是增长战略,如何制定正确的增长战略?很多企业还处在摸着石头过河的自我探索阶段。云龙兄的《增长战略》通过大量的案例分析阐释了增长的本质,并提出了一套系统的方法论,总结出五大主流的企业增长策略,给我带来不少启发。

回想洛可可的发展历程,我对增长战略又有了新的认知,因此接下来,我想结合洛可可17年来的4次重要的曲线创新——我们内部称为"四浪叠加",来试着分析一下增长战略在洛可可发展历程中所扮演的角色。

价值破局——洛可可设计

我的第一曲线是洛可可设计。2004年,怀着挺起中国设计脊梁的梦想，我从一个共享办公位开始了创业。不到一年，公司就发展到了14个工位，一家名叫洛可可设计的公司正式成立。

接下来的10年，伴随着中国制造企业逐步走向全球的变化，我们把握住了中国工业设计行业发展最为迅速的时期，从一家北京的设计公司成长为一个覆盖全国多个城市的设计集团，并且通过服务世界500强、中国500强企业，在专业层面达到了新的高度，同时也是国内获国际设计奖项最多的设计公司。2013年，洛可可入选工信部认定的首批国家级工业设计中心。我们用10年打造了全球线下规模最大的设计公司。

在第一曲线阶段，洛可可及时把握住从"中国制造"到"中国设计"的上升发展机遇，在价值创造、价值传递和价值创新上都做到了极致，因此也实现了连续10年的高速增长。

但与此同时，也出现了新的问题，洛可可虽然已经成为全球最大的设计公司，市场份额却还不到1%。在12 000个客户需求中，洛可可只能服务到其中的200个客户。一边是市场份额占比不高，另一边是有大量的需求无法接单。而且在长达10年的持续增长之后，2015年洛可可的增长率大幅下降，首次出现拐点。我开始意识到，作为一家传统的设计公司，这个规模可能已经到了极限。于是，我开始思考新的增长战略。

杠杆放大——洛客

如何解决加人加产值的魔咒？

"上一个 10 年的战略是人加人，拼规模；下一个 10 年是拼影响力。"

在我 40 岁生日的时候，我放弃了洛可可总裁的位置，选择了二次创业。我想做一个没有边界的洛可可。2016 年，洛客乘着"互联网浪潮"和"共享经济"迎风而起。

洛客最明显的平台优势主要有两点：第一，首次在行业内实现了设计全域的标准化和数据化；第二，灵活地调用了社会化的设计师资源，颠覆了以往加人加产值的传统业务模式。在洛客，社会化协作、社会化创造、社会化分配收益成为现实。

洛客的数字化设计平台模式打破了成本线性增加的魔咒，为入驻设计师、客户数量指数级增长提供了可能性。

2018 年，洛客入选由国家发改委认定的首批国家级共享经济示范平台，聚集了 40 000 多名来自全球的专业设计师。通过洛客，洛可可集团的专业能力得到了拓展，我们从服务大客户发展到可以服务更多腰部企业。

在第二曲线阶段，洛可可通过线上化将设计服务产品化，并调用了社会的供给能力，最终快速放大了自己的杠杆能力。

认知升级——水母智能

企业的边界，其实就是创始人的认知边界。

在第三曲线阶段，我经历了几次自我认知的颠覆：第一，前 10 年，我想做一家最棒的设计公司，因此接触的基本上都是大客户，而且设计上一定追求"新奇特"。在我开始做洛客以后，这个价值观有了很大的转变，我变得更为关注设计的普惠。第二，对4 300万小微人群来说，他们不是没有设计的消费需求，但是市场上的产品和服务太复杂，太贵，"未消费人群"买不起。对创业公司来说，"未消费市场"往往就是一片蓝海！第三，我越来越清晰地意识到数字化和智能化是两种新生产力，通过打造算法驱动的设计工具提供又快又好的标准化设计能力，实现生产成本的10倍速下降，交付速度的指数级提升，这将是未来的趋势。

因此，2019年，洛可可创新设计集团开始探索设计的智能化，从智能logo（商标）切入，自主研发"达芬奇AI（人工智能）设计引擎"。2020年11月，"三浪"水母智能正式成立。凭借在设计行业的经验积累及不断沉淀的设计数据，水母智能将智能设计能力陆续拓展到智能包装设计、智能商品设计等智能设计服务和柔性供应链解决方案，为中小微企业提供"美、对、快、省、可商用"的普惠设计服务。新冠疫情期间，智能logo设计的订单量暴涨，市场的积极反馈也给了我们很大的信心。2021年，水母智能在三个月内完成1亿元融资，获得了国内顶级资本的助力。

势能崛起——产业互联

云龙兄在这本书中提到，善战者，先胜而后求战。意思是开展一场战斗的时候，要先占领势能的高地，这样更容易获胜。

产业互联网是下一个 10 年绝不能错过的大势。

从消费互联网、工业互联网到产业互联网，产业互联有没有可能以设计为驱动？设计在产业互联中扮演什么样的角色？

如果说"需求侧"（消费互联网）以流量为核心，"供给侧"（工业互联网）以效率为核心，我认为两者之间应该还有一个"创造侧"，由创意、创造驱动。我们正站在产业变革的交会处，设计作为"创造侧"，可以连通"需求侧"和"供给侧"。如何通过数字化和智能化构建全新的想象力，是每一个设计师需要思考的命题。2020 年，我们开始跳出设计服务，进入产业，在前"三浪"的基础上开始摸索"四浪"——产业互联业务。

产业互联是洛可可旗下专注于用"产品创新＋数字科技"驱动的产业创新产品生态团队。产业互联的业务模式，简单来说，就是将创新设计做成连接消费互联网和工业互联网的"中间件"，发挥设计天然连通产业上下游（企业和设计师）的作用，并在这个基础上将"创造侧"发展为产业互联网，形成新的平台逻辑。

具体操作上，我们主要通过数字科技推动传统垂直产业的数字化转型，并通过创新设计赋能产业，为企业提供产品设计、模式规划、研发交付、产品运营等覆盖产品全生命周期的服务，从而提升产业配套服务效果和产品投入市场的效率，为用户甄选好产品，设计研发创新产品。

目前，我们在国内的布局有宁夏贺兰山东麓葡萄酒产业、景德镇陶瓷产业、宁夏文旅产业，旗下品牌有 9 号颜酒所、景德镇洛客谷。

或许有朋友问，为什么这么折腾？好好做洛可可设计多好。看完这本书，我的答案更加明确了，企业如果要持续保持增长，最大的秘密就是破局，所有组织都有自己的极限，当达到这个极限时，组织将会进入失速点，快速溃败，且无力回天，所以在此之前，我们需要找到自身的第二曲线、第三曲线、第四曲线。

洛可可的每一次破局中，都有个不变的"一"，"用好设计成就客户"是我们的支撑点，但每一次破局都会带来一个新的战略杠杆。在探索"四浪"的时候，我们甚至赋予了杠杆不同的支撑点，但增长战略的原则始终没有改变。

云龙的这本新书系统地阐述了增长战略的本质，以及五大主流增长战略模型的应用要点和方法路径，相信无论对于做企业还是做研究的朋友，都会很有启发。

推荐序三
增长的战役永不停歇

增长研习社社长 丁洁

增长是企业最高的 KPI（关键绩效指标），也是永恒的挑战。当过去的时代红利消逝，不确定性成为常态，中国企业被倒逼着开启了高速进化。今天的企业家亟需更开阔的战略视野，做出更具前瞻性的决策。这也是李云龙和曾楠老师在这本书中，试图与读者共同探讨的话题。

增长系列书籍是两位老师扎入增长领域研究与实践的成果，与此同时，我们自身也是创业者，与所有企业一样面临增长挑战，这本书就是我们自己的行事指南。2015 年，李云龙老师与我共同创办增长研习社，我负责公司的整体经营与市场拓展。企业要增长，首先要想清楚，自己能为市场提供什么价值。在这本书中，价值破局正是五大策略中的第一个。增长在当时还只是来自硅谷的前沿理论，它到底能给中国企业带来什么？

"价值"是买方视角的效用，只能由企业评判。李云龙和曾楠老师在增长理论体系上的研究，是从亲身下场开始的。他们把增长的理论淋漓尽致地用到了金融业务线，在两年内做到垂直领域用户规模与变现规模领先。同时，他们深入不同行业与规模的企业调研，提炼本土化实战理论，再进一步验证打磨。而我则马不停蹄地走入数百家企业，与总经理、创始人等高管大量对话，了解他们的增长难点，以及在转型浪潮下企业的阵痛与探索。研究视角与市场视角的不同，让我们常常激烈地争论增长的本质到底是什么。正是这些碰撞之后的共识，使得增长理论越来越指向对企业实际问题的解决。

增长理论体系就是这样在研究、实践与服务并进的过程中不断孕育生长出来的。这些增长的思维和方法给企业注入了极大活力，带来了认知的升级、打法的迭代，以及业绩增长的结果。一家头部电商公司在高速增长期遇到战略摇摆，邀请云龙老师从外部视角进行战略梳理。我们梳理完发现，还需要将战略解码给中层管理者，实现上行下效、认知同频。而在执行层，我们需要赋予具体的增长方法，并且把碎片化的经验提炼为体系化的方法论。最后，我们连续陪跑了三年，实现了千亿级 GMV（商品交易总额）基础上的增长。

大量深入企业业务场景的实战辅导为沉淀更完善和实用的理论提供了现实依据。也因此，《增长战略》具备了自身鲜明的特质。

第一，它梳理了理解增长的全景视角。

增长在国内方兴未艾，但大家对增长的理解莫衷一是。这本书以莫里森提出的企业生命周期为蓝图，从更大尺度上梳理不同发展阶段的企业增长重心。作者提炼出大量成功企业践行过的五大主流增长策略,这些策略必然会随着时代和商业环境的不断变迁而动态更迭与持续延展,但这一思考视角与框架能给形态万千的企业带来底层的可迁移的参考价值。

第二,它兼具实用性与普适性。

增长解决的是企业营收与持续发展的问题,与实践密不可分。书中提炼的策略脱胎于大量企业在经营过程中切身体会的痛苦与反思。它们不是高大上的道理,而是真刀真枪干过之后的沉淀。同时,它们也并不只是经验的简单汇总,而是对成功背后的规律进行的归纳与总结。通过追问增长的本质,这本书希望对更多企业具有普适的启发作用。

第三,它提供了对商业的辩证思考。

商业不是数学,不是用正确的公式推导出唯一的答案。成功企业的璀璨背后,既有科学家与哲学家式的理性深邃,也有冒险者式的灵光一现和运气。这本书中的案例解读不是对成功本身的回看与褒扬,而是力图以庖丁解牛的方式站在企业家们当时所处的节点上,旁观他们如何看待当下并做出决策。

您如果是企业家或创业者,也许能从书中的只言片语受到启发,获得做重大决策时的参考思路。您如果是职场人,也许可以感受到如何构建更大尺度的商业视角,为持续的精进做储备。增长是一个很大的话题,企业的增长战役也永不停歇,能为此贡献些许微光,那就是这本书的"价值"。

自 序
什么是增长战略

增长研习社发起人 李云龙

最近几年,我写书、做咨询、给商学院讲课,接触了大量企业,对中国经济越来越有信心。原因并不是中国企业的管理水平已经达到世界顶级,恰恰相反,绝大多数中国企业的管理水平都较低。一位组织专家告诉我,在21世纪刚开始的几年,她在外企工作,后来辗转多家民营企业,得出一个结论:2021年的中国民营企业的管理水平比2001年的外企还要差,差距在20年左右,战略差、运营差、营销差、供应链管理差、组织差……

有意思的就在这里,中国企业管理水平很差,中国经济却取得了令人惊叹的增长,秘密在于——红利。

改革开放的红利、人口的红利、全球化的红利、互联网的红利,甚至从某种程度上说,因为在新冠疫情中我们的管控水平比其他国家高很多,这也歪打正着地为部分中国制造业带来了红利。正是这些红利推动着中国企业增长。只要选好赛道,在一个经济有活力的地区,创始人勤奋又敢干,企业基本上就能起来。

凡红利必有周期，可以肯定的是，中国经济的大红利时代正在退场。我之所以仍然对中国经济充满信心，是因为"大管理"的红利周期才刚刚开始，把管理水平如此之低的中国企业提升一个档次，即可释放巨大的增长空间，其中一个重要的部分是"战略"。

绝大部分中国企业的发展可以被称为"本能增长"：没有什么战略，凭着一股血勇之气和市场机会，噌噌噌就干了起来。这在过去或许可以，在未来却绝对不行。意识到过去的增长大部分应当归功于红利，而不是自己有什么英才，是企业家的意识启蒙。

请你试着问问自己有没有思考过以下问题。

- 我的目标客户群体是谁？他们如何决策？
- 我所在的行业未来发展趋势如何，天花板在哪里？
- 我思考过行业的本质和底层逻辑吗？我所在的产业正在发生什么10倍速的变化，会怎么影响我？
- 我的生意有清晰的路径吗？
- 我的核心能力有哪些，可以支撑我干多大？有哪些公司会对我们产生跨界打击？我的护城河是什么？

这些都是战略问题，市场上对战略的理解各自不同。有人说战略是选择和取舍；有人说战略是聚焦；有人说战略是站在未来看现在；有人说战略是如何从现在走到未来；有人说好战略要有杠杆效应，能够以小博大；有人说战略不是规划，而是干出来的；有人说战略是一系列有逻辑的连贯动作；有人说战略是解决关键问题……说的都对。

战略就像是一头大象，每个人都摸到了一个侧面，从某种角度上说，每个人都是对的。我个人研究的重点是增长战略，请看下图（见图 A）。

这是用来描述企业生命周期的第一曲线和第二曲线模型图。图中，点 1 是企业第一曲线的破局点，点 4 是第一曲线的极限点，点 5 是开启第二曲线的破局点。

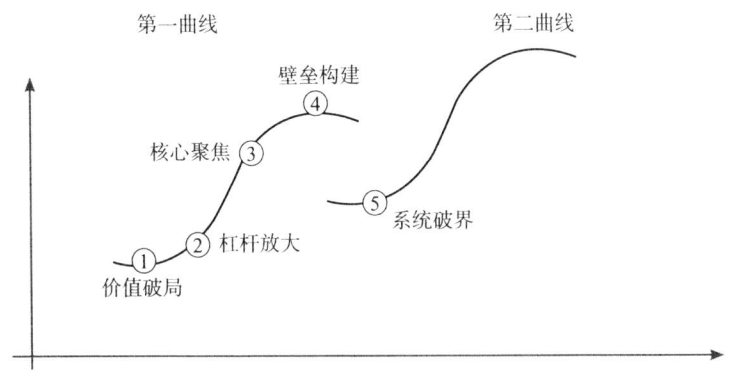

图 A 企业生命周期

有些公司刚达到几千万元的营收规模就开始琢磨自己如何开展第二曲线，想多了，真正的第二曲线都发生在大公司转型中。

世界上 90% 的公司都处在点 1 之前，它们可能还没有实现破局就死掉了。在剩下的 10% 里，可能有 90% 的公司都在点 1 附近徘徊，做了一笔生意，没有死掉，但多年没有什么变化。世界上只有不到 1% 的公司真正踏入了点 2，点 2 和点 3 之间是企业的增长期，点 2 处于增长早期，点 3 处于增长后期。点 4 是我们要极力避免的，它代表一家企业所在的系统到达了极限。在到达点 4 之前，企业就要思考如何跃迁到点 5。

所谓增长战略，是指在企业生命周期中，实现不同阶段结构性跃迁的战略，即在企业生命周期图中，如何实现点 1、2、3、4、5 之间的跨越。

我们称这种增长为结构性增长，结构性是一种宏观尺度的确定性。与之对应的是微观尺度的运营性增长，从企业生命周期的第一曲线、第二曲线的每一个点切进去，我们看到的都是运营性增长的适用范畴。

《增长思维》是我们团队在中信出版集团出版的第一本书，内容以运营性增长为主。为了保持连贯性，本书第一章"增长的本质"会接续一些和运营性增长有关的内容。从第二章至第六章，则是为结构性增长匹配的 5 个核心策略：价值破局、杠杆放大、核心聚焦、壁垒构建、系统破界。

在点 1，企业考量的核心是创造何种价值，实现市场突破，故称之为"价值破局"。点 2 开启了增长期，在外部，企业要看清杠杆资源；在内部，企业要有明确的核心路径。到达点 3 的企业则从战略进攻转入战略防御，构建护城河来抵御竞争。从系统思维看，点 4 是不可避免的，一家企业必定要走向极限和衰落，而暂时摆脱宿命的方法是识别原系统的瓶颈和边界，突破它们，这就是我们常讲的开启第二曲线。

在本书中，每一个核心策略都会匹配具体的打法和案例，帮助企业识别经营现状和设计战略路径。

未来的中国必将引领世界经济，发达的商业实践也必然会催生基于本土的新商业理论体系，中国的商业研究者应该有理论自信，这件事需要很多同侪共同奋进。

熟悉我的朋友都知道，"增长"这两个字已经成为我生命的主题词：从增长黑客到增长思维，再到增长战略，以后还会有增长型组织、增长的反思等话题，足够我研究与实践一生。我也感到特别幸运，从一开始就以出版的方式对外输出，这给了我一个接受大家检验与反馈的重要渠道。《增长战略》是我的第二本书，动笔于疫情期间，一路走来，殊为不易，要感谢太多人。

首先，感谢家人，我希望自己与女儿一起成长；再者，感谢本书的共同作者曾楠老师，她为本书的出炉耗费了大量精力；还有我的创业伙伴丁洁老师，她一直支持我走这条难走的路；我尤其要感谢混沌学园以及善友教授，在这里，我开启了现在这样的人生。混沌的领教群体是我最珍视的伙伴，给了我大量滋养，欧爷还为本书的最终立意提供了关键意见。还有我的客户与合作伙伴，是你们给了我机会深入商业实践一线，相信我，鼓励我。最后，感谢中信出版集团的伙伴们，感谢蒋永军总经理、张英洁编辑、王雨堃编辑，你们的专业工作确保了本书有机会呈现在大家面前。

第一章
增长的本质

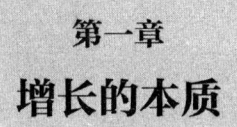

运营性增长与结构性增长

关于"增长",我们会听到很多描述。有人讲第二曲线式的增长,有人说增长就是做流量,很显然二者并非处于同一个维度的话语体系中。一个偏战略,讲的是结构性增长;一个偏战术,讲的是运营性增长。平时我们经常提及的拉新、获客、私域流量、微信裂变、提升转化率等,都属于运营性增长的范畴。

企业天然地希望追求高增长,但是,也不要每天只想着发生结构性增长,不去夯实运营性增长,那就是好高骛远、行将就木了。两种增长同样重要,不过在实现要点上并不相同。

运营性增长本质上是要"降低交易成本"。何为交易成本?这是经济学家科斯提出的概念,通俗地解释就是"一个人不存在、两个人以上才存在的成本"。在国内,崔晓明博士的团队将此概念引入用户运营领域。[①] 交易成本就是那些让交易不容易达成的

---

① 崔晓明,姚凯,胡君辰. 交易成本、网络价值与平台创新——基于38个平台实践案例的质性分析. 研究与发展管理, 2014, 26(3): 22-31.

要素。举个例子，童年时你可能有过这样的梦想：要是全中国每人给我一元钱就好了，这样我就变成亿万富翁了，或者一分钱也行，千万富翁也不错。

我们之所以这样想，是因为一分钱并不多，直接成本非常低，没有人会在意。但真正值得思考的是，几乎每个孩子都有过类似的梦想，为什么这件事情从来没有发生过？原因就在于，它的交易成本太高了。

全中国每个人都给我一分钱，这件事该如何实现？首先，我得让全中国的人都认识我，这就有极高的成本。其次，假设中国人都认识我了，我还要说服每个人给我一分钱，这又是很高的成本。最后，即便我真的说服了所有人，让他们把这一分钱打过来也很困难，我需要让每个人都拿到我的收款二维码，不用手机的人还要去银行打款……交易成本无处不在。

表面看起来一买一卖的交易，实际上围绕着它存在大量的交易成本，而降低交易成本就是我们实现运营性增长的本质。

一个餐厅很火，座位都坐满了，新来的客人问还要等多久，服务员说要等10桌。这时餐厅与客人的交易达成就出现了交易成本：等待成本。客人如果不愿意等，转身走掉，这笔交易就没有达成。我们日常生活的经验里有很多这样的情景，大部分餐厅并没有想到干预，但是海底捞做了干预："顾客不要走，我们给您做个美甲、擦擦皮鞋，您吃点儿瓜子……"枯燥的等待时间很快过去了，这就降低了交易成本，促进了交易达成，增长得以实现。

有一次，我的后背起了很多红色疙瘩，按经验判断，可能是过敏了。我打开医药电商平台，搜索"过敏"，出现了很多与过敏相关的药品。懂行的朋友知道，开瑞坦其实就是抗过敏药"氯雷他定片"。我点开一个页面，关上，点开下一个，又关上，直到第五个页面才下单。以本节的知识判断，前四种药品与我之间一定存在交易成本，那是什么呢？

氯雷他定片的介绍中写着"用于缓解过敏性鼻炎有关的症状，如喷嚏、流涕、鼻痒以及眼部痒及灼烧感"。我感觉这与我想治疗的后背起疙瘩的症状对不上，出现了理解成本，直到看到某种药品的用户评论里写着"过敏了，全身起包，痒得不行，吃了之后很快就好了"，我才消除了理解成本，立刻下单。

增长圈有一个概念叫增长实验，来源于互联网公司。我们都用微信，打开微信，点击下方第三个按钮"发现"，你会看到里面有多个功能，其中"看一看"和"搜一搜"在同一个栏目里。从增长的意义上讲，这两个按键共同的任务是提升公众号的打开率。那么，"看一看"和"搜一搜"哪个放上面更好一些？

事实上，不管把"看一看"还是"搜一搜"放上面，我们都能在逻辑上解释这样设计的合理性。更好的办法是做一个增长实验，给一部分人推送"看一看"放上面，给另外一部分人推送"搜一搜"放上面，我们根据反馈数据做出决策。这就是增长实验，我并不确定微信是否真的做了这个实验，只是用这个例子让大家理解增长实验是什么。

一些传统行业出身的朋友有误解，以为增长是互联网公司的专属，什么数据驱动，什么 A/B 测试，什么增长实验，似乎与传统行业关系不大。其实不然，在进行增长实验之前，更重要的是识别交易成本，增长实验是去解决交易成本问题的。

拿前面的餐厅举例子，虽然是传统行业，但当我们识别出用户有等待成本，那么给用户做美甲、擦鞋就都属于增长实验。我们还可以找到很多其他的实验来解决用户等待成本的问题：当发现嗑瓜子对于留住用户的效果不是那么好了，我们也许可以放些漫画书试试？这就是迭代反馈。看，没那么玄，也没那么难。

发现问题比解决问题要重要得多。通过前面的案例我们应该认识到，很多企业在经营时对交易成本视而不见，却苦于无法实现增长，这是不得法所致。为了方便大家对自己公司的业务进行交易成本自查和识别，我们整理了与用户交互的过程中可能存在的 16 种交易成本，列在了本节的最后（见附录 A）。

如果说运营性增长的本质是"降低交易成本"，那么结构性增长的本质就是"拓展生存空间"，主要考量内在认知与外在机遇。在原有系统内，交易成本是一种类似于"已知的未知"的存在，而结构性增长跃迁到了另一个层次，这件事本身就是对"未知的未知"的探索，这时起决定作用的就是战略远见而非战术勤奋了。

你如果有过这样的感受——不管怎样努力，哪怕用的是过去行之有效的方法，还是很难实现增长，越想增长越难增长，那一定是遇到了结构性的问题。

以滴滴举例，《增长思维》曾提及，滴滴团队做过大量卓有成效的增长实验。比如，他们发现老年人打车比例低，是因为不会打字输入目的地，出现了操作成本，于是他们迅速推出"滴滴车票"这个代叫车服务。类似的增长实验敏锐洞察了用户的交易成本并能行之有效地解决问题，但滴滴仍有一个天花板怎么都突破不了，就是每天 1 700 万单（全国一共有 170 万辆出租车，按平均每辆一天可以接 10 单算出）。出租车的供给能力是此模式的约束条件，从"滴滴打车"到"滴滴出行"，滴滴从解决"打车难问题"到解决所有"从 A 点到 B 点的问题"，突破了原有系统的约束条件，实现了结构性增长。

在所有人都认为电商市场两强格局已定的情况下，拼多多依然能够异军突起，使电商市场呈现出三分天下的格局。这并非因为拼多多的运营团队在识别交易成本和做增长实验的效率上比天猫和京东更高，也不是因为拼多多的团队比天猫和京东的团队更能"996"，而是因为以黄峥为核心的决策团队发掘了"下沉市场"这个巨大的蓝海，并且将适合这一人群的"拼团"手法一根针扎到底，做到了极致，再通过深扎供应链，在整个价值链上创造了价值。

结构性增长往往是外在机遇和内在认知相契合的结果。对于拼多多的崛起，腾讯厥功至伟，不仅仅因为拼多多最初的流量来自微信裂变，更重要的是微信红包普及了微信支付，让下沉市场的用户习惯于使用移动支付，这才建成了拼多多这种商业模式的基础设施。若是早三年，拼多多很难发展起来。

结构性增长所关注的外在机遇可以分为新市场、新用户、新渠道、新需求、新技术几个维度（见图1-1）。

图1-1 结构性增长的外在机遇

新市场即我们原来没有关注过的市场，或者不在视线范围内的市场被发现有巨大的机会。比如，以本书会写到的案例SHEIN为代表主攻的海外2C（面向客户）市场，我个人认为还有至少5年的红利期。

新用户即原来不是用户的群体变成了用户，比如拼多多覆盖的下沉市场群体，以及目前即将成为消费主力的Z世代群体。

新渠道是新的触达用户的方式。抖音、快手以及最近风生水起的社区团购就是新渠道的代表。每当新渠道出现，就会有新势力公司冒出来。

新需求则是原本没有显化的需求变得越来越显化，比如精神类的需求。功能性的、满足人们基本生理需求的生意已经被中国优秀的创业者做得差不多了，但是有审美的、满足精神需求的产品还不够丰富，这足够支撑起下一个繁花似锦的时代。经济的增长是不会有尽头的，创业者永远都有机会，因为人的欲望没有尽头，原有欲望被满足就会有新的欲望生发出来。

新技术代表着生产力的提升。通信领域从3G（第三代移动通信技术）发展到4G（第四代移动通信技术），从4G发展到5G（第五代移动通信技术）；芯片领域从百纳米一直突破到现在的5纳米级别；医药领域每一次原研药的成功，都是新技术的突破与市场需求的充分结合带来快速增长。

这就是结构性增长，结构性增长不是把眼光放在运营的细枝末节，而是从系统、时代、周期去理解商业，寻找机会。在日常工作里，我们总希望在一个领域里实现降维打击，可降维打击的前提是要做到升维思考。从运营性到结构性的跃迁就是一次升维思考。

我提炼了统一的框架来帮助你理解结构性增长和运营性增长之间的关系：从系统论的角度去思考。一个系统包含了系统的目的、组成系统的要素以及要素之间的连接关系。运营性增长主要是加强要素本身或者强化原连接关系；而结构性增长的方式有三种：一是改变系统的目的，二是改变原连接关系，三是改变系统外部环境。

微软近20年经历大落又大起，从错过了整个互联网时代到现在凭借云业务跻身顶级企业的行列，底层有一个逻辑在牵引。微软的使命在20世纪70年代就已确定：让每个家庭、每个办公桌上都有一台电脑。非常伟大！使命，可以理解为公司这个系统的目标。幸运又不幸的是，微软的使命事实上在21世纪的第一个10年就已基本完成。也就是说，鲍尔默时代的微软是在一个没有使命牵引力的状态下发展的,他又是销售出身,以为按照原来的路径盯好执行,增长就会自然实现:卖 Windows(操作系统)和 Office(办公软件),更多地卖 Windows 和 Office,这就是鲍尔默工作的全部。而这恰恰就是运营性增长,在到达一定的极限点之后,企业会陷入越想增长越难增长的境地,微软的股价一度连年走低。

纳德拉成为微软的新 CEO 之后,在战略上做的第一件事就是将微软的使命刷新为:助力全球每个人、每个组织成就不凡。微软自此重新获得了使命牵引力,之后才有了云业务的崛起,才有了与其他生态开放共荣的姿态。这是通过改变系统目的的方式重启结构性增长(见图 1-2)。

图 1-2 微软的结构性增长

从链家到贝壳,贝壳找房并没有在原有的二手房业务里开更多的店,找更多的房源,招募更多经纪人,提升每一个经纪人的人效——这是运营性增长的思路。贝壳做的是"从竖到横":原来链家是行业内最优秀的一家公司,现在贝壳是行业的基础设施,并且重构了整个房产销售行业的利益关系。在这个市场里,系统的目的没有发生变化，但是系统内要素的连接关系发生了变化，这也是结构性增长（见图1-3）。

图1-3 从链家到贝壳的结构性增长

2020年末，京东健康上市，一年内它的估值从70亿美元涨到了300亿美元，是京东健康的经营现状发生了如此之大的变化，吸引了投资人吗？不是，是医药领域的政策环境发生了变化。带量采购、医院药占比降低、处方外流、医保在线支付等政策都在指向一件事情：院外医药在线零售市场即将爆发。这是结构性的机会，京东健康作为其中的头部公司，自然备受关注。这就是结构性增长的第三种——系统外部环境的改变。

很多所谓的成功者对自己成功的归因是错误的，他们以为是自己的天赋和努力带来了成功，其实是外部10倍速的增长机会砸中了他们，而其内在认知高度又不足以持续识别和承载这类10倍速的增长机会，于是靠运气赚来的钱最后又靠实力亏了回去。

"眼高手低"是结构性增长与运营性增长的关系。在这里，"眼高"是指眼界要高、认知水平要高，才能识别和抓住结构性增长的机会；"手低"是指实际业务要扎得下去，要踏踏实实地做运营性增长,不能做一个夸夸其谈者。

本章的主要作用在于讲清楚运营性增长与结构性增长之间的关联,这也是从《增长思维》到《增长战略》的过渡。下面的两节——"科学增长"与"数字化增长转型",亦是从不同的视角看运营性增长。希望我们的研究能帮助中国企业在实践增长的时候有法可依、有路可循。身处黄金时代的我们并不自知,多年后回望,才会发现最好的时光已经过去。

附录A 交易成本清单

1. 知道成本

  用户未能或不能获知与交易相关的信息,或获知的信息不够充分、准确,因而影响交易达成。

2. 理解成本

  用户对于获知的与交易相关的信息,不能或难以理解其正确含义,因而影响交易达成。

3. 信任成本

  用户对交易对象的信誉、信用、品牌形象等不信任或信任不足,因而影响交易达成。

4. 选择成本

  用户在交易过程中,因为品类数量、信息对称性、自身能力与习惯等因素,选择困难或无法选择,从而影响交易达成。

5. 连接成本

交易双方因为连接媒介的载体、方式、过程等因素限制或阻碍，影响交易达成。

6. 搜寻成本

用户在搜寻过程中，因为信息呈现方式、软硬件操作、自身能力与习惯等因素，无法或难以搜寻到匹配需求的结果，从而影响交易达成。

7. 分享成本

用户在交易过程中，对于转发交易相关信息或转介绍产品，因为操作过程、分享门槛、信用支出等因素，影响交易达成。

8. 停留成本

用户因为交易过程中出现停留或因停留时长、停留要求等因素，影响交易达成。

9. 等待成本

用户因为交易过程中出现等待、等待时间过长或等待结果不可预期，影响交易达成。

10. 描述成本

用户因为无法或难以精确描述所需呈现的信息，影响交易达成。

11. 顾虑成本

用户在交易过程中出现信任顾虑或价格顾虑，因而影响交易达成。

12. 支付成本

用户在交易过程的支付环节，因为支付方式、软硬件设备、支付过程、支付能力等因素限制或阻碍，影响交易达成。

13. 识别成本

    用户因为内外部因素，无法或难以对信息进行准确筛选、甄别等，影响交易达成。

14. 操作成本

    用户在完成交易的过程中，因为操作难度、操作过程、操作熟悉度等因素，影响交易达成。

15. 履约成本

    用户因为内外部因素，无法或难以履行部分或全部交易职责，影响交易达成。

16. 资质成本

    用户因为无法全部或部分满足交易所需实物或虚拟资质，影响交易达成。

科学增长

虽然增长作为一种工作方法率先在互联网公司流行起来，但其思维方式是普适的，我们可以称之为"科学增长"。科学意味着可证伪、可验证、可迭代。在日常语境中，"科学"一词已被泛化使用，约等于"合理"。科学原本只是探究世界的方法之一，它意味着不盲目认为自己的理论无懈可击，总留下可证伪的空间。

每一个科学理论都是对客观世界的建模,如果世界按照此模型运行,你便继续按照模型指引去认知和改造世界,一旦出现了反例,你就再构建一个更完备的模型去重新描述和理解世界,如此往复。

科学增长不代表一定正确,而是让我们处于持续追求更优解的路径上。在我们服务京东、美团和唯品会等互联网公司的过程中,我们把这套科学增长方法论不断抽离、验证,让它符合更广泛的企业群体的需求。科学增长方法分为4步:看清问题、假设归因、制订方案、验证迭代(见图1-4)。

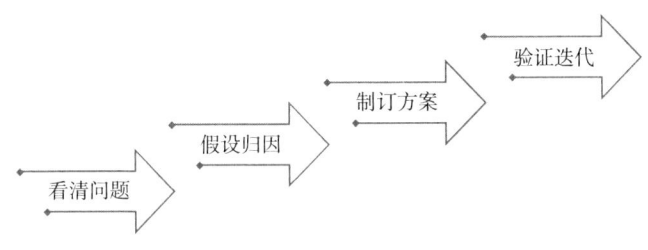

图1-4 科学增长4步法

看清问题:这是对某项问题的事实描述,来自数据、经验、逻辑和用户访谈。发现和描述问题的能力极其关键,很多人的工作习惯是还没搞清楚问题便给出答案,结果可想而知。

假设归因:造成问题的原因往往多元而模糊,我们需要做出合理假设,再基于归因设计方案。同一问题可能有多种归因,按照某项归因逐一向下推导,方案的逻辑性才完备。

制订方案:基于归因设计方案,同时给出收益预期。若对业务很熟悉,对于做出的某种方案会在多大程度上影响结果,我们基本上能做到心中有数。哪怕不熟悉,我们也要给出预期,以实际验证结果来调整自己的预测能力。实践得多了，商业手感就有了。

验证迭代：将方案实施，看实践结果，观察与预期的差异，再给出判断和假设，如此反复持续迭代。在某种程度上讲，一家公司对增长方案的迭代频率代表了这家公司针对增长的组织能力的强弱。

下面我们用之前提到的百丽鞋业的案例套入该方法。

看清问题：某款鞋试穿率很高，但转化率很低，只有3%。这是事实。

假设归因：这款鞋好看，但是穿起来不舒服。很合理，但这是唯一归因吗？并不是，至少还有一部分人因为它的价格超过了自己的预算而放弃购买。在这一步，你要尽可能列出所有归因，再从可能影响最大的归因向下推导，首先解决"穿起来不舒服"的问题。

制订方案：基于上一步假设，给出方案"继续生产这款鞋，但要回厂调试舒适度"，并给出收益预期——试穿转化率从3%提升到10%。

验证迭代：实际验证，转化率从3%提升到20%，超过预期。但仍然有80%的用户没有买，你需要回到第二步，重新给出假设归因，基于新假设再给出方案，验证迭代……

按照科学增长方法，执行每一个动作时我们都知道自己在解决什么问题，清楚其逻辑脉络。成功了知道对在哪儿，失败了知道错在哪儿，如此才有持续迭代的可能性。而"拍脑袋""撞大运"的工作方法无助于企业形成系统的增长工作机制。

科学增长4步法中最难的是第一步"看清问题",发现问题比解决问题要难得多。问题往往来自对"异常"的觉察,比如电商网站发现,有一部分主动登录用户(非广告引流)在平台上浏览了一段时间,什么都没有买就走掉了,这就是问题!按说,主动登录用户往往是有明确购买需求才会来,但他们没有买,这部分用户在所有主动登录用户中占比35%,这便是用数据把问题描述出来:有35%的主动登录用户没有发生购买行为。

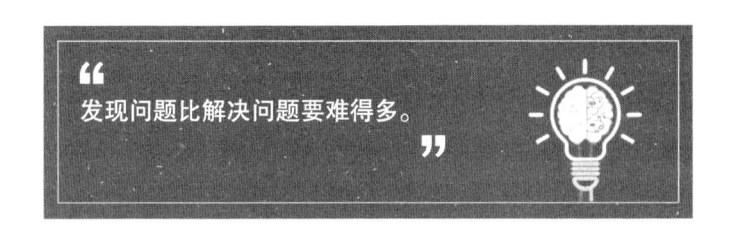

> **发现问题比解决问题要难得多。**

下一步是归因假设。用户没有买的原因有很多,比如该网站没有此用户要的货,或者用户来查看促销信息,发现没有就走了,等等。你需要基于每一个归因向下给出方案并实践验证。

在增长实践中,数据非常重要,做增长必须有数据思维。但你也不能"唯数据",数据能体现相关性,但无法保证因果性。你要综合使用经验、逻辑和用户调查。举个例子,假设在电商网站京东的搜索页面中,某购买页的转化率只有5%,低于其他页面,这是"看清问题"。假设归因之一是"用户不信任此店面",你基于此假设给出一个方案——增加"京东自营"标签,实践后转化率提升到了10%。请问这是不是一个好的增长方案?

完全从数据看，答案是肯定的，但在引入经验和逻辑后，答案变成"不一定"：相同商品的其他页面是否因此降低了购买率？这需要算总账才能确定。

对问题的洞察中，用户调研也非常重要，有三类用户尤其要关注到。

第一，超级用户。高购买率、高黏性、高转介绍率的用户是所有公司的珍宝，对他们的调研可以帮我们搞清楚我们的产品到底好在哪里。

第二，竞品用户。用户选择了竞品而非我们的产品，一定有原因，值得挖掘。

第三，浅尝辄止的用户。来了但很快又走掉的用户，为什么来，又为什么走，是识别营销与产品之间差异的最佳用户群体。

目前，严格的科学增长方法还只适用于战术层面、日常运营层面。在宏观战略层面，我们仍需要增长战略的思维和方法论来指导。

数字化增长转型

本书的主要内容是增长战略概念下的结构性增长策略。凡策略，皆可选择，截然相反的策略也有可能获得成功。从这个意义上讲，数字化不能被称为策略，它是一种基础设施。几乎在任何行业，没有数字化的企业注定会被淘汰，它不是一个可选项，而是必选项。

数字化是一个宏大命题，绝不仅仅着眼于增长场景，对偏传统与实体的企业来讲，这是一次难得的飞跃发展的机会。我们接触与合作的众多企业基本处于"有意识""有意愿""有能力"的不同阶段。

几乎所有企业都已在布局数字化，只是阶段不同。数字化之前的信息化可以被理解为"将现有业务流程线上化"，还是内部视角为主，而数字化的核心理念是"以客户为中心"，从需求视角重构业务逻辑。

数字化转型基本分为4个环节：供应链数字化、管理与办公协作数字化、生产研发设计数字化、增长营销数字化。企业开展数字化转型又有"两怕"：一怕慢，别人都搞了，自己没搞，担心落后；二怕错，数字化建设必然是长期且有成本的，搞得不好就会造成巨大的浪费。与其他环节相比，以增长作为切入口和抓手开展数字化是最优解，因为增长可以带来快速反馈，及时反哺企业业绩，既可以帮助企业坚定信心，又能够平息内部反对意见。

互联网企业天然具有数字化属性。大型传统公司实力雄厚，能力不是问题，意识和意愿是问题。中国移动研究院邀请我们做过一个名为"数字化转型与增长"的项目。一开始我们感到很奇怪，运营商本身就是数字化能力很强的企业，为什么还需要我们？我们深入沟通后才知道，原来他们希望我们给团队带来的是思维跃迁，是转型意识和对数字化与增长如何结合的完整思考框架。中小型公司若自建系统，成本难以承受，可以从市场上已经发展成熟的数字化工具开始，培养团队意识，获取市场反馈，一步步推进数字化建设。我们会在本节末尾提供一个列表，梳理目前市场上比较成熟的与增长相关的数字化工具，供你参考（见附录B）。

下面分享5个小案例，请大家感受一下数字化对于增长的意义。

案例一：视频广告

很少有读者不是视频网站的用户，大家可能已经注意到，爱奇艺等平台的贴片广告发生了一些变化。例如，有些15秒的贴片广告现在播放5秒钟之后可以关掉了，有市场经验的人的第一反应是："这会影响广告播放量，进而影响广告商权益吧？"事实上并不会，这里大有玄妙。

发明这种广告形式的是谷歌，它把这种形式率先用在了视频网站YouTube（优兔）上。视频网站的收费模式通常是CPM（千人观看成本）。通过数据分析，谷歌团队发现了一种现象，即完整看完15秒贴片广告的用户大概占比1/3，于是找到广告主说，对于那些没有看完广告的用户，他们不收广告费，算白送，只针对收看完整广告片的用户向广告商收费，但价格是原来的三倍。广告商算账之后纷纷同意，整体价格与以前一样，且企业只需为真正感兴趣的用户付费。同时，视频网站的用户体验也得到提升，用户不必长时间忍受自己不感兴趣的广告。对 YouTube 来讲，商业回报也增加了，他们通过对大量用户数据的分析与持续调优，将完整观看广告的用户比例从 1/3 提高到 2/3，收入是原来的两倍，三方共赢！

广告业有一句天问：我知道自己的广告费有一半浪费掉了，遗憾的是，我并不知道是哪一半。这个问题在数字化之后会在一定程度上被解决。YouTube 贴片广告收费模式的调整，基于一个隐含假设：用户并不是不看广告，只是不看不感兴趣的广告。在没有数字化能力时，必然会产生大量广告内容与受众的错配。给我这样的"直男"推送 100 次美妆广告也没有用，但我很可能会看完一个运动健身品牌的广告。

案例二：共享单车

ofo 和摩拜的共享单车大战已经硝烟散尽。其实当初两家产品的差异性很大，摩拜从最开始就采用了智能锁，用户在 App（应用程序）里可以清晰地看到周围哪里有车；而 ofo 最初并没有智能锁，只能单向传输数据，不但用户在 App 里看不到车，连 ofo 自己也不清楚在外边跑了多少车，是什么运行状况。有的读者要反对了："不对吧，我记得 ofo 的 App 是可以看到车的。"那是因为 ofo 使用了一个很巧妙的方法，调取了用户手机的数据，在用户锁车时以手机位置定位了车辆位置。这时如果有人不开锁就将车搬到其他地方，对 ofo 来讲，这辆车就失联了。

我们可以想象，拥有准确且实时数据的摩拜在后台制定增长策略的效率要高很多。

案例三：直播课

下图是混沌学园某晚直播课程的后台流量数据脱敏示意图。从图中我们可以看到，8点开始播放黄奇帆老师的课程，很快流量就涨到了高点并一直持续，9点左右黄老师课程结束，出现主持人直播带货10分钟，之后其他老师继续讲课（见图1-5）。

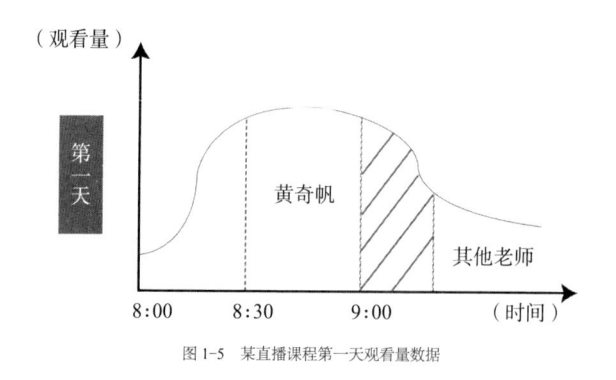

图1-5　某直播课程第一天观看量数据

不需要受过系统的数据分析训练，我们也可以得到两个结论。

1. 黄老师的课程流量很高。
2. 从带货到其他老师的课程，用户持续跳出。

黄老师的课程一共三天，基于这两个判断，第二天的课程立即做了调整。很简单,工作人员只是在黄老师的课程中间又插入了一次直播带货(见图1-6)。

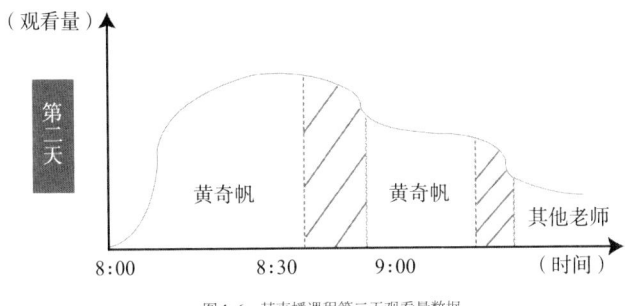

图1-6 某直播课程第二天观看量数据

假设转化率不变,由于带货期间流量变高,整体转化效果得到了提升,且没有增加任何成本!这是数据驱动增长的一个很浅白的案例,目的是让读者感受到数字化之于增长的意义。

案例四:线下零售

百丽鞋业是"昔日鞋王",有很职业化的经营团队和管理完善的零售网络,包括2万多家直营店和8万多名一线员工。在过去十几年,百丽鞋业却饱受电商的冲击,日渐没落。2017年,高瓴资本以531亿港元收购了百丽集团,这家企业从此开启了复兴之路。高瓴团队开出的药方就是数字化转型:实现全流程的数字化,将数据本身作为驱动公司发展的生产力。

讲一个生动的小例子。某门店通过数据分析，发现一款新上线的鞋子试穿率排名第一，但转化率只有3%。我们可以得出结论：这款鞋样式很好看，但穿着不舒服。通过实地调研，公司将这款鞋调回工厂，提高舒适度后重新推出，转化率直接提升到了20%，这样一个单品就创造了千万元的销售额。如果没有数字化，即便店员在一线与用户直接接触，他也无法获得这样的分析结果。后端提供策略，前端落地执行，是很多传统的以门店为主要业态的公司进行数字化增长转型后通常的状态。

案例五：电销行业

有一家保险科技公司叫凯森保险，其核心能力是"大量调动电销（电话销售）人员产生规模保费"。通过电话销售"百万医疗"这种几百元的健康短险，培养用户的保险意识，再让用户转向高客单价的长险产品，算是保险行业的引流环节。目前这家公司管理着6 000名电销人员，未来希望管理2万名甚至20万名。当前每个电销人员的平均日成单量为3单左右，当有一批新员工入职时，平均日成单量就会降到2单以下，他们经过一段时间的熟悉和能力提升后，平均日成单量又会恢复到3单左右。最近一两年，保险电销从业者人数下降明显，很多人都转行去跑美团或者开滴滴，原因就在于电销行业压力太大，收入又没有显著优势。提升人员留存率，让销售变得简单，成了凯森保险的首要任务。解决方案同样是数字化转型，切入口是培训，如果能让一个新人快速实现每天 3 单以上的成单量，公司留住他的可能性就会大增。这份工作的难点是"规模化的个性化"，对于 20 万名电销人员，如果根据每个人的不同情况通过人工培训实现能力提升，这显然是不现实的，唯有通过数字化中的智能化来解决。目前市场上有人工智能机器人培训师，它们以真人的形象模拟客户，与每个受训电销人员交互，日常与真实客户的交流数据又会被投喂给机器人，这样就可以让电销人员大规模实现接近实战的培训，提升能力，快速上岗。

数字化对于企业增长的核心价值有两点。一是可迭代性。凡是可衡量和可迭代的领域，都会迎来快速进步。

> " 凡是可衡量和可迭代的领域，都会迎来快速进步。"

增长思维在互联网领域率先得到普及，它源于互联网公司天然的数字化属性，其迭代成本远远低于传统实体公司。我认为，数字化对传统公司来说之所以是一个巨大的机遇，正是因为它给传统公司带来了可迭代性。手机原本属于制造行业，硬件的迭代周期很长。小米这家公司最初开发的是 MIUI（米柚），是操作系统，这是数字化的部分。在极客论坛中，小米根据用户的反馈，可以做到每周迭代两次，远远超过硬件的迭代频率，而用户侧感受到的恰恰是软件部分。

二是增长的指数性。与土地、资本、劳动力等其他生产要素不同，数据作为生产要素，不是越用越少，而是越用越多。新产出的数据，除了指导决策之外，还可以被带入经营过程，产生指数级的价值（见图1-7）。

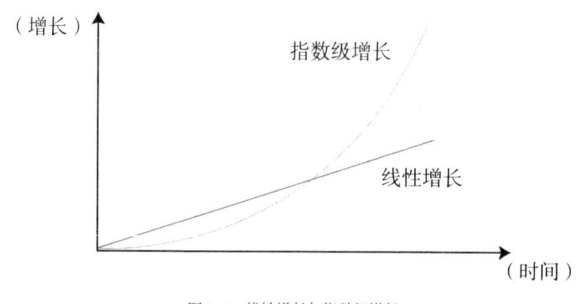

图1-7 线性增长与指数级增长

以往，当提起O2O时，我们指的是Online to Offline，即线上给线下导流，例如携程给航空公司与酒店导流，美团给餐厅导流。现在，我们再提O2O，更多的是指线上线下融合。首先线下给线上传递数据，然后线上再给线下传递运营决策，"数据上行，管理下行"。

数字化转型是最近5~10年商业界最大的趋势之一，我们从接到此类咨询项目的数量即可感知。这里又有"产业数字化"与"数字化产业"的区分，前者比后者的体量大得多，指的是传统产业通过数字化转型实现经营能力的跃迁，其所能撬动的GDP（国内生产总值）比提供数字化能力的软硬件及解决方案公司所带来的 GDP 要多得多。但很多传统产业公司在进行数字化转型时比较盲目,容易被软硬件供应商"忽悠",先买了一堆系统,然后发现并不好用且浪费巨大。对于这些投资,我有一个原则:如果不知道为什么要买,那就不要买!此刻你手边如果有笔,请将这句画重点,会帮你省很多钱。

系统地讲,传统企业做数字化转型要分 5 步:定战略、理模式、找杠杆、选系统、快迭代(见图 1-8)。

定战略 ▶ 理模式 ▶ 找杠杆 ▶ 选系统 ▶ 快迭代

图 1-8 传统企业数字化转型 5 步骤

定战略:数字化并不能独立成为战略,必须要与公司的整体战略相匹配。数字化转型是为了实现战略目标,千万不能搞反了,让公司战略委曲求全,去适应数字化。

理模式:数字化不是信息化,不是将原有业务搬到线上。首先要思考,在数字化时代,原有商业模式是否可以被重构。举个例子,原来在餐饮行业,决定生死的是选址,一家商铺的租金会比距离它仅仅 20 米的另一家高一倍,因为它临街,而另一家在拐角。大众点评可以被理解为餐饮行业的前端数字化,在这个时代,餐饮行业的线下选址远远不如以前重要,好吃和好内容变得重要,因为用户吃饭前会先在网上看点评。便利蜂做便利店,并不是在原有便利店的商业模式中加了一套软件让员工使用,而是重构了便利店的逻辑,在新的模式下,它甚至取消了店长这个岗位。

找杠杆：数字化转型要一步步来，不要贪大求全、一口吃个胖子。从投资少、收益大的杠杆环节开始，这也是为何前文建议从增长环节切入，因为这样最容易形成正反馈。在增长工作中，你需要寻找其中颗粒度更小的杠杆环节。比如，在汽车行业，与增长相关的环节很多，但最有杠杆效应的环节是"到店率"，从这里开启数字化转型效率最高。在第二章的"私域流量：没有中间商赚差价"中，我们会通过一个案例详细讲解如何通过数字化增长的方式提升汽车销售的"到店率"。

选系统：选择硬件和软件解决方案，这一步反而是最简单的。一旦企业自己想清楚前面的环节，在这个环节企业只要放出消息，就会有一大堆供应商找上门来。除了本节末附录B的数字化工具列表之外，我们在公众号"增长研习社"专门设置了"数字化工具评测"专栏，可以在企业选择系统的时候提供参考。

快迭代：数字化并不直接为增长提供方法，但提供了方法的可迭代性，你要通过不断迭代运营机制和具体技巧，持续实现增长效果。

数字化转型的意义很可能会超出我们所有人的想象，成为国家级战略。它在企业层面首先会颠覆组织决策逻辑，原有企业大都是"权威决策"和"道理决策"，要不老板做决策，要不把道理讲得更有逻辑的人做决策。在数字化时代，讲"道理"的公司是可悲的，但这不代表逻辑不重要，而是说要配合数据变量来进行决策，数据的决策效率在早期很可能是不如"拍脑袋"的，但它的厉害之处在于可以不断迭代，正如阿尔法围棋战胜人类棋手之前很笨，但战胜之后，人类就再也赶不上它了。对于数字化，人们常常高估其短期价值，低估其长期价值，高估其局部价值，低估其整体价值。

全球畅销书《人类简史》的作者赫拉利在2017年出版的《未来简史》里指出，未来将只会存在1%的超人类和99%的无用阶层。超人类和人工智能设计并支撑着社会的运行，无用阶层则只是在社会供养体系内平庸地活着，两种人类的分野从是否进入快速迭代周期开始。这种未来未必真会到来，赫拉利所揭示的逻辑规律却大概率成立：进入迭代反馈周期的人与原地踏步的人的差距会越来越大，且很难逆转。企业也是一样的，数字化带来的是可迭代性的增加，结果是有的公司呈指数级增长，有的公司原地踏步，被紧紧锁在一个低级系统里。未来世界也许只存在超级公司和平庸公司两种公司。

附录 B　数字化工具列表

常用推荐			
GrowingIO	百度指数	金数据	腾讯广告

私域流量			
猎鲸	如你客服	鲸奇	易赚SCRM	艾客

社群运营			
群幂	进群宝	爆汁群裂变	官推分销群裂变	小群效应
社群营销实战手册	涂色进群宝	小U管家火把助手	WeTool	聊天狗微信机器人

裂变增长

135裂变宝	乙店	媒想到	小裂变	快裂变
星耀任务宝	海豹裂变	爆汁裂变	虎赞	行秀
裂变狮	醉赞	零一任务宝		

社交电商

| 云集 | 微店 | 拼多多 | 有赞 | 贝店 |

微电商

| 一起学堂 | 千聊 | 小鹅通 | 荔枝微课 |

表单数据

| 谷歌表单 | SurveyMonkey | 腾讯问卷 | 金数据 | 麦客 |
| 表单大师 | 问卷星 | 问卷网 | | |

采集工具

| 八爪鱼 | 前嗅 | 火车头 | 造数 | 集搜客 |

行业报告

百度流量研究院	阿里研究院	京东研究院	Mob研究院	QM研究院
前瞻产业研究院	微软研究院	企鹅智酷	极光洞察	必达数据
艾瑞报告	199IT互联网数据中心	QuestMobile	微报告	深度报告精选
艾媒网				

A/B测试

| 热云数据 | 云眼数据 | AB Tasty |

数据可视化

| ANTV | Datamatic | ECharts | PixelMap | Plotly |

ASO（应用商店优化）

| App Annie | AppTweak | ASO100 | ASODesk | KeywordTool |
| MobileAction | | | | |

增长战略

数据分析

- 360指数
- BigBigAds
- 中国国家数据
- 头条指数
- 寻艺
- 微热点
- 搜狗指数
- 爱奇艺指数
- 百度指数
- 百度统计
- 知微事见
- 神策数据
- 腾讯移动分析
- 阿拉丁指数
- 阿里指数

H5小程序制作

- iH5
- MAKA
- 人人秀
- 兔展
- 易企秀
- 芝麻小客服

课程案例

- 三节课
- 得到
- 樊登读书
- 混沌
- 馒头商学院

营销

- Linkflow
- Convertlab营销实验室
- 深演智能
- 品友
- 中企动力
- 中企高呈
- nEqual恩亿科
- 泛为科技
- TalkingData
- Nativex
- 个推
- 极光Aurora
- 赛诺贝斯 SINObase
- 巨量引擎
- 创略科技
- 悠易互通

工业互联网

- 卡奥斯 COSMOPlat
- 树根互联
- 航天云网
- 东方国信Cloudiip
- 汉云
- 徐工信息汉云
- 阿里云工业互联网平台
- 华为云工业互联网
- 富士康工业互联网
- 用友精智工业互联网平台

生产

- 影谱科技
- 黑湖智造
- 元工国际
- 国工智能
- 安尼梅森

开发、测试

- Autodesk欧特克
- CAXA数码大方
- Testin云测

销售

- 腾讯企点
- 纷享销客
- 群脉SCR
- 红圈营销
- 六度
- 有赞
- 销售易CRM
- 微盟
- 中企动力
- 快鲸
- SalesDriver
- JINGdigital
- 商派shopex
- Glue Up
- 微动天下

办公
- 钉钉
- 企业微信
- 蓝凌
- 泛微智能
- 致远互联

供应链
- SAP（思爱普）
- IBM
- Oracle中国
- JOT 京东数科

采购
- 商越
- 甄云科技
- 企企通

财税
- Kingee 金蝶云
- 用友
- 百望云
- 元年

客服
- 腾讯企点
- 智齿科技
- 环信

人力资源
- KNX 肯耐珂萨
- 北森

电子签名
- 上海CA认证中心
- e签宝
- 法大大
- 上上签

大数据平台、数据中台
- 滴普科技
- 同盾科技
- 明略科技
- 数澜科技
- 星环科技
- 奇点云
- 袋鼠云
- TalkingData
- 数梦工厂
- 天云数据
- 熵简科技
- 百分点
- 伯俊软件
- 企加云

数据分析与可视化
- 神策数据
- 伙伴云
- GrowingIO
- 杉数数据
- 国双（Gridsum）
- 影谱科技
- 帆软
- 网易数帆
- 观远数据
- 永洪科技
- 友盟+
- 海云数据

云服务
- AWS云服务
- 阿里云
- 腾讯云
- 华为云

机器软件

| SAP（思爱普） | Kingee金蝶云 | 用友 | Oracle中国 | 浪潮集团 |

华为企业

二维码

| 微友活码 | 第九工厂 | 草料二维码 | 码上游 | 二维码梦工厂 |

短链接

| 新浪短网址 | 缩我 | 百度网址 | 小码短链接 |

文档协作

| GitMind | Notion | 幕布 | 有道云笔记 | 百度脑图 |
| 石墨 | 腾讯文档 | 语雀 | ProcessOn | 滴答清单 |
| 腾讯问卷 |

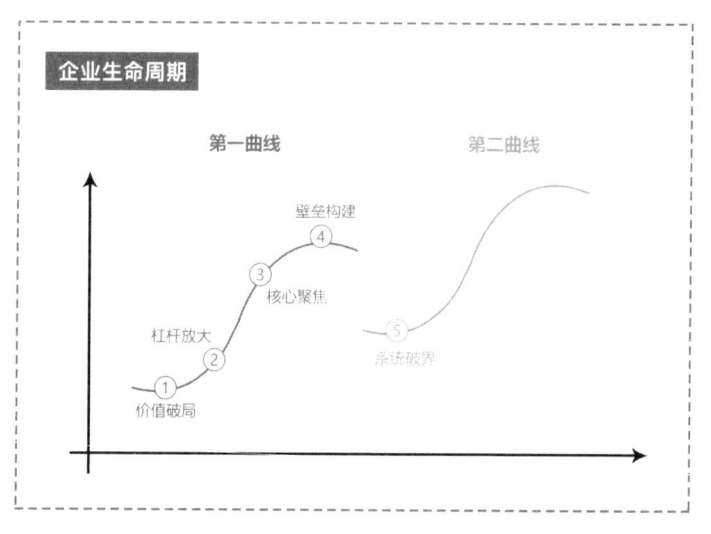

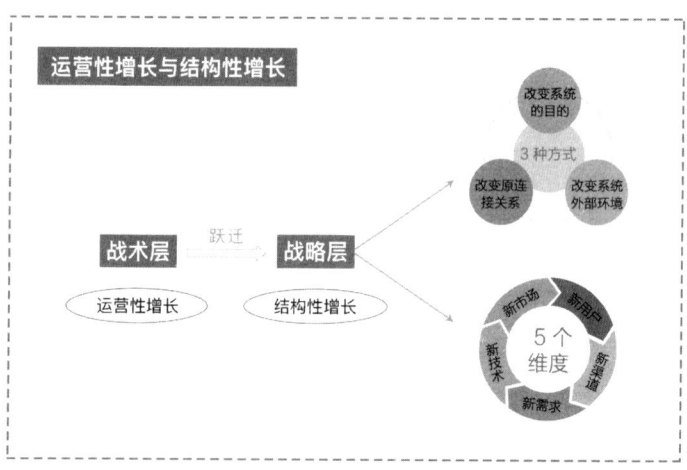

李云龙
第一章 增长的本质

企业生命周期

第一曲线　　　第二曲线

① 价值破局
② 杠杆放大
③ 核心聚焦
④ 壁垒构建
⑤ 系统破界

运营性增长与结构性增长

战术层 —跃迁→ 战略层

运营性增长　　结构性增长

3种方式：
- 改变系统的目的
- 改变原连接关系
- 改变系统外部环境

5个维度：
- 新市场
- 新用户
- 新渠道
- 新需求
- 新技术

李云龙

第一章 增长的本质

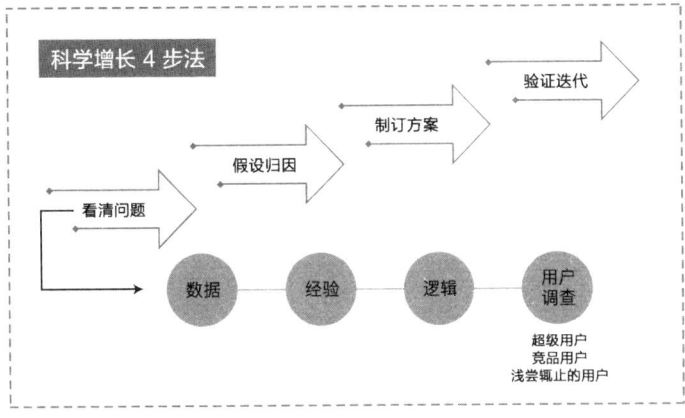

科学增长 4 步法

看清问题 → 假设归因 → 制订方案 → 验证迭代

- 数据
- 经验
- 逻辑
- 用户调查
  - 超级用户
  - 竞品用户
  - 浅尝辄止的用户

传统企业如何进行数字化增长转型

数字化转型
- 怕慢
- 怕错

为什么还要转型?
- 可迭代性
- 增长的指数性

怎么转?

4 个环节（以客户为中心）
- 供应链数字化
- 管理与办公协作数字化
- 生产研究设计数字化
- 增长营销数字化

5 个步骤
- 定战略
- 理模式
- 找杠杆
- 选系统
- 快迭代

第二章

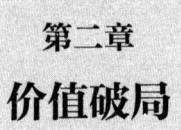

价值破局

策略解读：持续增长不是流量侧的奇技淫巧

一谈增长，很多人难免陷入拉新、裂变、私域运营等流量端的追逐。但要警惕，持续增长不是流量侧的奇技淫巧。那是什么呢？我们先做一个思想实验来进行逻辑推论。从目标上讲，增长所要实现的是达成更多交易。那么交易为什么会发生？供需双方交易的动力是什么？答案是效用的增加。唯有彼此效用都增加了，交易才会达成。一个人花两元钱买了一瓶水，并非他认为两元钱等于一瓶水，而是他认为一瓶水的效用在此刻大于两元钱，而卖家此刻认为两元钱的效用大于一瓶水，于是交易达成了。

"供需关系"需要被还原成"需需关系"来理解，双方都需要，交易才能达成。人类很聪明，发明了货币作为交易的中介。在一笔交易当中获取货币的一方成为供给方，也就是卖方；获取商品或服务的一方成为需求方，也就是买方。

然而，如前文所讲，即便双方交易能增加彼此的效用，交易也不会自然发生，围绕交易还有大量的交易成本。交易成本每降低一些，实现交易的可能性就大一些，增长就更容易实现。那么，流量在交易结构中的位置是什么？是实现"接触"，让供需双方彼此相遇，但是相遇就能实现交易吗？显然未必，其他交易成本仍然可能阻碍交易的达成。我们见过大量的案例，流量很大，但实际成交量很少，大多就是因为这个。所以，我们理解交易成本要从价值传递的整个链条去理解，而非从"接触"这个单点去理解。

而且，在价值传递之前，还有更重要的价值创造环节。价值创造+价值传递，才是思考增长的比较完整的框架。

价值创造，就是思考买方的效用从何而来。在本书中，我们会多次用到"价值"一词，当没有其他说明时，我们统一定义"价值"为买方视角的效用。劳动或者资本并不天然创造价值，只有劳动和资本创造的结果实现了买方的效用，我们才认为它是有价值的。

在"价值创造+价值传递"这个结构中，我们坚定地认为价值创造是1，价值传递是后面的0，价值创造越充分，价值传递越容易，流量是价值传递中的一环。这也是为什么本书的第一个策略叫"价值破局"，而不是"搞流量"。做增长首先要思考的是自己创造了什么独特的价值，而不是如何找到一些便宜的流量。价值创造是难而正确的事，它是长期持续增长的底层逻辑。流量能力很重要，但流量唯有在价值创造的前提下才能发挥更大的作用。

> 做增长首先要思考的是我创造了什么独特的价值，而不是如何找到一些便宜的流量。

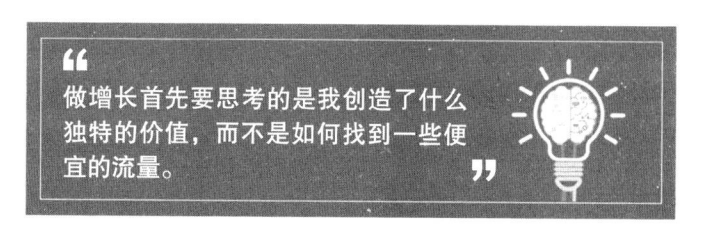

举个场景的例子来说明，很多公司做培训时喜欢收手机，目的很清楚，公司希望让学员们更投入地学习，但这个努力的方向错了。在这个场景中，组织方和老师是供给方，学员是需求方，让学员们更好地习得知识是所有人的目标，这个过程包括价值创造和价值传递。老师讲课的内容和认知设计是价值创造，如果不在这个方向上发力，只是要求收走学员的手机，或者要求不许睡觉、不许交谈，就只是在价值传递上下功夫，舍本逐末。我经常在外授课，哪怕一些公司有收手机的习惯，我也会要求在我的课堂上把手机还给学员。如果我的课程内容不能吸引学员放下手机、专心听讲，那么该改善的是我自己，而不应该把大家的手机收起来，让学员"看起来"是在听讲。如果课程味同嚼蜡，学员依然是听不进去的。这就是把价值创造作为思考的出发点，是难而正确的事。如果不坚持这个方向，那么一名讲者只会不断地低水平重复。

有些公司喜欢在获客的时候发红包、发券、打折，让用户"看起来"增长很快，这是过分重视了价值传递而忽视了价值创造。价值创造完成得好，有一个很明显的特征，就是用户会"自增长"，当用户有"自增长"倾向时，你再在价值传递上下功夫，

> **做难而正确的事。**

会事半功倍，反之则事倍功半。我们无须羡慕市场上那些看起来让人热血沸腾的基于流量思维的快速增长案例。每个人的脑海里都有一些自己认可的伟大公司，仔细思考一下，又有哪几家伟大公司会被评价为"很会搞流量"呢？恐怕甚少。理解一件事情"应该如何做"很容易，但难而更有意义的是理解"为何没有那样做"。

如何衡量企业有没有实现价值创造？请用这个问题来判断：到底是我们需要客户，还是客户需要我们？

> **到底是我们需要客户，还是客户需要我们？**

很显然，当"客户需要我们"的时候，我们更容易实现目标。客户之所以需要我们，一定是因为我们的价值创造足够明显，否则，就变成了"我们需要客户"。当我们需要客户的时候，我们就会打折促销，花很多时间维护客情关系，甚至通过提供回扣的方式来获取订单，根源都是自己的价值创造不够。我并不是说客情关系不重要，而是说如果只聚焦于客情关系，不考虑自己创造了什么价值，整个方向就反了，公司会陷入越需要客户越没有客户的恶性循环。

增长研习社有一个业务是理财类自媒体，它有两种生意模式：卖广告或者卖货。卖货就是卖理财产品，从最开始，我们就选择了第二条路，因为第一条路会导致"我们需要客户"，而第二条路会导向"客户需要我们"。

做过自媒体的朋友都知道，写篇文章就能赚几万元的广告生意太容易了，自媒体不需要为客户承担销量的压力。为了让客户选择自己，他们必然会做一些刷粉丝量、刷阅读量的事，顾不上去追求给企业带来真实的效果，由此进入一个恶性循环。2016年9月28日发生了著名的"微信升级"事件，微信一夜间将众多自媒体大号刷的阅读量清零，这时网民才发现，原来一篇篇"10万+"文章真实的阅读量不过数百。

而做卖货生意则不同，一开始可能确实慢点儿，没有什么效果。但团队所有的努力都会花在获取真实的理财用户和提供专业的内容上，不需要去考虑是否要刷粉丝量和阅读量，让数据更好看——客户不按此付费。与广告模式相比，这是方向上的差异。我们慢慢地积累了很多理财用户，收入也上来了。在这个过程中，我们并没有花太多时间维护客情关系，甚至客户中的90%我们都没有见过，直接就成单了，另外10%见过的客户，也是他们约我们，希望更多地合作。在这个模式当中，是他们更需要我们，而非相反。

从某种角度上讲，越难的事业做起来越容易。因为做的人少，又能真正解决问题，竞争就少。从宏观的尺度来看，一家公司真正的增长天花板是它解决的社会问题有多大。它解决的问题越大，增长空间越大。

吴伯凡曾经讲过趣头条这家公司在短时间内快速崛起又快速衰落的过程，在此可以作为一个案例，帮助我们理解价值创造和价值传递的关系。

趣头条是一个资讯类新闻客户端，可以被称为"低配版今日头条"，主打下沉人群。为了应对它的竞争，今日头条还推出了今日头条极速版。趣头条曾经创造过27个月火速上市的纪录，一时间风头无两，但最近渐渐被人遗忘，市值从最高时的46亿美元降到了6亿美元左右。一家看起来高速增长的公司，为何遇到当前的窘境？

原因是多方面的，从资本到商业模式再到团队都有。今天我们摘取其中一个维度，先看看趣头条是如何成功的，然后再看看为何同样的原因又导致了它的衰落。

在趣头条初创的时候，内容类App的获客成本已经高到让人难以承受。趣头条团队发现了一个洞见：与其花很多钱去第三方平台投放并获取用户，为何不将这笔费用直接给用户，让用户带来用户呢？假设通过投放应用市场获取一个用户的成本是50元，那我以某种方式将这笔钱给用户，让用户直接得到好处，同时还能带来病毒式传播效应，不好吗？

趣头条是这样想的，也是这样做的。他们发明了一个新模式：看新闻赚钱。以往我们在其他新闻客户端可以免费看新闻，平台再通过广告业务获取收入。从来没有一种模式是用户看新闻已经得到了内容，还能另外赚钱的。可以想象，这个产品一下子就爆发了。趣头条还把这个模式玩儿到了极致，不但用户看新闻可以赚钱，如果发展了下线，用户还可以从中得到收益，而下线又可以继续赚钱，继续发展下线。这带来了极强的转介绍效果，病毒式传播效应呈指数级放大。

如果增长真的就是做流量，那么趣头条已经做到极致了。但增长不是做流量这么简单，而是"价值创造+价值传递"。趣头条过分重视价值传递环节的流量而忽视价值创造，即便短期看起来得到了增长，但终究无效。新闻客户端可以给用户提供的价值是新闻阅读本身。如果增加细分的价值维度，新闻客户端可以有更快的报道、更全面的信息、更独家的观点、更"懂我"的推荐等。但趣头条的用户得到的最大价值暗示是可以赚到钱。这是明显的动因偏差，它以为只要用各种方式将海量用户聚集在一起，然后卖广告就可以了。先不说这种模式吸引的是什么样的用户和什么样的广告主，单说如果这个逻辑成立的话，那么根本不需要做一个新闻客户端，开发成本那么高。在一个微信公众号里每天发钱，也可以聚集很多人，在里面直接卖广告不就可以了吗？

解救趣头条的方式也很明确：将目光从流量侧的奇技淫巧挪开，专注到价值创造上，方能构建长期竞争力。

案例：完美日记 VS 欧莱雅

完美日记被称为国货之光久矣，2020年全年的营收高达52.3亿元，比上一年增长了72.6%。在增长圈，完美日记也是明星公司，人们都在学习它的私域流量运营方法，庆祝国货之光完美日记打败了老牌外企"欧莱雅们"，国产品牌从此站起来了。未承想，仅仅一年后，完美日记就遇到了流量的天花板。

完美日记的财报显示，虽然2020年的销售额有52.3亿元，但全年净亏损超过营收的50%，达到了26.9亿元。其用于营销和销售的费用达到了34.1亿元，占总营收的65%以上，且还有上涨之势。而同赛道的前辈欧莱雅在过去5年从未让营销费用占比超过15%。在招股说明书中，深度合作的KOL（关键意见领袖）资源被视作完美日记的核心竞争力。企业的核心能力要符合5个特征：偷不去、买不来、拆不开、带不走、溜不掉。很显然，KOL资源不属于核心能力，他们随时可以走掉。

流量对企业来说很重要，"流量思维"却像毒品。毒品是什么？你只要使用它马上就能得到快感，它会让人们渐渐难以自拔。企业购买流量，马上就能获得反馈，便认为这就是经营之道，殊不知已经越陷越深，没有时间和精力去构建真正重要的核心壁垒。2019年，欧莱雅的研发费用高达9.14亿欧元，而同期逸仙电商（完美日记的母公司）投入完美日记、小奥汀、完子心选等多个品牌的研发费用总共为2 317.9万元。二者完全不是一个量级的。一家公司认为什么重要，不要看它怎么说，要看它把钱花在了哪里。

仔细分析一下，你会发现，完美日记这样的公司越来越像空壳。研发没有任何优势，营销靠与不断涨价的外部 KOL 合作，中间似乎只剩下积累在私域社群中的用户、完美日记品牌及"小完子"虚拟形象。公司并没有机会深度运营用户，只能以简单触达、发送优惠券为主，不是不想深度运营，而是成本结构不支持。完美日记品牌的崛起，打的就是高性价比策略——大牌平替，便宜是用户选择它的最大理由，公司从每个用户身上只能赚到很少的钱，自然不支持深度运营用户，导致用户流失越发严重，一个负向的增长飞轮形成了。

随着数字技术的发展，企业触达用户的能力，也就是"流量能力"得到了极大的提升，这本是好事，抓到早期红利的公司往往能以低成本实现快速增长。但世事不能只看当下，只要向后再看一步，就不难识别出风险：别人会跟上，竞争会加剧，流量价格会上涨。此时如果还只能挥舞流量大棒，最容易伤到的只能是自己。

事实也是如此发展的，从 2019 年开始，花西子等品牌开始在 KOL 方面发力，直接推高了流量价格。

完美日记不能再赚快钱，需要学会赚慢钱，尽快从"流量思维"转换为"价值创造思维"。品牌能够直接面对消费者是好事，但不能将消费者视为流量，而要将其视为一个个活生生的人。从这个意义上讲，继续扩大营销不能将完美日记带出泥潭，押注产品研发也许可以。

> **"** 不能将消费者视为流量，而要将其视为一个个活生生的人。**"**

早期的 KOL 很关心能否帮粉丝争取到最大的优惠，可现在产品的体验感更加重要。曾经有一位 KOL 在视频中推荐了一款唇彩，但用户使用时出现了"沾杯"的现象，有 200 多个粉丝因此取消了对他的关注。粉丝是 KOL 的一切，KOL 对品牌的要求必然会从低价转向高品质。从完美日记的研发费用我们即可知道，在"低价+代工"的模式下，品牌方对产品质量并没有控制力。完美日记的部分产品是通过代工方上海创元化妆品有限公司完成设计、研发、生产的，而创元同时也给国内的玛丽黛佳、花西子等国货品牌代工。在此模式下，产品的技术研发实际上由创元等代工方完成，而由于国内美妆品牌所选择的代工方集中于创元等几家，所以完美日记和花西子相互竞争的两款产品很可能源自同一条生产线。这意味着产品的同质化。

在后面的"价值曲线"一节我们会讲到，差异化是价值创造和创新的目标，同质化只能带来消费者端的价格战争。

"大牌平替"是完美日记的核心价值主张，这个生态位不能算错。但完美日记用纯流量打法来支撑价值主张，就略显单薄和急功近利了。微信生态给小公司开了私域流量的"后门"，但这些公司做大之后，如果仍然沉浸在 KOL 带货和社群触达这个层次，就显得缺乏长远眼光了。

在互联网圈，很多公司都是先亏损再赚钱，比如京东和美团。此逻辑的关键在于能否预见盈利和成本的分界点，如果过了这个分界点，成本并不随着用户规模扩大而增加，先亏再赚的模式才成立。

比如京东，早期京东的亏损主要因为物流体系的建设，在此项工作完成后，企业规模扩大，成本并不同步增加。京东用亏损"烧"出了"送货体验好"的价值主张，创造了价值（见图 2-1）。

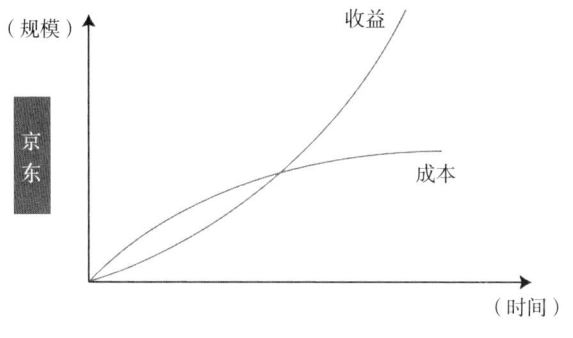

图 2-1 京东的收益-成本曲线

切勿将亏损当作必然，要看所花的钱"烧"出了什么。钱如果花在了流量费用上，花了就消失了，企业并没有沉淀下什么。随着规模扩大，这部分成本不降反升，这就是完美日记遇到的困局（见图 2-2）。

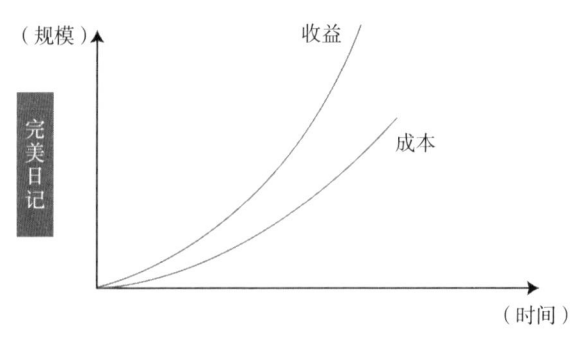

图 2-2　完美日记的收益-成本曲线

通过本节，我们希望读者明白价值创造的重要性，摆脱对流量的依赖。那么，该如何挖掘用户价值和验证用户价值呢？这是本章后续的重点内容。

价值主张：生意因何存在

一种商业模式如果成立，需要满足一个三角模型：价值主张、利润主张和人员主张（见图 2-3）。

图 2-3　商业模式三角模型

价值主张是买方立场、用户立场，解决的是"用户能得到什么"的问题。它有两个方向，一是解决了什么问题，二是创造了什么体验。利润主张是卖方立场、企业立场，解决的是"企业能得到什么"的问题。利润主张一般是指公司能够赚得利润，也就是说，如果一种商业模式虽然对用户来说很好，但是企业不能因此受益，它也不可能成立。人员主张则是指围绕这种生意的利益相关方，比如合作伙伴、员工、股东、上下游供应链的诉求也应该被满足，人员主张有时候是利益，有时候是成长，有时候是共同的使命。

三者都能被满足，一个商业模式才能长久健康地存在。其中，价值主张是商业模式的出发点，生意因此而存在。价值主张并不等于需求，它是需求的侧面，是买方的购买理由，它更加场景化，有更多细节。人类的需求从古到今、从中到外都没有太大的区别，短期内也不会改变，马斯洛已经将需求从基础到高级分成了 5 个层次（见图 2-4）。

图 2-4 马斯洛需求层次理论的 5 个层次

价值主张则是具体商业场景之下的买方视角的效用，是用户的购买理由。比如，想变瘦变美是一种需求，减肥是其中一个路径，健身是实现减肥的一种方法，开健身房则是健身领域的一种商业模式。用户对健身房服务的购买理由，比如价格便宜、离家近、教练专业、氛围好、24小时开放等，就是价值主张。价值主张是买方的购买理由，它不能脱离商业模式而存在，我们不能从需求直接推导出价值主张。比如，同样是针对变瘦变美这个需求，除了开健身房这个商业模式之外，至少还有卖轻食餐的商业模式，在这个模式当中，用户的价值主张就变成了价格便宜、不节食、没有副作用、品牌大等。

一个产品的差异化不在于满足了不同的用户需求，而在于对用户不同价值主张的权重选择不同。用户购买了某个产品，指向的也不是某个泛泛的需求，而是一组价值主张，真实的决策往往取决于当时某个购买理由占了主导。下一时刻，另外一个理由占了主导，用户的决策很可能发生变化。

案例：快递服务

提到快递行业，你能想到哪些公司呢？顺丰、四通一达、EMS（邮政特快专递服务）或者主打同城急速配送的闪送？把某个货物从A点送到B点是快递公司满足的用户需求，但用户具体选择哪家快递公司则取决于用户认可哪家公司提供的价值主张。在快递服务领域，用户的价值主张至少会有以下这些：价格、品牌、运送速度、响应速度、安全性等。在不同场景下，用户的决策可能不同。

平时我们用快递给朋友送小礼品会用四通一达，因为价格比较便宜，我们不是太着急，所以晚点儿送达也行。但是如果着急给客户寄发票或者合同，我们大概率就会用闪送，贵也无所谓，时间更重要。而一家大公司的采购人员则会倾向于选择顺丰，虽然它贵一些，但是品牌好，安全性高。2B（面向企业）的业务往往会选择供应商里品牌最好的，价格不是最重要的，但合理性很重要，如果快递出了问题，公司问责起来，采购人员至少可以讲，这已经是市面上最好的公司了。大公司的采购人员最担心小品牌不巧出了问题，解释都解释不清楚。

价值主张决定了用户为何买我们的产品，这也是生意的起点。过去一些年，中国创业圈中的某些公司抄袭成风，千团大战、O2O大战、单车大战，此起彼伏，创业者们看到某个商业模式有了机会，自己就会照着做一个，认为"他能做的，我也能做"，这是一种很害人的思路。帮助创业者从这种思路里跳出来的有效工具就是思考"我究竟提供了什么不同的价值主张"，这种价值主张是否被买方所认可。这就是"价值破局"的要义，当我们提供了与众不同且被买方所认可的价值，增长的起点便有了。

战略大师迈克尔·波特提出过三大通用战略：成本领先战略、差异化战略和聚焦战略。这是从卖方的战略规划视角出发的，无论何种视角的战略，都需要与买方的价值视角相匹配，这样它才能发挥更好的效果。

那么，该如何识别与区隔价值主张呢？我们提供一个工具——"价值曲线"，用视觉化的方式对商业模式进行审视。

价值曲线

价值曲线在《蓝海战略》等书中被广泛应用，它可以视觉化地将某个产品提供的价值主张呈现出来。横轴尽量穷举用户可能的价值主张，纵轴是对此种价值主张的满足程度。我们以上一节提到的快递行业举例。

当希望在快递行业开展某种商业模式时，我们一定可以由此价值曲线获得启发（见图2-5）：我提供的价值是否与其他人的有差异？用户购买我的服务的理由到底是什么？我该将哪些价值放大，哪些缩小？要新增哪些价值，去除哪些价值？

为了凸显差异性，在绘制价值曲线的时候，我们可以将几个"竞品"一起画出来。竞品并不完全是通常意义上的"以相似方式满足相似需求的竞品"，而往往是"以不同方式满足相似需求的替代品"，甚至是"满足用户不同需求但完成用户相同待办任务的他择品"。比如，在航空领域，我们通常认为国航与东航及南航是直接竞品，高铁与飞机虽然实现方式不同，但满足的需求是一样的：将乘客从一个城市带到另外一个城市。从这个意义上讲，高铁就是飞机的替代品。再往后延伸，有一部分人跨城出行

图 2-5　快递行业的价值曲线

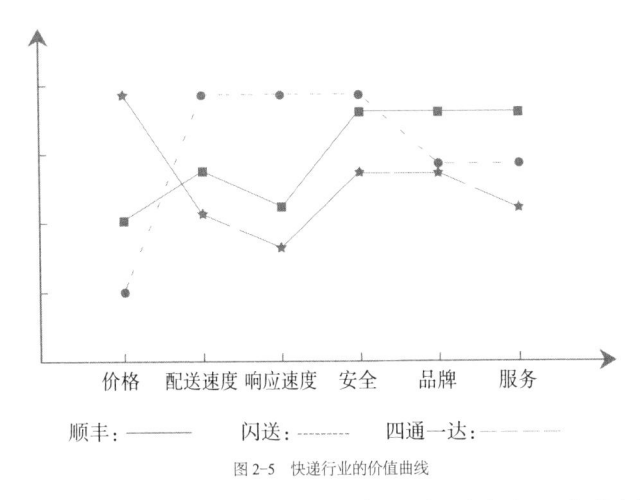

横轴：价格　配送速度　响应速度　安全　品牌　服务

顺丰：———　　闪送：------　　四通一达：—·—

是出于商旅需求，他们要跟客户开会，而现在钉钉、飞书和腾讯会议越来越好用，可以流畅地实现跨城线上会议，效果也没有打太多折扣。这部分用户因此减少了飞行需求，那么钉钉、飞书和腾讯会议就是航空公司的他择品。

互联网领域有一个词叫"跨界打击"，曾经非常火：当企业盯着视野里的直接竞品时，替代品和他择品有可能已经把你和你的竞品统统干掉了。统一和康师傅在方便面领域竞争多年，视彼此为最大的竞争对手，而外卖的崛起让方便面市场的体量整体衰减了，美团才是它们忽视却真正重要的竞争对手。

在绘制价值曲线的时候，横轴一定要是买方视角的价值主张。以我们过往辅导企业的经历来看，很多人分不清买方语言和卖方语言，总是混淆。比如，一家在线教育公司将"1对1""小班课""大班课"这样的描述放在了横轴，这是孩子的家长想要的价值吗？并不是，从作为买方的孩子家长的角度，他考虑的是价格是否合理，上课是否方便，老师好不好，效果如何……这些才是买方的价值主张。至于到底是"1对1"还是"大班课"，这些是作为卖方的教育公司的供给方式。通常讲，"大班课"会降低用户的价格，而"1对1"的辅导效果好一些，这些供给方式是实现买方价值主张的方式，但不是价值主张本身。在线教育公司猿辅导的广告强调自己"在线教育用户累计突破4亿人"，这是卖方视角的数字和语言，并不是买方的价值主张，家长关心的是孩子受教育的质量，不是教育公司有多少用户。

将价值曲线呈现出来只是第一步，这里还有几个问题：第一，列出的价值主张是否完备？第二，这些价值主张是不是用户真正在意的？第三，如何调整价值曲线才能凸显差异化，实现价值破局？我们讲一个案例。

案例：超级猩猩

想起健身房，你的第一印象是什么？

"游泳健身了解一下！"

"大哥，我们年卡是4 888元，今天搞活动，两年卡只要5 888元，优惠期截至今天晚上12点，如果您能现在付款，那么我向经理再给您申请一张季卡，您可以送给朋友……"

这就是妥妥的"我们需要用户"，因为价值创造不够，只能用其他方式代偿来实现交易。整个行业都在这么做，每个健身房都有不少销售人员，他们的目标是将年卡卖给用户，至于用户去不去，他们就不太关心了。当然，也有人关心用户去不去，那就是私人教练，他们会打电话邀请试课，目的是让用户购买私教课程。于是，原本是一个帮助人们变得健康的场所，健身房在社会上的名声却越来越差。

在整个行业都表现出"我们需要用户"的时候，有一家公司却一个销售人员都没有，教练也不推销，但它实现了快速增长，门店数超过100家且还在快速扩张，付费用户数超过百万，年度消课金额超过5亿元，它就是超级猩猩。

一线城市的白领群体或多或少知道这家公司，超级猩猩是一家创立于深圳的健身房，却又是一家与众不同的健身房。提到健身房，我们的头脑里应该有画面感：跑步机、游泳池、来回游走的教练、力量区撸铁的壮汉和操房里蹦蹦跳跳的妹子，或许还有街角飘扬的"游泳健身了解一下"和"哥，我给您安排一次体验课，啥时候来呀"，以及"这是一个可以洗澡的地方"。

这个行业的商业模式也很套路化：租场地、装修、赊设备、卖年卡，在固定成本基本不变的情况下卖出去更多的年卡，越多越好。至于用户来不来，这是下一年续费的时候才要考虑的事情。中国健身房用户在平均每张年卡期限内去健身的次数是个位数。整个行业的社会评价都很低。一个行业沦落到这个地步，其中一定有创新的机会，超级猩猩团队就看中了这个点。

一个有健身需求的用户对健身房的价值主张有什么？也许是下面这些：价格是否合理，交通是否方便，教练怎么样，有没有效果等。如果一个新进企业所有的价值点都与已有的健身房一样，那么它就不过是原有恶性循环的又一次重复而已，新进企业如果希望实现价值破局，必须实现截然不同的价值主张。

超级猩猩是怎么做的？用户选择健身房后马上要面对的就是办年卡，但又会担心自己去得少，亏了。超级猩猩说，没关系，我们按次付费，来一次付一次钱。"那么，每次课是不是很贵？"别的健身房请教练都要每次课300~400元钱。超级猩猩每次课几十元，最高一百多元，是其他健身房价格的几分之一，还都是明星教练带课。"那它会不会不停给我打电话，让我办高客单价的课？"没有，公司不设销售人员，不会给用户带来任何打扰。

问题来了，它是怎么做到这么好又这么便宜的呢？因为超级猩猩在强化了一些价值主张的同时，弱化了另外一些价值主张，实现了自己与其他健身房的差异化。比如，你能理解一个健身房是不能洗澡的吗？超级猩猩就不能洗澡，健身完您自己换套衣服就走吧。再比如，你能想象一个健身房是没有跑步机的吗？超级猩猩就没有，它的场地很小，一般就是一到两块场地，一个操房教室，一个单车教室。它也没有额外的人提供服务，除了按场上课的教练，每一家店只有一两个人负责签到和打扫，有一台自动售货机，想买水您自己来。一切都是在降低成本，这才能实现在用户侧的低价格。

下图是超级猩猩与私教工作室以及普通健身房的价值曲线对比图（见图2-6）。

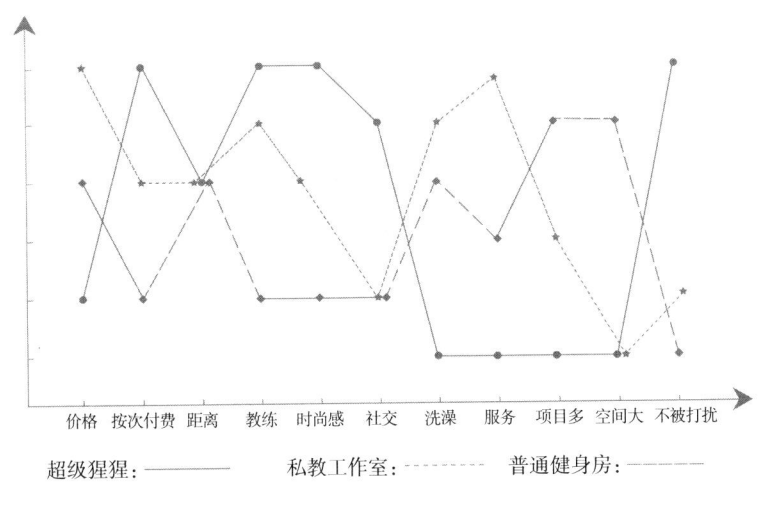

价格　按次付费　距离　教练　时尚感　社交　洗澡　服务　项目多　空间大　不被打扰

超级猩猩：————　　私教工作室：--------　　普通健身房：— — —

图 2-6　价值曲线对比图

与其他健身房相比，超级猩猩增加了一些价值：将教练明星化，增加了用户黏性，每个教练都有数量不菲的学员粉丝；按次预约上课，不需要办年卡，减少了用户的心理负担；全国跨店上课，不管你身在何处，只要周围有店，你可以随时随地健身；不会打扰用户，上课与否由用户自己决定。它还减少了一些价值：不能洗澡，没有泳池，可选项目很少，空间也不大。

每个价值点都会吸引和屏蔽一批用户，会不会有一些用户因为不能洗澡而不选择超级猩猩呢？一定有。但也会有另外一些用户因为按次付费和可以跨店上课及不被打扰来选择超级猩猩。好战略的反面也是好战略，每一家公司都不要奢望拿下所有的用户，提供差异化的价值，吸引属于自己的用户群体，足够了。

> **好战略的反面也是好战略。**

一般用户办健身年卡的顾虑是买了年卡但去得很少，很浪费。超级猩猩打消了用户的这种顾虑，用户不必购买年卡，只需按次付费。转换付费方式后，超级猩猩把自己逼到了一个境地：只能创造更好的健身体验，让用户一次又一次地回来，而非用一张年卡将用户锁住。

"到底是用户需要我们，还是我们需要用户"，这不仅仅是一句话换了主语和宾语，也不是和稀泥说"彼此都需要"，而是两种不同的策略选择，不同的努力方向。超级猩猩选择让"用户需要我们"，在前文，我们通过价值曲线将超级猩猩的差异化价值主张进行了呈现。难点不在于如何梳理差异化价值，而在于如何做到差异化。我对超级猩猩的创始人跳跳做了深度采访，其核心观点如下。

超级猩猩对健身行业的本质认知与一般人不同：用户在健身房消费的是情绪价值，而非功能价值。极端一点儿讲，超级猩猩锚定的竞争对手并不是其他健身房，而是电影院和KTV（卡拉OK），能否在这一个小时里让消费者开心是他们最关注的。由此，教练在课程中的角色定位也不是陪练，他们需要和用户一起完成一次表演。

> 超级猩猩对教练的要求不是完成一次陪练,而是实现一次表演。
>
> ——超级猩猩创始人跳跳

超级猩猩对教练的绩效评估不是简单地以课时计算的,满意度是其中最为重要的指标,每个月通过算法自动排名,课时相同的教练,有人收入6万元,有人只有2万元。

对用户来讲,最大的成本是时间,如果用户获得了超过预期的情绪价值,复购率就变得不成问题,公司无须雇用很多销售天天催促。KPI即企业文化,公司的资源花在哪里,证明公司认为什么是重要的。把资源花在销售团队和流量购买与把资源花在每一个交付现场的满意度,体现了两种截然不同的价值观,更体现了两种截然不同的经营思路。从超级猩猩的成本结构我们就能看出这种区别,教练费用占成本的1/3,场租占1/3,其他是课程版权费用与管理费分摊。超级猩猩几乎没有营销费用,最好的广告位是用户的朋友圈,所以它只做了一个传统的用户增长的动作:每次训练结束,集体拍照。它通过用户自愿分享的方式获取口碑用户。

以情绪价值而非功能价值为驱动,超级猩猩也筛选了用户群体。在它的用户中,女生占75%,iOS(苹果公司的移动操作系统)用户占75%,用户年龄普遍处于25~40岁之间。

> KPI 即企业文化。

超级猩猩的口号是"不办年卡，按次付费，专业教练，没有推销"，简单清晰、价值明确。我曾在线下培训场景中多次让学员以超级猩猩为案例出一句口号，最好的是这句：四个会员，三个女生。

我也是超级猩猩的用户，虽然按次付费，但与之前办理健身年卡的经历相比，我现在反而去得更多。刚去时，我曾经上过一位教练的课，感觉不错，但后来就再也约不到他的课了，每次都要等候二三十人。此时已经是我需要他，而非他需要我了。这与行业的惯常状态截然相反。

超级猩猩已经走过了"从 0 到 1"和"从 1 到 10"，未来的"从 10 到 100"要解决的是与之前完全不同层次的问题。当前，它的限制性要素是如何规模化地获取优秀教练供给，而未来的限制性要素是能否通过数字化方式管理 1 000 家以上的门店，系统和组织变成了难点。

通过这个案例，我们希望读者能够跳出行业普遍做法的限制。超级猩猩的创始人跳跳说自己是行业的外行，但创业之前做

了10年的用户运营。这话的意思，一半是谦虚，说自己不懂行业，另一半是表达不会受行业固有想法的限制。我认为，每个行业都可以找到一条让"用户需要我们"，而非"我们需要用户"的道路。

给自己的公司画出一条价值曲线并不难，真正难的地方在于调整价值曲线，形成差异化。在调整之前，你需要对各个价值点进行评估，大体可以从以下5个角度进行评估。

第一，没有也行。

这是我认为画出价值曲线之后首先要做的。这么多价值点，哪些是可以不要的？一个产品对用户交付过度才是最大的问题。在超级猩猩的案例里，"洗澡"就被他们验证为对目标用户来说"没有也行"。

哪怕"价格低廉"这个价值点，也不是所有用户都需要的。有一次，我与混沌学园广州分社的社长吕宁在佛山给一批企业家推荐一个35 000元7天的迷你商学院，活动结束后有一位企业家过来说，这个产品很好，但是他没有马上报名，因为太便宜了。在他心里，高价格能帮他筛选出更好的人脉关系。在同等收益之下，没有人不想选择便宜的，但如果给商学院画一条价值曲线，对其用户来说，"高质量人脉关系"的权重一定超过"价格低廉"。

第二，底线需求。

某种价值点是商业模式必须坚守的，不能被破坏，往往是企业对用户的某种承诺。比如，承诺雇用英语母语外教的学校，不能请乌克兰老师来教课，尽管很多用户分不清。

前文提到了快递行业，这个领域最近新出现了一家现象级公司——极兔快递，它将低价策略发挥到了极致，使这个购买理由变得充分。但目前，它的服务并不太好，丢单率较高，这就是行业的底线需求未被满足。

第三，够用就好。

假设某个价值点确实是用户需要的，但在这个价值点上持续做功并不能持续增加用户效用，那么此类价值点做到基本够用就可以了。对产品的极致化追求是很多公司都声称的，即便不考虑这是传播的需要，真的追求产品极致化，我们也应该分清楚在哪些点上有极致化的必要。例如，有餐厅给用户承诺10分钟上菜，这已经是用户可以承受的了，毕竟不是去吃快餐，用户坐下后还要聊聊天。如果在这个价值点上持续做功，将上菜时间缩短到5分钟，一方面对用户的价值感提升不大，另一方面餐厅要承受很高的成本，所以这并不是一个好选择。

第四，越多越好。

在阈值到达之前，随着某种价值点的提升，用户的效用是不断增加的。比如打车软件，用户在发出打车请求后，是希望应答越快越好的，对这个场景的优化是持续有必要的，这类价值点往往有很高的学习成本，即先发者有较久的优势周期。再比如，在光刻机领域，精度从百纳米发展到5纳米，越精密越好。

第五，带来惊喜。

原来用户并没有预期到某种价值，但产品可能忽然带来惊喜。用户去吃饭，并没有指望饭店提供一个手机袋把手机装起来，防止溅上油，但海底捞的服务员做了，带来了惊喜。这种价值点最好不额外增加太多成本，靠高成本支撑惊喜是不划算的。比如，外卖员送完外卖随手帮忙把垃圾带走，用户觉得很惊喜，而企业并不额外付出成本。

如何找到价值创造的空间？我们可以从商业模式的供给和需求两个角度进行探寻。在需求侧，价值来源是解决问题和创造体验；而在供给侧，价值来源是提升效率和降低成本（见图2-7）。

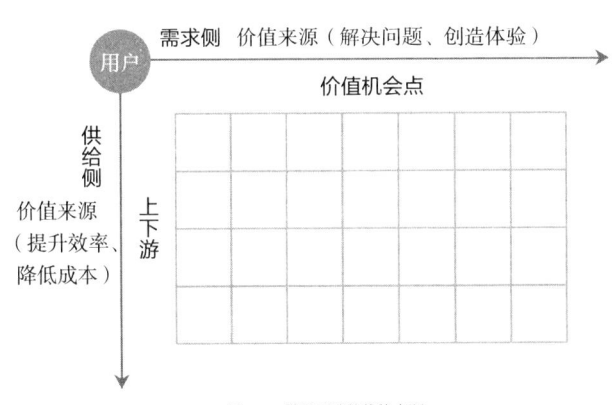

图2-7 供需两端的价值来源

分析一个领域在用户旅程的需求侧和供给侧的交付链，可以帮助我们找到价值创造点。举个例子，在外卖行业，用户旅程如下：在需求侧，是饿了、打开外卖App、选择菜品、支付、等待、取餐、吃饭和评价；在供给侧，是餐厅接单、做饭、做好等取、外卖小哥取单、配送、到达等取、交给客户，然后接下一单（见图2-8）。

外卖行业用户旅程分析

需求侧：饿了 — 打开外卖 App — 选择菜品 — 支付 — 等待 — 取餐 — 吃饭 — 评价

供给侧：餐厅接单 — 做饭 — 做好等取 — 外卖小哥取单 — 配送 — 到达等取 — 交给客户 — 接下一单

图 2-8 外卖行业用户旅程分析

两个链条中各有很多可优化的点。取一个交叉点，外卖小哥将菜品送到顾客手上这个环节，因为没有办法做到无缝衔接，总是有时间损耗。用户可能正在忙，不能第一时间去取餐，小哥又着急去取下一单，有时小哥把外卖放在用户楼下，还会出现丢单引起投诉。这个环节如果有所改进，则既在需求侧解决了问题，又在供给侧提升了效率。有问题的地方，就有价值创造的空间。

> "有问题的地方，就有价值创造的空间。"

美团推出的"餐柜"即在解决这个问题。如果用户不能马上下楼，那么小哥可以把外卖放在餐柜里，用户有时间再去餐柜取餐，扫码或者在美团 App 里点击"开餐柜"按钮皆可，流程顺畅，体验良好。

饿了么也快速跟进，据说这个产品可以让小哥每个小时多送 2~3 单。这就是价值创造。

价值、价值感与价值观

在前文我们已经给出了本书对价值的定义：买方视角的效用。

价值创造是增长的起点，但对价值的感知是主观的，买方视角感受到的效用也不是恒定不变的，同一种效用是边际效用递减的。一个很饿的人拿到的第一个馒头是最有价值的，但如果他拿到的第十个馒头都要吃下去，这就不是享受而是受苦了。一种成功的产品很少是单一价值贯穿始终的，从增长的视角看，我们既要不断挖掘新的价值，又要不断将原价值显化。关于如何挖掘新价值，我们在上一节"价值曲线"中已经详细阐述了，本节我们来聊聊如何将价值显化。

为什么要将价值显化呢？当然是为了促进交易的达成。价值显化有两种方式：提升价值感和塑造价值观。提升价值感又有两个方向：社会偏好与认知偏差。

社会偏好，即群体认为某些属性更有价值，比如时尚、品牌、颜值、社交货币，以及特定历史阶段的特定社会情绪。比如，"70后"和"80后"可能认为国外品牌质量更高、更值得信任，很多国内企业给自己的产品起外国名字，马可波罗、达尔文这些瓷砖品牌，其实都是中国制造。并非它们愿意这样做，而是一个外国名字在当年确实能提升价值感，尽管同等质量的瓷砖提供的价值没有什么不同。社会情绪会发生变化，"90后"和"00后"便不再认为外国的月亮更圆，近年来，国潮变成了新的社会情绪的选择。华为的消费类产品卖得很好，有一部分原因是很多人的爱国情绪和民族情结被附着在了它身上。

最能体现社会偏好的是保险产品。保险不是实物，说它是一种服务也有点儿勉强，其本质就是一纸合同所提供的保障。但是，几乎完全相同的保险产品，价格就是不一样。

个人对价值感的判断往往受社会影响，前些年"精准营销"一度火热，近年来音量低了很多，精准营销基于这样一句广告业名言："我知道自己的广告费有一半浪费掉了，遗憾的是，我并不知道是哪一半。"如果这个判断成立，那么我只需触达最可能购买自己商品的用户不就可以了，从此广告费不再浪费。这个判断正确吗？不能说错，只能说不完全对。

"有些广告就是投放给那些不买的用户的。"此话怎讲？这是社会性在起作用。一些豪车品牌并不是把所有的预算都投向了能带来销售线索的渠道，而是仍然会投很多预算给"看起来没什么用"的品牌广告，豪车用户的价值感不仅仅来自汽车本身，还来自"其他人知道它贵"，也就是说，那些看起来没什么直接效果的品牌投放其实是支撑豪车之贵的一个重要因素。

与之类似的还有茅台酒。人们喜欢喝茅台，酒好是一方面，它的价值感还主要来自"人人知道它贵"。在酒桌上，茅台酒成了社交货币，表示很重视眼前贵客，这些都是社会偏好。

认知偏差，即个体在认知外界的时候并不是时刻保持理性，而是有很多偏误的，比如从众效应、锚点效应、眼见为实、禀赋效应、稀缺效应、框架效应等。

当李佳琦在直播间里号召:"所有女生,三、二、一,买它!"直播间里就一片刷屏,有的女生原本也没觉得自己多么需要这支口红,看到这么多人买,跟着也就买了,这就是从众效应。

混沌学园线上课一年的学费是 1 198 元,贵还是不贵?单看价格分不清楚。可如果你被告知,在线下中欧商学院和长江商学院,类似的课程要 70 万元,你是不是立刻就觉得 1 198 元很便宜?这是锚点效应。

安装过 360 杀毒软件的用户会有印象,每次开机,360 都会弹出一个绿色的圆圈,转动几圈后显示电脑安全指数超过了全国 90% 的用户。圆圈转动会让用户觉得 360 在努力检查电脑和杀毒,至于它是否真的在这样做我们就不得而知了。将价值感显化,360 公司做得非常好。

有一类"去死皮"的日化用品,用户即便刚刚用洗面奶洗过脸马上就用它们,还是会在脸上搓出一缕一缕的东西,这让用户觉得"好多死皮,真好用"!这也是价值感显化。

社会偏好和认知偏差可以带来价值感的不同,更多与此有关的内容参见中信出版集团出版的《增长思维》。

塑造价值观是另外一种将价值显化的方式。在某种意义上,价值观即偏见。人们对同一件事情有很多看待角度,哪个都不能说是错,选择某个角度则是基于价值观的。对于"996"工作制,马云说是福报,有人就觉得是剥削。谁是对的?说不清楚。

> 价值观即偏见。

一个经常被人们忽视的秘密是，人们更喜欢与自己价值观相近的人，进而会喜欢与自己价值观相近的公司或者产品。锤子手机的用户是高智商人群，他们真的不知道锤子手机几乎在所有功能层面都无法与华为和苹果相提并论吗？知道的，但他们与罗永浩有类似的价值观——相信并追求理想主义，愿意为情怀买单。

价值观可以显化一部分人对价值的认知，但也有风险。凡是价值观，就有人认可，有人不认可。比如，咪蒙的文章具有强烈的价值观导向，喜欢她的人极喜欢，讨厌她的人极讨厌。"快手一哥"辛巴也是如此，"老铁"都爱他，但主流舆论圈对他评价很低。

最近，商业圈兴起了一波"品牌无用""品牌存在的基础已经崩坍"的论调。网易严选和小米有品这样的平台，用户认的是渠道，相信这里的产品不会差。拼多多通过社交链实现销售，用户认的是熟人关系和价格，购买似乎与品牌关系不大，品牌是不是真的无用了？

这个问题应该拆解来看。我认为，品牌的目标只有一个，即在供给丰沛的时代提升用户购买自家产品的概率，降低用户的选择成本。在供给稀缺的时代或者行业，产品不需要品牌也能卖出去。品牌实现这一目标有三种路径：记忆效率、信任代偿和价值观认同。以往，用户认知产品与购买场合之间往往是割裂的。比如，认知在电视广告，购买在超市，品牌的记忆功能便被凸显，甚至被一些公司无限放大。有些公司认为广告低俗点儿没关系，扰民也没关系，只要用户能记住就可以。随着电商"千人千面"和智能推荐的兴起，购买路径从"人找货"到"货找人"转变，品牌所带来的记忆效率价值被削减。

第二种路径是信任代偿。面对茫茫商品，消费者不知如何选择，便倾向于选择有品牌的产品，这其中在本质上有一层博弈关系。在品牌打造的过程中，企业成本很高，欺骗消费者的成本也高。消费者购买此类产品会相对放心，这就是信任代偿。随着制造业水平的提升，我们已经很难找到质量特别差的产品，市场上甚至出现了"假冒不伪劣"现象，品牌之于信任代偿的功能也在减弱。

第三种路径是价值观认同，目前我们还没有看到它被消解的趋势。我们公司楼下有瑞幸和星巴克两家咖啡厅，对于同款产品，星巴克在价格上几乎是瑞幸的两倍，却仍然人潮涌动，用户认的是文化和价值观。同样是盲盒，制作起来几乎没有难度，但拥趸们还是买泡泡玛特，不买其他家的，还是因为文化和价值观的认同与归属。

价值、价值感与价值观，本节希望读者意识到价值的主观性与易逝性。价值破局，不是一次性的工作，而是需要持续迭代的。

下一节谈谈如何进行价值验证。

价值验证

增长是"价值创造 + 价值传递"的完整过程。前面的章节讲述了如何通过价值曲线这样的工具来挖掘独特的价值主张。但新的价值主张是用户所认可的吗？这需要验证，你最好在验证之后再进行价值传递，否则就会像一些公司一样，盲目地获取流量，最后竹篮打水一场空。

有一年，北京地铁里忽然出现一拨贴门的广告，广告主是"叮咚小区"App，广告打得挺久的，应该花了不少钱，它可能也获取了一定数量的下载量，但之后我们再也没有听到过这家公司的名字。现在回想，我们仍然不能确认这个 App 到底能满足什么价值主张，只是模糊地感觉它是一个与社区有关的产品。很显然，这家公司如果在打广告之前先提炼出独特的价值主张，验证之后再进行推广，成功率会提高不少。

有很多精益商业思考的方法在讲如何通过低成本的方式进行价值验证，比如 MVP（最简化可实行产品）方法。MVP 是用最简化的方式将产品所要满足的价值主张呈现给目标用户，看看用户是否买账，而不需要开发出一个尽善尽美的产品。《增长黑客》曾经讲过 Dropbox（多宝箱）的案例，这是一家做 2B 云存储的公司，2B 业务获客往往通过销售人员拜访客户、介绍产品，这意味着很大的投入。Dropbox 将产品介绍做成了视频文件，视频传播是比较"轻"的，准确度又高过一般销售人员，更有意思的是，此时Dropbox并没有把产品生产出来！它只是通过视频来试探市场是否有需求，结果该产品极受欢迎，Dropbox得到了市场反馈，验证了产品的价值主张。

另一种用低成本验证价值主张的方式是众筹，即把想法发布出去，以成本价预售的方式在目标人群当中筹集款项，也不失为一个巧妙的办法。

最简单的验证方式是做用户调查，同时不要盲目相信调查结果，用户调查结果与真实用户行为相比仍然会有偏差。这不代表用户撒谎，而是人们对自己到底会怎样决策并没有准确的认知。我们需要将逻辑推论、资源禀赋与调查结果放在一起权衡。我们前文提到了超级猩猩，假设它去调查100个健身用户，问他们健身后不能在健身房洗澡行不行，估计99个都会说不行。但将运营成本控制到最低是这个商业模式成功的前提，留出浴室会大大提升运营成本，左右权衡后，超级猩猩放弃了这个价值点。在实际验证后，接受的用户还不少。

我曾有过一次不成功的创业经历，项目名字叫"找老外"。当时我有一个洞察：不少中国人花了很多时间和金钱学习外语，但是口语水平仍然很差。出过国的朋友都知道，跟真正的外国人接触几天，口语水平就会突飞猛进。于是我想，能否创造一个平台，让在中国的外国人与想练习口语的中国人连接起来，外国人赚到点儿钱，中国人提高了口语水平，而我作为中间方抽点儿成。

这个项目没有真正上线，在开发阶段就死掉了，我并没有遵守精益创业的原则，用 MVP 方法去验证价值主张，而是先花了几十万元开发了 App，并且不断优化和设计机制来防范后期可能遇到的风险，比如逃单，其实完全没有必要。

如果重做一次，我可以用很简单的方式完成对项目的核心价值主张的验证：邀请几个外国人，搞个周末沙龙，做语言交流的主题，让想练习口语的中国人交一点儿钱。沙龙结束后，我可以做用户调查，问中国用户是否认为这对自己的口语有帮助，如果答案是确定的，再问他们是否愿意每年交会员费来参加每月最少两次的线下口语练习。当线下模式走得比较通畅了，需要规模化的时候，我再开发 App 来实现匹配效率的提升以及做线上统一管理，都来得及。

验证一组新的价值主张是否被用户接受，可以参考这个模型：快来钱（见图 2-9）。

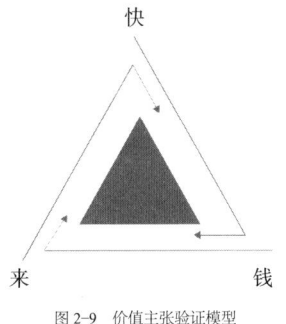

图 2-9 价值主张验证模型

"快"指用户增长是否比较快，如果确实比较快，这就证明价值主张找得比较准。

"来"指在天使用户外,其他用户是否会因为口碑主动找上门来。

"钱"指用户是否愿意为此付钱。如果一提交钱用户就走掉,这也没用。

微信之父张小龙说过:"如果一款产品没有获得自然增长,我们就不应该去推广它。"价值创造在前,价值传递在后。

如果没有完成价值验证,我们不建议做流量。很多人难以破除自我内心的执念,做了很多类似于"你妈妈觉得你冷"的事情。价值验证必须从企业视角转换为用户视角,而一旦完成了价值验证,就要开始做流量了。我们说,增长不是流量侧的奇技淫巧,不是说流量不重要,而是说流量不是增长的全部。在后面的"流量:酒香也怕巷子深"一节,我们会详解如何进行流量冷启动,以及一些投放获客的基本方法。

案例一:从链家到贝壳

2021年5月20日,链家和贝壳的创始人左晖因病情突然恶化去世,震惊了整个商业圈,"做难而正确的事"这句左晖经常讲的话刷爆了朋友圈。这句话道出了以价值创造为商业根基的长期主义者的追寻。

2020年8月13日,脱胎于链家的贝壳正式在纽约证券交易所挂牌交易,发行价为每股20美元。截至美股8月13日收盘,贝壳股价报收于每股37.44美元,涨幅达87.2%。贝壳的出现，补足了"衣食住行"的最后一个超级平台（见图2-10）。

图2-10 "衣食住行"四大超级平台

从上线到上市，贝壳只用了28个月，但链家为此积累了20年。从链家到贝壳，我们可以看到识别行业真问题、不断跳出固有惯性、持续满足用户价值主张的故事。

如果某个行业被深恶痛绝，一定存在大机会。

> 如果某个行业被深恶痛绝，一定存在大机会。

就在十几年前，房产中介还是一个口碑很差、用户时刻担心被骗的行业，"虚假信息""隐瞒房屋问题""吃差价""坑押金"等各种流氓手段层出不穷。消费者怨声载道，对所有房产中介公司都失去信心。从业者也不幸福，谁会愿意被人当作骗子看待呢？整个房产经纪人行业的平均从业时间只有6个月。有一种对现实的屈服叫"大家都这么干"。

> "有一种对现实的屈服叫'大家都这么干'。"

如今，说房产经纪人已经被普遍尊敬倒还谈不上，但起码其社会形象已经大为改观。链家和贝壳在这个过程中起到的作用很大。贝壳能够快速崛起并成为行业"破圈"代表，是社会对他们长期坚持正向价值观的一种奖赏。一家企业为了生存，做短期有效却长期有害、对个体有利对行业有害的决策太容易了，难能可贵的是，20年来链家和贝壳一直在"做难而正确的事"，多次实现"价值破局"。

第一次，从"吃信息差"到阳光交易。在2004年之前，几乎所有的房产中介机构都通过吃差价的方式赚钱。它们阻碍买方和卖方见面，制造信息差，每一笔生意都可以赚很多钱，链家也这样做。贝壳的CEO彭永东曾讲："美国经纪人上的第一堂课是职业伦理，中国经纪人入行第一件事是学会利用买卖双方的信息不对称签单。"

当消费者不断找来表达不满时，链家没有像某些同行一样把消费者打发出去，而是给消费者退钱，进而反思这样做到底对不对，能不能长久。于是，链家在行业中率先推出了阳光交易模式：不吃差价，让买卖双方见面，签订三方协议。作为中介机构，链家只收取交易佣金。这样的做法在很多同行看来很愚蠢，一方面链家失去了赚取暴利差价的机会，另一方面其佣金看起来要比同行更高，买卖双方很有可能因此选择别的中介机构。

真实的市场状况是，在经历了短暂的低潮期后，由于秉承阳光交易，链家变成了行业里一股令人信赖的"清流"，有了信誉和口碑，很快迎来了爆发式增长。2005年，链家的店面从30家增长到105家，2006年达到了305家，2009年更是达到了520家。员工也从2004年的200多人，增长到了1万多人。

到底是用户需要我们，还是我们需要用户？请各位再细细品味。有很多事是容易的，但那是错的。

第二次，从流量思维到服务思维。随着"互联网+"的流行，大批互联网人闯进了二手房交易市场，像在其他行业一样，他们准备以互联网思维来颠覆这个行业。在那个时代，"去中介"具有天然的正确性。他们认为，房产中介行业与消费互联网一样，他们只要解决供需信息的精准匹配，就能完成去中介化，实现行业颠覆。作为防守动作，链家当时推出的线上平台"链家在线"也采用了这个模式。业界普遍认为，这个行业本质上做的也是流量生意。

基于对"流量"的认知，出现了很多不妥的运营方式，比如"假房源"。发布假房源的目的是通过低价房源吸引顾客到店，实现流量聚集，再推动真房源的销售。如果中介企业只发布真房源，可展示的房源信息就很少，更重要的是，真房源的高价格会把顾客吓跑，顾客可能会去同行那里。几乎所有的房产行业从业者都对假房源习以为常，无心也无力去改变。

链家又一次从真实的价值创造出发，推出"真房源"行动，并承诺"假一赔百"。所谓真房源，就是提供真实存在、真实在售、价格真实、图片真实的房源，凡是举报假房源的举报者，都会得到链家提供的100元人民币现金奖励。

这是"难而正确的事"。首先，团队不认可，最严重时，链家80%的经纪人出走。其次，链家要付出真实赔偿，有网民从链家网站上搜出上百条错误信息，要求按照"假一赔百"的承诺给予赔偿，链家赔付了。更严重的是，客户走了，链家迎来了大概三个月的无产出期。好在三个月后，流量开始大幅回升，在口碑效应的影响下，客户成交之后又带来了新客户。半年后，链家的交易量超过了"真房源"行动之前的数据，步入正向循环。再后来，"信息真实"成了链家的标签。

第三次，从零和博弈到合作共赢。左晖总结了房产交易市场的真问题：C端服务单次博弈，B端竞争零和博弈。C端服务单次博弈是指，大部分客户一生也就买一两次房子，不会长期与经纪人交往。这会让经纪人倾向于把短期利益最大化，而不顾长期后果，骗起客户来没有压力。B端竞争零和博弈，指的是一次复杂交易的全部收益都归最后成交人所有，要么我吃你饿着，要么你吃我饿着。恶性竞争不断，互相撬单甚至大打出手的事情屡见不鲜。这个洞察是左晖决定把公司从链家转型到贝壳的底层逻辑。贝壳创造的 ACN（经纪人合作网络），理论上将延长经纪人的从业时间。虽然经纪人与某一个客户还是单次博弈，但在网络上多次交易行为都可以被记录的情况下，老客户的口碑效应就显现出来了，C 端从单次博弈变为多次博弈。而在 B 端，收益不仅仅归最后成交人所有，整个交易链条上的参与者都可以分配相应的利益，经纪人之间从竞争关系变为合作关系（见图 2-11）。

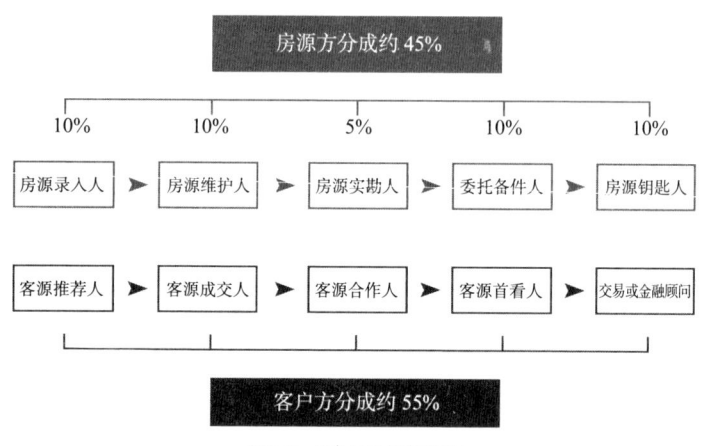

```
                    房源方分成约 45%
         ┌─────┬─────┬─────┬─────┬─────┐
        10%   10%   5%    10%   10%
       房源录入人→房源维护人→房源实勘人→委托备件人→房源钥匙人

       客源推荐人→客源成交人→客源合作人→客源首看人→交易或金融顾问
         └─────┴─────┴─────┴─────┴─────┘
                    客户方分成约 55%
```

图 2-11 贝壳 ACN 的分润机制

资料来源：国盛证券

从链家到贝壳，我们可以看到一个持续进行价值创造的过程。我们见过很多人视流量为生意的本质，也有不少企业因为抓住了流量红利而取得短期成功，但如果企业真正希望取得长期商业成就，价值创造才是根本。流量并非不重要，而是我们要合理看待它在"价值创造＋价值传递"过程中的位置。

案例二：全季的香气

公司出差安排酒店时有一个痛点（"土豪"公司除外）：既想节省成本，又想住得有点儿品质感，别那么寒酸。有哪些酒店符合这个要求？

很多人会想到全季。

增长的核心是实现价值创造，价值创造的来源在需求侧是解决问题和创造体验，在供给侧是提升效率、降低成本。创造体验就是让用户强化价值感知，这要从场景出发。

我们画出酒店的用户旅程，基本包括：需求预定、入店登记、娱乐、办公、洗漱、休息、餐饮、离店等（见图2-12）。首先，基本服务要及格，比如在离店环节，大多数酒店都不需要查房，用户可以直接退掉房卡就走，可还有一些酒店需要查房，让用户等很久，这样用户下次还来才怪。

酒店的用户旅程

需求预定　入店登记　娱乐　办公　洗漱　休息　餐饮　离店

图 2-12　酒店的用户旅程

此外，要实现不同价值点的差异化。全季在几个点上做了体验优化：在入店登记环节，用户能闻到一股全季特有的香气，这种香气让人感到很舒服；在休息环节，全季的房间很有设计感，很干净，床上用品质量也很好。价格不贵又有品质感，这就是差异化。

差异化不是刻意追求与别人不同，差异化本身不是目标，它是满足消费者需求的附带结果。

全季的体验有没有不好的地方呢？也有的。在娱乐这个环节，全季的房间里有电视，但基本看不了，用户看一部电影就要付15元，很少有人打开。它的餐厅也没有什么特色，体验一般。

在全季的同等价位，其他酒店还有没有机会？当然有！但你不要跟全季学，它门口有香气，你也有，它的房间设计很温馨，你也抄，这没有用。这几个环节的体验认知已经被全季首先占据了。你可以从用户旅程的其他场景出发，找到用户其他的强价值感时刻，实现差异化。比如，在休息环节，房间不隔音就是痛点。你可以告诉用户，你的墙壁用了什么材料，隔音效果特别好，你甚至可以做事件营销，让用户现场体验在房间里大喊大叫，但是外边听不见。著名主持人孟非曾经说过，他最在意酒店的点是洗澡时热水出得快不快，三秒出热水就是很好的差异化。再比如，把餐厅做好，"做饭最好吃的商务型酒店"也是一个差异化价值点。

海底捞以服务著称，"海底捞你学不会"的根本原因是学习海底捞的服务本身就错了！这是一个已经被海底捞占据的价值主张。从其他角度出发，创造新的差异化价值点，才是真正在底层学习海底捞。比如，巴奴火锅不强调服务，而强调把毛肚做得好吃，这是它的差异化。

流量：酒香也怕巷子深

我们很怕一些读者陷入非黑即白、非此即彼的思维方式，把我们前面讲的"增长不是流量侧的奇技淫巧"理解为"流量不重要"。这是不对的，流量很重要，只不过缺乏价值创造的流量不会带来持久的增长。反过来讲，即便有价值创造，没有流量能力依然是不行的，这是其中的逻辑关系。

前文讲过，即便供求双方产生交换后彼此的效用都会增加，交易也不会自然发生，围绕交易还有很多交易成本，只有针对性地降低交易成本，才能推进交易的达成。让供求双方"相遇"就是要解决的交易成本之一，这便是流量。

有没有公司不为流量感到焦虑？有的，那些卖方市场的公司，那些明显供给稀缺的产品，是不为流量感到焦虑的。比如，芯片行业的阿斯麦尔掌握着全球最先进的光刻机技术，台积电等采购方争着抢着要货。教育行业近年来的流量竞争趋近白热化，但有没有教育机构不缺流量呢？显然是有的，北大、清华就不缺流量，它们足够稀缺。降低交易成本不是卖方的事，也不是买方的事，而是"欲望更强的那方"的事。

任何一个行业都符合周期律，即从供给稀缺到供给过剩，再到价值创新出现，供给再次稀缺。有时候卖方稀缺，有时候买方稀缺，这是一个不断波动的周期。当买方稀缺时，卖方的流量获取能力就显得很重要。我不赞同互联网圈流行的一句话："当产品做到极致，用户自然出现。"这句话有个前提，此产品必须是稀缺的，或者形成了卖方市场。用户如果有其他还不错的备选，为什么还会自然地选择你的产品？对于类似的没有逻辑的金句，我们要时刻保持警惕。特朗普的"推特治国"很不靠谱，企业家也不能靠金句创业。

本章如此强调价值创造的作用，目的是将自己的市场尽量向卖方市场迁移。也许某个行业从整体视角看处于买方市场，但从微观视角看也是可以创造卖方市场的。

案例：混沌学园

混沌学园处于商业教育市场，这个市场从整体看属于买方市场，也就是缺学生，而不是缺学校。但在这样买方市场中，混沌学园创造出了微观的卖方市场，怎么做到的呢？

混沌的基石产品叫"混沌创业营"，张一鸣、柳青、俞敏洪、傅盛、马东、吴亚军、贾国龙等很多我们耳熟能详的企业家和创业者都是这里的学生。同时，混沌还有另外一个产品叫"混沌创投营"，主要学员是中国顶级的投资人。2020年，混沌将这两个产品合并成为混沌学园，类比雅典学园，形成了超高强度的企业家进化场。这个新产品的机制有点意思，每一期分为三个模块，第一模块80个人，第二模块要淘汰掉20个人，剩下60个人，第三模块又要淘汰掉20个人，最后只剩下40个人。学员都是很优秀的企业家，每个模块的淘汰其实很难处理。但混沌学园坚持下来，产生了很好的向心力效果，不但没有得罪暂时离开的企业家，还大幅提升了教学效果——面临被淘汰的可能，企业家不得不在乎。据说2021年的第二期，报名人数比第一期还要高出很多，形成了卖方市场。

到底是用户需要我们，还是我们需要用户？朝哪个方向努力是一个重要问题。

即便这样，在混沌学园第一期的时候，他们还是花了很多精力来获取流量。方法包括一对一地招人、邀请老学员推荐，以及在线下举办小型沙龙等。

本书会介绍流量的三个环节：第一，如何冷启动，即获得第一波流量；第二，怎样购买流量，如何算账才能让ROI（投资回报率）合算；第三，如何管理私域流量，怎样提升每个用户的终身价值。

我们会通过"方法+案例"的模式尝试将每个环节讲清楚。在案例中，既有2C的消费品，也有2B的重决策产品，不同领域的获客方式和底层思考逻辑都不尽相同。

冷启动：第一波流量从哪里来

无论我们创业还是在大公司里开展创新业务，也不管业务是2C还是2B，我们都会面对冷启动的问题。有些人发家就来自某个关系的资源，这也算解决了流量的冷启动问题，但这类生意不在本书讨论的范围，我们还是以明确的市场行为作为对象。

冷启动需要思考三个问题：第一，目标用户在哪儿？第二，如何触达？第三，怎样互动？对有些公司来讲，所有用户都是消费者，购买行为与使用行为基本同步，比如元气森林；对另外一些公司来讲，用户与消费者并不同步，比如，自媒体用户要先看一段时间你的内容，之后才会有一部分用户变为消费者。不管哪种方式，清晰定义用户都很重要，你清晰定义了用户是谁，然后才能有针对性地去找他们在哪里，再用"推"或者"吸"的方式来触达他们。所谓"推"的方式，即主动出击，触达用户；"吸"的方式则是通过信息覆盖，吸引用户主动找过来。

增长研习社的理财类自媒体业务的第一批精准用户来自理财论坛，我们通过在论坛里发布文章以及"留钩子"吸引用户关注微信公众号。如果某一天忽然新增了几百个关注用户，我们不用问就知道，是有理财论坛推荐了我们的帖子。后来今日头条崛起，它的流量分发机制让没有太多粉丝的自媒体号也可能产生"爆文"，于是我们通过发布文章的方式又获得了不少用户，冷启动就这样完成了。与如何触达这些初始用户相比，我认为第三步"怎样互动"更加重要。由于他们是第一批用户，我们几乎将每个用户都加入了社群，不断与他们互动、磨合、调整内容。也是在那个时候，我们决定了未来的商业模式是"卖理财产品"，而不是"卖广告"。

冷启动的方式有很多，上面所述的方式是以内容来获客，其他的还有电销、地推、BD（商务拓展）、口碑和社交裂变等，也有些公司比较有钱，上来就投放。在冷启动的阶段，获客可能会很慢，一定要沉住气。樊登读书现在拥有几千万名付费用户，说是中国最大的知识付费社群也不为过，但在早期，它也有过一段时间每个月只能新增10个付费用户。

冷启动的关键是要跑通一种获客模式，形成最小业务闭环，然后放大，同时确认团队禀赋是否与业务风格匹配。每个团队的气质与禀赋是不一样的，要找到适合自己的冷启动方式。以美团为例，它拥有强地推型团队，每新开一个城市或者业务，美团就派一帮兄弟过去，招人、培训，然后直接做起来，已经形成了特定的文化与机制。我们团队就干不了地推，曾经我受其他公司"地面铁军"的鼓舞，试图也用地推的方式来获客，结果惨不忍睹。但增长研习社的内容能力和BD能力比较强，通过这条路来获取客户更加得心应手。

案例：优刻得

优刻得（UCloud）是基础云计算服务提供商，2012年3月开始创业，创始团队来自腾讯。经过多轮融资后，2020年1月20日，优刻得正式在上海证券交易所科创板挂牌上市，成为中国云计算第一股，中国A股市场第一家同股不同权的上市公司。

我们之所以选择优刻得作为案例，考量之一，它是纯粹的2B公司，与2C公司的增长路径显著不同；考量之二，云计算市场巨头云集，它作为创业公司实现破局并成功上市，一定有很多值得中小企业借鉴之处。毕竟，不能言增长必谈字节跳动、美团和京东，因为中小企业很难学习它们。

优刻得的创始团队来自腾讯的开放平台部门，当时腾讯初启开放战略，引入了大量第三方应用，开放平台负责给这些应用提供服务。当时，亚马逊的云战略已经做出示范，证明"云"是未来重要的发展方向。国内的阿里和盛大作为"云"的第一批玩家也已经开始启动，看到腾讯没有那么快在这个领域发力，优刻得团队决定出来自己干。

最开始跑投资，优刻得团队准备融2 000万美元，先组建一支200人的豪华团队。然而，融资过程并不顺利，几经周折，200人的预想变成了8个人，团队自己凑了点儿钱，就开始干了。他们首先面对的便是生存问题。优刻得团队创业虽然是瞄着公有云去的，但为了生存，不得不先干几个私有云项目。第一个项目的客户是福建省交通厅，预算大概300万元，最初的半年他们都在做这个项目。这个完成了优刻得冷启动的项目来自CEO的个人关系，这并不让人感到意外。通常来讲，2B公司的发展速度会慢于2C公司，优刻得从2012年创业到2020年上市，与拼多多等公司的火箭式发展速度自然没法比，但也算2B公司中比较顺利的，在它的增长历程中，有一些商业洞见颇有价值。

第一，2B公司要先有客户，最好一上来就能赚钱。很多公司甚至是有了客户后才开启创业的。客户不但能养活团队，还能在冷启动阶段帮企业验证需求，打磨产品和服务流程。

第二，抓主流公司的不满意客户。当时，阿里云的王坚正在全国不遗余力地做"云"的布道，很多公司上了车，但阿里当时的技术能力也不行,有客户在微博吐槽阿里云,优刻得马上一对一跟进,这些客户中的一部分就转为优刻得的客户了。

巨头既然大,机会成本相应就高,精兵强将会分布在投资回报率高的领域,比如公安、银行、政府、公检法等,而对教育和医疗等集中度很低的行业,巨头在早期并没有精力大举投入,这是中小企业的机会。在一个小赛道上投入的人才密度超过巨头,这便是集中优势力量攻击对手之薄弱地带。

第三,自己的增长来自客户的增长。这是2B业务与2C业务基本的逻辑差异。在2B公司中,客户长大了,自己也跟着发展起来了。另外一个同样来自腾讯的创业团队做了一款游戏叫《刀塔传奇》,团队很小,10多个人,20多台服务器。优刻得当时已经有50多人,却派了20个人去服务这家小游戏公司。因为他们仔细研究过这款游戏,跟创始人也做过深入沟通,预感它会爆发。后来,《刀塔传奇》果然登上iOS当年畅销榜的第一名,在优刻得采购的服务器增加到10 000台以上,年付费超过3 000万元。

有了这个案例,优刻得在游戏行业一下子就爆发了。2012年,他们只有20多个客户,几万元的收入。到2013年,他们收入800万元,2014年8 000万元,2015年就涨到了2.5亿元,游戏客户在其中贡献了超过一半的营收。

与之类似,优刻得早期铺了很多创业公司作为客户,这类公司的获客成本低,但成长起来速度极快,短短一两年就会变成大客户。对客户有信心,客户就会回报你。

> 对客户有信心，客户就会回报你。

第四，识别行业竞争关系，选好生态位。云市场竞争激烈不假，但恰恰是因为巨头林立，它反倒有了独特的市场空间。阿里与腾讯要求各类公司"站队"，这些公司不管选了哪一方，都会得罪另一方，这时"不站队"反而成了一个好策略——优刻得的机会来了。同时，优刻得提出"中立云"的概念，只做服务，不做与客户有竞争关系的业务。巨头们业务繁多，云只是其中一个，同样做电商业务，如果让拼多多选择阿里云，这是难以想象的。这种对市场的精细洞见，让优刻得获得了很多互联网公司客户，比如快手、字节跳动、B站、美团、YY直播等。

第五，用势能击穿采购流程。2B业务决策链冗长，影响要素多，你不知道会卡在哪里，这时势能就显得格外重要。上市并不是企业发展的终点，但这对业务增长来说至关重要。很多国企大客户原来是不敢签合同的，优刻得上市后他们就敢了，对他们来讲，安全是第一位的——不能让别人挑出毛病来。服务行业头部客户也能起到类似的作用，比如在保险行业，一家公司如果服务过平安，那么击穿其他保险公司的采购流程就简单得多了。关于势能更多的解读，请参见本书第四章的"势能崛起"一节。

第六，己所不欲，勿施于人。2B公司接的往往是服务的活儿，每个人都是服务的消费方，当我们平时对某些服务感到不满时，自己也要引以为戒，反思是否同样对待过客户。优刻得发现，当他们出现问题需要找自己的供应商时，对方会要求开工单，再找一个不懂技术的客户经理对接半天，让人深恶痛绝。于是，当自己的客户提出类似的需求时，优刻得会先派工程师在前面帮客户排查和处理问题，流程可以滞后一些，但解决问题一定要排在第一位。因为效果太好，久而久之，很多竞争对手也开始提供类似的服务，这慢慢变成了行业标准。

在2B业务的增长中，市场格局预估、逻辑失恰点识别、对竞争态势和增存量市场的判断，相较2C市场更为重要。因为2B市场更重视理性决策，更容易落入逻辑可捕捉的范畴。而2C市场的用户心智如情绪般变化多端，更适合用行为经济学来解读。

投放：账该怎么算

产品已被市场验证的过了破局点的企业，若希望实现快速增长，投放是绕不过去的话题，企业不能把宝都押在自增长上。

坦率地讲，你光靠看书学不会投放，必须拿钱去实操。过去在甲方和乙方我都分别掌握过数亿元的投放预算，实事求是地讲，"浪费"了不少钱，如果技巧更纯熟，我应该可以带来更高的ROI。

投放分为两个层次，第一个是策略层，第二个是优化层。优化层瞬息万变，从我写书到您看到这段文字，曾经好用的优化手法可能因为流量方的政策和对手竞争而不再好用。策略层则可以长期同构迁移，本书讲投放主要从策略层出发，尤其会对投放过程中遇到的"坑"做更多展现。重复相同的方法未必能带来相同的成功，但避开他人已经踩过的坑，省下来的钱可与利润等价。

第一，要会算账。

做投放一定是为了实现某个清晰的目标，要么是数据量达到投资人的要求，要么是在某个市场里达到某个渗透率。纯粹为了做出点声响的投放，我们建议就算了。有两个数据必须明了，一是 CAC（获客成本），二是 LTV（用户生命周期总价值）。在公司内部，这两个数据必须被清晰定义。CAC 是用户注册了就算获客，还是有购买行为才算获客？LTV 是以一年来计算生命周期还是以三年来计算？定义清晰是算账的基础。如果投放当期就能收回成本，策略最简单，你放开投就是了；若当期收不回来，你就要考量 LTV 的周期，看此周期是否符合公司战略需要。

某在线教育公司的正课客单价是 8 000 元，投放获取试听课用户的获客成本是 200 元，从试听课到正课的当期转化率是 2%，算下来，正课的获客成本是 200 除以 2%，等于 10 000 元，当期亏损。不过这批用户在三个月内又会有 2% 的自然转化率，以三个月为 LTV 周期来计算，获客成本就是 200 除以 4%，等于 5 000 元，这跟 8 000 元的客单价相比，还算可以。

第二，要寻找价值洼地。

每一种新媒介出现时，都会有红利期，即价格不高但回报不错的时期。从微信公众号、小红书、抖音、快手到视频号，莫不如此。

新媒介的红利期可以分为内容创作红利期和商务投放红利期，内容创作红利期又可以分为三个阶段。第一个阶段称为"傻瓜红利期"，这时候只要进场，基本就能享受流量红利，在公众号的早期和抖音、快手的早期，很多普通素人因此受益，平台缺乏优质内容，所以普通内容也可以获得更多资源。企业要做的就是大干快上。第二个阶段称为"运营红利期"，需要比较精细地设计 SOP（标准运作流程），专人负责打磨转化细节。第三个阶段是"品牌红利期"，经过前期洗礼，用户会逐渐向优质内容聚拢。这一点在微信公众号体系尤为明显，有一些起步并不早的作者，因为独到的思想和优秀的文字能力，逐渐形成品牌，用户的黏性反而更强。我常看的此类公众号有"六神磊磊读金庸""卢克文"等。

商务投放红利期是指，在新媒介商业化的初始阶段，往往会有政策上和价格上的优势，企业投放团队此时跟进可以获得超额利润。2014 年左右，我还在蒙牛工作，当时今日头条的 DAU（日活跃用户量）已经有 2 000 多万人，它刚刚开始商业化，商务团队也不成熟，找到蒙牛推广 App 开屏广告，只要 5 万元每天，跟现在字节跳动的广告费用相比是地板价了。

必要商城是一家 C2M（消费者直连制造商）电商平台，其价值主张是"大牌品质，工厂价格"，他们选择给国际大牌代工的工厂作为合作伙伴，生产和销售相同品质但价格要低一半以上的产品。在增长过程中，他们找到了一个价值洼地，即微信公众号文章。他们将价值主张包装成有卖点的文章，投放给各个公众号"大 V"，利用"大 V"在粉丝群中的信任基础，打开自己的获客通道，效果很好。最近，必要商城又盯上了视频号这个尚未商业化的平台，我已经收到过推广申请。

价值洼地是一个相对的概念，与企业所处的阶段相关。若已经是规模性企业，预算充足，那么所有流量源都需要铺到。若是发展期的公司，那么精心选择新出现的小众媒介和流量源，可以将 ROI 做到很高。

公司内部可以按照以下维度设计媒介扫描看板，每周更新，随时挖掘价值洼地（见图 2-13）。

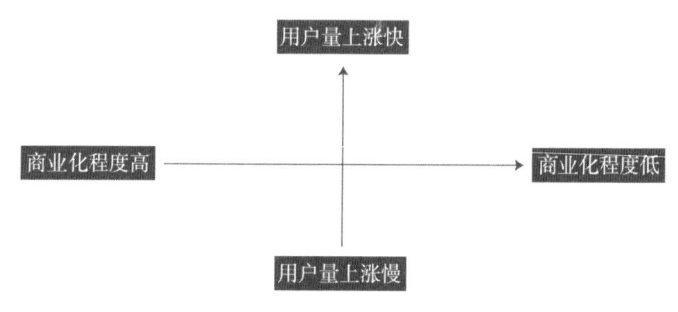

图 2-13　媒介扫描工具

第三，要建立数据追踪系统。

投放数据与业务数据之间要打通，数据要准，反馈周期要短，维度要多，颗粒度要小（见图 2-14）。

图 2-14　数据考量维度

仍拿教育公司举例，投放侧看到的是用户点击，业务侧看到的行为数据是进群、加班主任、参与试听、购买正价课以及转介绍等。反馈周期是一周、一天、一个小时还是一分钟，会带来截然不同的运营效果。"假设—验证—反馈—迭代"，这个闭环是增长团队每天的工作内容（见图2-15）。我们在第一章的"数字化增长转型"一节中已经提及，"可迭代性"及"迭代频率"是增长工作极其重要的指标。

图 2-15 增长团队工作闭环

同时，及时的数据追踪能帮团队防范风险。在某个渠道的投放 ROI 并不是一成不变的，从逻辑上讲，投放成本必然升高，ROI 必然下降。快速的数据反馈能让团队及时识别临界点，并及时按下停止键。某服装电商项目尝试一个新渠道打法，开始效果很不错，当月即能收回成本。可慢慢地，有些用户行为开始发生变化，拒收率和退货率都在提升，因团队反馈周期较长，又有侥幸心理，他们拖了两个月才停止此渠道投放，但 6 000 万元已经亏了出去。

如果在电商平台卖货，大公司的数据平台就一定要用好。目前，阿里和京东都提供了站内站外的数据互通功能，可以给同一个用户不断打标签，有了这个工具，你投放时和用户就不仅仅是一次触达的关系了。

有一个创业公司叫"几光"，做小场景的智能家居产品，比如可以放在床头的无线充电器，用户睡觉前把手机放上去，早上醒来电已充好，这款产品目前月销售额已超 2 000 万个，创始人是我们的学生。他们在使用平台工具后总结了一个规律：用户触达一次是不够的，这样的新产品需要一个"用户教育"的过程，如果以一次触达来计算转化率，会浪费很多销售机会。根据他们的测算，在两个月的周期内，触达 5~7 次效率最高，能买的在这个周期内就买了，实在不买的再触达，从费效比上看已经不划算了。而之所以他们能做这样的测算，正是因为大平台开放了数据互通，这样才能将同一个用户在不同场景的行为归拢在同一 ID（用户身份）下。

第四，不要只相信"数字化"。

这条与上一条看起来相反，但同样重要。有一家创新服装品牌主打用户定制，创始人称，2019 年和 2020 年投放超过一亿元，亏损大几千万元。原因是他们只选择了一种广告渠道——信息流。我们看今日头条时，隔几条新闻就会看到一条夹杂其中的广告，这就是信息流广告。信息流的主要提供方是腾讯、字节跳动和快手。信息流广告的优势很明显：首先，尝试成本低，几万元也可以投，很快就能算出 ROI；其次，数字化程度高，大平台有成熟的后台系统对接投放数据，可以随时调整策略。

问题在哪儿？问题在于这完全变成了赤裸裸的数字游戏。产品和产品所代表的价值观，需要与用户长期交互，形成信任感，在数据逻辑下，这些统统变得不重要了。做企业如果真的这么简单就好了！

这个品牌的创始人反思称，应该拓宽投放渠道，不能完全被数据绑住。内容运营、品牌广告投放、KOL影响、电商品牌塑造等方式虽然不会得到即时数据反馈，但同样重要。企业要平衡短期增长与长期增长之间的关系。

第五，从用户旅程出发，持续优化。

投放考量的三大要素分别是渠道、转化流程和产品（见图2-16）。

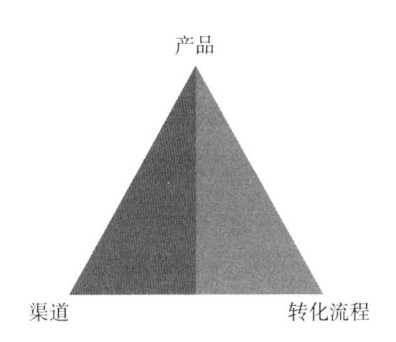

图2-16 投放考量的三大要素

在转化流程环节，我们需要将用户旅程画出来（见图2-17）。

浏览内容　看到广告　点击落地页　查看文案　翻页　跳转到站内　加入购物车　支付　评价

图2-17 转化流程的用户旅程

第二章　价值破局

实际工作比这张图的颗粒度还要小，企业要检核每一个环节的转化效率，不断提出优化建议，根据实时反馈持续调优。

这里需要注意，企业资源总是有限的，我们不需要在用户旅程的每个节点都进行深度优化，而要找到其中的杠杆环节，即投入少、回报高的环节，优先优化。

投放是最简单又最难的增长方法。说简单，是因为只要有预算且会算账就可以干；说难，是因为真正有责任心又有投放经验的操盘团队非常难得，稍不留意便会产生大笔浪费。而且投放会让人上瘾，理论上讲，在任何一个媒介上进行投放的获客成本都将越来越高，但它反馈快，于是成了很多团队做增长的"捷径"。当有捷径存在，很快捷径就会变成唯一的路。

> " 当有捷径存在，很快捷径就会变成唯一的路。"

私域流量：没有中间商赚差价

所谓私域流量，即商家可以自己触达和运营的用户群。私域流量对应于公域流量，私域流量之所以近年来持续火爆，是因为公域流量的成本持续走高。在公域流量有红利时，企业顾不上自己运营用户，直接在公域里计算ROI效率最高。企业运营私域流量是不得已才这样做的，却让很多人走出了独特的道路，尤其对中小企业来讲，少了公域平台在其中赚差价。

私域流量延长了用户接触周期，与一买一卖的思路不同，要深度运营用户，这是很多传统公司不适应的转变。微信生态的成熟客观上促进了私域流量的发展，微信的存在让获取、运营与转化用户有了工具和平台，在微信体系内，从用户运营的角度看，不同的产品对应的功能是不同的（见图2-18）。

图2-18 微信体系的私域闭环

瑞幸咖啡在风波之后，虽没有像公众以为的那样倒掉，但对外投放获客及品牌合作还是受到很大影响，不得不转换经营思路。在产品侧，瑞幸执行高迭代策略，一周上一款新品；在用户侧，瑞幸大规模运营私域流量，将用户留存在企业微信和社群中，目前积累的私域流量总用户数达千万级别。最初，瑞幸的社群只能在门店添加，与咖啡消费场景强结合，覆盖率提高之后，瑞幸逐渐放开线上添加企业微信和社群，甚至将一些溢出流量用来增加收入，比如下午 6 点已经很少有人买咖啡，瑞幸将这时的流量卖给了外卖公司变现。

私域流量并不是所有企业的灵丹妙药，不要以为做几个微信号就是运营私域流量了。若想取得有价值的成果，你至少要具备两项基础能力。第一，要具备运营用户的思维与能力。很多企业仅局限于"卖货思维""买卖思维"，只想把货尽快出手，不愿意也不擅长与用户打交道。第二，要具备策略与执行能力。这是根据用户洞察调整经营手段的能力。

有两种情况最适合企业开展私域流量。第一种是高客单价、高收益率，同时有高转介率的产品，例如汽车、珠宝、海外代购，这类产品的成本结构支持针对用户进行一对一运营，也就是人们戏称的"我把你当朋友，你把我当私域流量"。

第二种是有大量终端触点的生意模式，例如直销、保险、银行、服装鞋帽公司、快消品、有规模化终端门店的公司，瑞幸就属于此类。安利公司与增长研习社合作，希望将终端销售的原有工作习惯搬到线上运营私域，这是他们数字化转型战略的重要步骤。

案例：汽车 4S 店销售

购买汽车的用户旅程如下（见图 2-19）。

从增长的视角看，每个环节都有优化的空间，但公司资源有限，一定要选择杠杆环节切入。增长研习社在实际咨询案例中挖

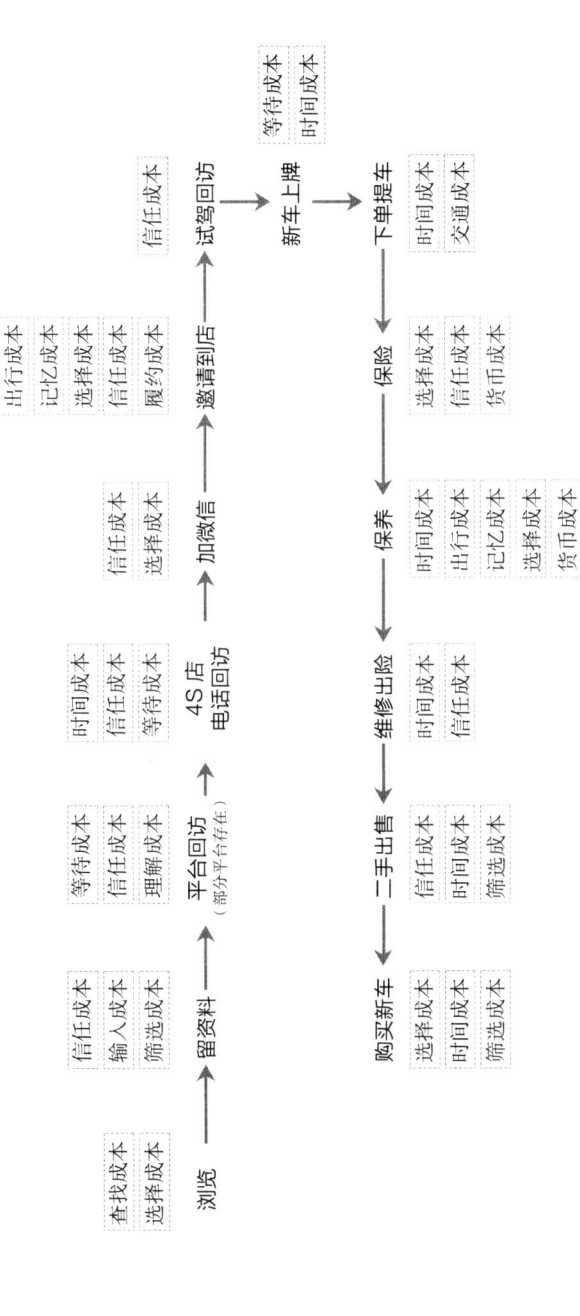

浏览 → 留资料 → 平台回访（部分平台存在） → 4S店电话回访 → 加微信 → 邀请到店 → 试驾回访 → 新车上牌 → 下单提车 → 保险 → 保养 → 维修出险 → 二手出售 → 购买新车

浏览：查找成本、选择成本

留资料：信任成本、输入成本、筛选成本

平台回访：等待成本、信任成本、理解成本

4S店电话回访：时间成本、信任成本、等待成本

加微信：信任成本、选择成本

邀请到店：时间成本、出行成本、记忆成本、选择成本、信任成本、爽约成本

试驾回访：信任成本

下单提车：等待成本、时间成本

保险：时间成本、交通成本

保养：选择成本、信任成本、货币成本

维修出险：时间成本、出行成本、记忆成本、选择成本、货币成本

二手出售：时间成本、信任成本

购买新车：信任成本、时间成本、筛选成本

选择成本、时间成本、筛选成本

图2-19 汽车4S店的用户旅程

第二章 价值破局　　101

据到以下两个杠杆点。

第一,汽车 4S 店原来最重视的是到店转化率。客人进店后,销售员要尽快促成购买,为此,4S 店在店内设计了精细的接待流程和打磨了很多遍的话术,每天晚上复盘,让优秀的销售员分享经验。这样做的效果如何?拿数据来看,我们辅导过的一家公司是当地头部的汽车销售公司,它可以做到 40% 的到店转化率,相当高,再努力也很难提升。这时再在这个环节做功,效率不高,它已不是杠杆点。而通过查看数据,我们发现这家公司的邀请到店率是 9.38%,也就是说,假设有 1 000 条客户线索,这家公司可以邀请到店里的只有 90 多人,这是到店转化率的前置环节,看起来提升空间很大。

第二,汽车销售公司要靠销售员邀请客户与销售汽车,对销售员来讲,要想做出更好的业绩,最佳策略之一是将更多的客户资源拢在自己手里。客户资源多,出单概率大,自己更容易得到高收益,但这与公司的整体效益是相悖的!销售员占据过多的客户线索,又没有时间全部覆盖、深度沟通,必然造成浪费。易车网曾经发布数据,其分发给汽车经销商的客户线索,在三个月内的转化率是 67%,也就是说,假设它分发了 1 000 条新的客户线索给各个 4S 店,三个月内一共有 670 位客户买了车,不同的店分掉了这些资源。单个 4S 店的线索转化率是多少呢?在我们指导的这家地区头部门店中,是 4%。从 4% 与 67% 之间的差距,我们可以看到,可经营的空间太大了。

基于以上两个洞察,我们得出了增长工作任务,一要提高邀请到店率,二要激活销售手中的闲置客户资源。增长研习社给出的方案正是激活私域流量。4S店获取客户线索并不难,价格也不高,需要加强的是将已有的流量高效运营起来。具体的私域解决方案是"社群+直播+引导到店",先前销售员邀请客户是通过电话一对一沟通,效率不高,能沟通的人数很少,导致资源浪费和到店率低。现在不需要一对一沟通,只需要邀请客户进入直播社群,配合一定的利益点,让他们在周五统一进入微信直播间,由最好的老师介绍产品、宣讲权益、即时答疑,再邀请客户周末到店完成权益达成。从原来一对一的电话沟通变成一对多沟通,效率得到极大提升,4S店提高了邀请到店率,同时激活了闲置用户,用一个方法解决了两个问题(见图2-20)。

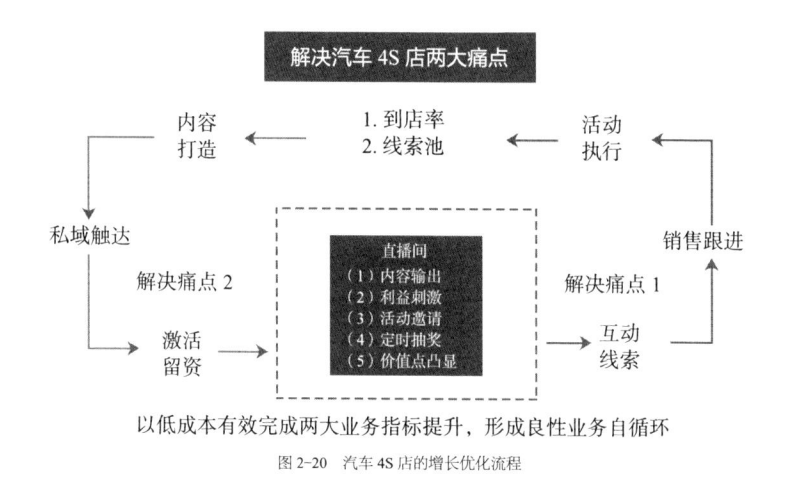

图2-20 汽车4S店的增长优化流程

李云龙

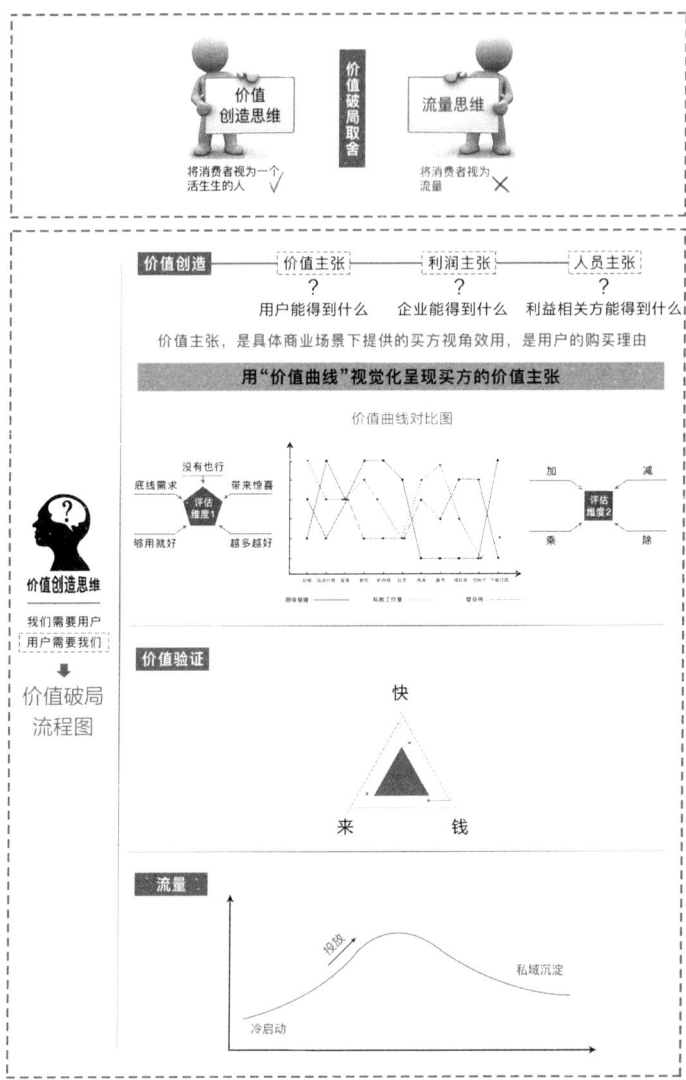

第二章 价值破局

价值破局取舍

- 价值创造思维：将消费者视为一个活生生的人 ✓
- 流量思维：将消费者视为流量 ✗

价值破局流程图

价值创造思维
我们需要用户
用户需要我们

价值创造

- 价值主张：用户能得到什么
- 利润主张：企业能得到什么
- 人员主张：利益相关方能得到什么

价值主张，是具体商业场景下提供的买方视角效用，是用户的购买理由

用"价值曲线"视觉化呈现买方的价值主张

价值曲线对比图

评估维度1：底线需求 / 没有也行 / 带来惊喜 / 够用就好 / 越多越好

评估维度2：加 / 减 / 乘 / 除

价值验证

快 / 来 / 钱

流量

冷启动 → 投放 → 私域沉淀

增长战略　　104

第三章

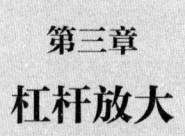

杠杆放大

策略解读：如何以小博大

因为长期在企业做增长顾问及在商学院任教，我得以接触大量企业家和创业者。我发现，从性格到处事原则，企业家并没有特定的标签，即便最成功的那部分人也各有各的不同，比如马云和马化腾，完全不同的两个人取得了同样巨大的成功。若是一定要从成功企业家身上总结出共性的部分，我认为他们都具有"杠杆意识"和"复利意识"。

"复利意识"即长期主义，在统一的大方向下，每件事情都是对未来的积累，这样我们就能做时间的朋友。"杠杆意识"则是加速器，战略大师鲁梅尔特在经典图书《好战略，坏战略》里说，好战略要具备杠杆作用。一种战略如果没有杠杆作用，企业只会在低水平里重复。具备了杠杆作用的战略才有使企业实现层级跃迁的可能性。

那什么是杠杆呢？我们大多数人接触杠杆这个词应该是在中学的物理课本中，有一位老先生叫阿基米德，他说："给我一个

> **好战略就是杠杆作用。**

支点,我就能撬起地球。"阿基米德很轻,地球很重,为什么他可以撬起地球?原因就在于他的杠杆足够长。

杠杆效应能够帮我们以小博大。

讲一个流传已久的故事:《盖茨的女婿》。

一位优秀的商人杰克,有一天告诉他的儿子:"我已经选好了一个女孩子,我要你娶她。"

儿子回答说:"我自己要娶的新娘,我自己会决定。"

杰克说道:"但我说的这个女孩可是比尔·盖茨的女儿!"

儿子欢呼起来:"哇!那这样的话……"

在一个聚会中,杰克跟比尔·盖茨说:"我来帮你女儿介绍个好丈夫。"

盖茨说:"我女儿还没想嫁人呢!"

杰克又说道:"但我说的这个年轻人可是世界银行的副总裁!"

盖茨大吃一惊:"哇!那这样的话……"

接着,杰克去找世界银行的总裁。杰克说道:"我想介绍一位年轻人来当贵行的副总裁。"

总裁说:"我们已经有几十位副总裁,够多了!"

杰克说："但我说的这个年轻人可是比尔·盖茨的女婿！"

总裁叫道："哇！那这样的话……"

最后，杰克的儿子娶了比尔·盖茨的女儿，又当上了世界银行的副总裁。

当然，这是一个段子，并没有真实发生过。可故事里的杰克无疑是一个具备杠杆意识的高手，他自己的身份并不足以在盖茨和世界银行总裁那里彰显地位，但盖茨和世界银行总裁分别成为他借以撬动他人的杠杆。

要想利用杠杆，必先识别杠杆，对它有感知，方能在遇到杠杆机会时快速捕捉。有时，杠杆机会如同房间里的大象，明明已经存在，人们却茫然不觉。本书总结了三大类杠杆，分别是社会资源、变化趋势和关键节点，每一类中又有若干更细化的、可感知的思路。希望你在日常的繁杂工作中不忘抬头看路，发现杠杆，发现10倍速增长的机会。

杠杆之社会资源

社会上有很多资源可以成为企业发展的杠杆。我们不要只想着自己手里那一亩三分地而无视这些资源。

资本：天使还是恶魔

如果我们最早见到杠杆一词是在中学物理课本里，那么我们平时最常听到杠杆一词应该是在股市或者宏观调控的语境中。比如有股民加杠杆投资赚了钱，也有人赔了钱；"去杠杆"则是国家最近的经济调整策略。

股市里的杠杆就是"资本"，通常表现为金钱。一位股民有本金10万元，他判断这波行情可以赚10%，那么他的预期收益就是1万元。他如果加了10倍的杠杆，借了90万元，本金变成100万元，那么他在这波行情里就可以赚到10万元。假设利息是3万元，他还能赚到7万元，相当于他用自有本金10万元最终赚到了7万元，收益率达到了70%，这就是加杠杆。

中国几千年的农业社会历史塑造了普通民众稳妥和保守的金钱观，其表现形式是"愿意存钱，不愿意借钱"。其实，钱只有滚动起来才能发挥更大作用，存钱或许是资本增值最慢的方式。美国宾夕法尼亚大学沃顿商学院的西格尔教授整理了过去几百年来各大类金融资产的表现，并把结果绘制成图。通过这个图，我们可以回溯到1801年，看看过去两百多年里各类资产的表现如何（见图3-1）。

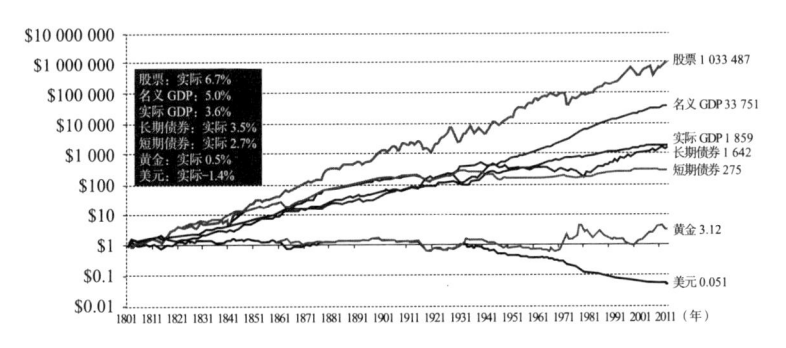

图3-1 美国1801—2011年大类资产的回报表现

表现最差的就是现金！如果1801年你有1美元，今天它值多少钱？它的购买力是多少？答案是5美分。也就是说过去两百年，1美元的购买力下跌了95%。其他的黄金、短期债券和长期债券等表现依次提升，表现最好的居然是令人心惊肉跳的股票。当然这是以两百年为周期的数据，短期内每种资产都表现出更明显的波动性。

我并非鼓励人们去炒股，只是希望人们意识到资本流动起来的价值。其实资本作为一种杠杆是显而易见的事情，但能够有效利用它的人并不多。有些经验的企业家都懂得借助金钱的力量，让金钱变成人的奴隶，而不是相反。将资本作为杠杆是在调整我们与金钱的关系：金钱作为手段，它便是杠杆；若作为目的，它便是枷锁。

> **"** 金钱作为手段，它便是杠杆；若作为目的，它便是枷锁。**"**

好在我们的金融观在慢慢发生变化，20多年前商品房浪潮刚出现的时候，很多人是不敢借房贷的，总感觉欠钱不舒服。现在很少有人有此顾虑，人们接受有一定负债是正常的生活状态。当初有人怀疑金融到底能否产生真正的社会价值，我们用一个小故事就可以讲清楚。一个中国老太太和一个外国老太太，都在30岁的时候开始考虑买房。中国老太太一直自己存钱，直到去世前三天终于存够了买房的钱，住进去三天就走了；而外国老太太在 30 岁就贷款买了房，之后一直还贷款，终于在去世前三天还完了贷款。花同样一笔房款，中国老太太只住进去三天，外国老太太却住了大半辈子，很显然她的效用是更高的。金融的价值就在于完成这种时空与效用的错位匹配。

创业公司要融资，也是希望借助资本的杠杆，出让股份，获取资金，发展壮大，在后续的发展过程中再给予资本回报。

资本无限好？当然不是。资本既是天使也是恶魔，它除了可以是杠杆，还可以是风险和枷锁。股市里跳楼的股民都是加了杠杆的。有些创业者随意拿投资，以为自己用不值钱的股份换到了现金，但是除非他们认为自己必将失败，否则今后资本方的预期就是创业者的最低成本。

> **资本方的预期，是创业者的最低成本。**

资本应当成为杠杆，我们应该把它用在合适的节点，以确保它能撬动更多的资源，而不是仅仅用它来延续生活和发工资，这是没有意义的。

大家伙的枪：抱大腿，不香吗

先讲一个案例，现在的出行市场是滴滴一家独大，但在五六年前还是滴滴和快的两强争霸。后来两家合并，快的的核心团队逐渐退出，事实上是滴滴的团队赢了。两家竞争，刀来剑往很多，在奠定滴滴优势的过程中，有一件事举足轻重——微信红包裂变。

那段时间，用户在滴滴打车完成之后会收到红包，不但自己可以得到优惠券，转发到朋友圈，朋友领取之后也可以打车省钱。这相当于滴滴公司给用户补贴，又通过社交裂变快速获取了用户。快的也想以同样的方式在微信裂变，但很快被腾讯封掉了，原因也不难想到：滴滴背后的投资人是腾讯，而快的背后的投资人是阿里。马化腾在一次演讲中说，当时每天要补贴2 000万元、3 000万元，最多的时候达到了4 000万元，滴滴的创始人程维在签字的时候手都是抖的。据说当时的补贴，腾讯出一半费用，还不需要滴滴还。那么问题来了，明明是滴滴和快的在竞争，腾讯作为投资人，给政策支持、封杀竞品已经很到位了，为什么还要给钱来帮助滴滴呢？

原因是，腾讯当时面临另外一个更大的挑战：移动支付之战。现在，微信支付和支付宝可以说是两强并举，几年前支付宝却是一家独大。为了增长，腾讯需要持续给微信支付找使用场景，打车成了不二之选。腾讯给滴滴的补贴可以被当作微信支付的市场费用。腾讯的政策和钱，对滴滴来说就是杠杆，滴滴成了"大家伙的枪"。

腾讯投资过很多公司，从未像这次一样给予如此多的资源。也就是说，"做大家伙的枪"并非抱大腿那么简单，核心是你要符合"大家伙"的战略方向。

　　直播电商行业风生水起，细看下来，还是淘宝和快手领先。它们各自有旗帜性的主播，淘宝有李佳琦和薇娅，快手有辛巴。坐享 6 亿日活的抖音却成了这个领域的后来者。"在直播电商领域迎头赶上"变成了抖音的战略方向，它需要一杆枪。罗永浩老师适时地出现了，二者一拍即合。对 2020 年 4 月 1 日罗永浩首播以及后续的历次直播，抖音投入了大量的资源进行扶持。罗永浩直播获得的资源远远超过了"李佳琦们"在淘宝刚刚起步时获得的资源，这对罗永浩来说是杠杆。抖音，就是那个"大家伙"。

　　美国以举国之力封锁华为，关于芯片的话题迅速进入公众视野，让我们知道了一家荷兰的公司——阿斯麦尔。美国禁止台积电向华为出售芯片，而对芯片行业本身来说，有一个制约它发展的重要因素——光刻机。阿斯麦尔占据了光刻机全球市场 74% 的份额，是地地道道的产业巨头。不过在 30 多年前，阿斯麦尔还是飞利浦旗下的一家小合资公司。当时的光刻机巨头是日本公司尼康，英特尔、IBM（国际商业机器公司）、AMD（美国超威半导体公司）、德州仪器这些美国大公司对待尼康，就像今天的三星和台积电对待阿斯麦尔一样，可以说是"唯其独尊"。阿斯麦尔这家小公司是如何在 30 年后击败尼康这样的巨头的呢？关键的一步，就是与上面提到的这一批美国公司成为"盟友"。当时，英特尔等公司为了摆脱尼康的制约，希望发展一条与尼康不同的技术路线 EUV（一种光刻机技术）。它们成立了一个 EUV LLC 联盟，除了以上几家公司，还有美国能源部旗下的三大国家实验室加入其中。但是,这个看起来强大的联盟有一件事情无法解决,那就是它们的理论成果没法落地,需要一家公司协助它们。阿斯麦尔恰逢其时。经过了复杂的技术攻关及市场落地过程,阿斯麦尔在几大巨头的支持下也变成了巨头。阿斯麦尔成了 EUV LLC 的枪,而尼康早已退出光刻机市场。

盘点一下我们周围的"大家伙们",它们都有什么样的战略方向?我们是否可以在此方向上帮助它们?也许这就是我们的杠杆。

群体信心:什么比黄金更贵重

100 美元几乎在全世界的所有地方都可以购买到价值 100 美元的商品,但你知道 100 美元在造币厂里的生产成本是多少吗?答案是不到 3 美分。3 美分对比 100 美元,这是一个极大的杠杆。其他货币在本国发行,受到本国的法律保护,这是好理解的,但世界上其他国家并不遵守美国法律,不流通美元,甚至与美国"深仇大恨"的伊斯兰国等组织也想方设法地获取美元,这就比较耐人寻味了,原因是什么?

表面原因很好理解:人们都信任美元,相信今天自己收了美元,明天还可以用美元买其他的商品,美元不会烂在自己手里。也就是说,全世界人民对美元的信心形成了美元的这种杠杆效应。群体信心就是一种杠杆。

背后的原因值得深思:为什么全世界人民都对美元有信心?对金融史有了解的朋友都知道答案,我们在此简要讲述一下。美元成为全世界的通用货币始于"二战"后布雷顿森林体系的建立，建立这个体系的初衷是稳定"二战"之后的世界经济秩序。因为战争中美国受到的冲击最小，甚至发了战争财，它到"二战"末期已经成为世界经济领导者，再加上它强大的军事实力，以美国和美元为中心重建经济秩序似乎也是当时唯一的选择。从那时开始，美元成为西方世界事实上的通用货币。而世界各国之所以信任美元，除了美国强大的实力之外，还有一个重要的原因：在布雷顿森林体系内，美国承诺美元和黄金可以互相兑换。美国拥有的黄金占当时世界各国官方黄金储备总量的 70% 以上，这样其他国家便减少了顾虑。可以说，"二战"后美国其实是靠着"美元可以兑换黄金"这一承诺维持了全世界对它的信心。

到 20 世纪 60 年代，事情开始发生变化，因为美国超发货币，导致储备的黄金不够兑换。法国的戴高乐总统一次性兑换了大量黄金，其他国家也纷纷效仿，美国黄金储备量大幅减少，终于在 1971 年陷入崩溃。当时的总统尼克松宣布不再支持美元对黄金的兑换，布雷顿森林体系开始瓦解。在那之后的几年内，欧洲人对美元是鄙视的，美元并没有像今天这样的地位。

美国人做了什么，又让世界人民恢复了对美元的信心？没错，他们让美元与石油交易挂钩，建立了石油美元体系。美国与石油输出国组织的成员国（主要是沙特）达成协议，约定只能用美元来交易石油。由于石油在全球经济体系中的独特地位，人们对美元的信心又慢慢建立了起来，这才有了今天美元的独特地位。

我们在本节讲美元的故事，是希望大家意识到群体信心的作用。有群体信心的地方就有杠杆。2008 年全球经济危机时，时任总理温家宝说过,信心比黄金更重要,指的就是这个意思。

《人类简史》作者赫拉利认为,现代人类的祖先智人之所以战胜了其他人类,存活至今,是因为他们愿意相信虚构的故事。"相信相信的力量"有时候真的可以创造奇迹。

很多事物的意义是靠群体信心支撑的,比如比特币。比特币的价值来自哪里?其实就来自购买者相信它会涨。王煜全老师多年前就是比特币的拥趸,近年来他也经常对自己的学员说,如果当年听了他的预测购进比特币,现在应该涨了多少多少,现在买也还来得及云云。在投资领域,有一个专业术语叫"反身性",我们可以把它理解为:人们对未来的预测影响了未来。其实,王煜全老师对比特币的正向论断本身就提升了投资者对比特币的信心。

每家公司都不欢迎充满负能量的人,这其实是合理的,并非公司不够民主,而是负能量会影响团队的信心,一旦团队没有了信心,这家公司就失去了杠杆效应。有些投资人在考察被投企业的时候会观察这个团队的信心,他们是否觉得自己是最好的,是否觉得竞品都是垃圾?这与实际的市场份额关系不大。如果一个团队总觉得竞争对手做得更好,那他们就真的没有机会超过竞争对手了。

> "
> 信心汇集之处,金钱随之而来。
> "

群体信心是杠杆。对外我们要感知哪里的信心强度更大，那里必然有更多机会；对内我们要塑造团队信心，人心齐，泰山移。

他人的供给能力：拿来主义的天堂

滴滴公司并不拥有出租车，也不拥有司机，但它是中国最大的出行公司。它抓住了一个杠杆：他人的供给能力。

人们总以为这个世界资源稀缺，其实有大量资源没有被意识到。2020年初，新冠疫情到来，很多餐饮公司被迫停业，员工面临失业风险。阿里旗下的盒马鲜生宣布接纳云海肴、青年餐厅等餐饮公司的员工到盒马门店工作。疫情导致线上订单量暴涨，工作人员不足，招募又太慢，"借人"不仅缓解了盒马自己的用人荒，还帮其他线下餐饮公司承担了成本，让它们有更大机会继续经营下去。

案例：混沌学园的领教群体

混沌学园是新商学院的代表，除了李善友教授之外，混沌学园的课程研发和教学交付主要由领教团队来完成，我本人也是领教团队的一员。领教们大多是大学教授、商业咨询师、投资人或者企业高管，在市场上的雇用费用是很高的。如果招聘这样一群人，成本无疑很高，企业也很难保证稳定性。事实上，如果没有交付任务，混沌学园并不需要给领教团队支付日常工资，但是大家的积极性仍然很高，它是怎么做到的呢？

混沌学园的做法很巧妙。它先公开招募领教学习营成员，由李善友教授亲自免费授课，这立刻让领教学习营变成了稀缺资源，每次都有超过1 000人报名，但通过面试筛选，只会有将近100人进入线下学习营。每一期的领教学习营都分为三个模块，每个模块持续考量意愿度和专业度，淘汰几十个人，最后会有接近20个人毕业成为正式领教。这时的领教不但在意愿度和专业度方面都没问题，而且特别珍惜领教机会，同时在一次又一次的竞赛中与彼此结下了坚实的"战斗"友谊。

领教们的能力是在这三个模块中培养出来的吗？有一部分是，但大部分还是来自他们每个人多年的积累。对混沌学园来说，它就是通过这种方式将社会上的智慧资源归集起来，变成杠杆，为它所用。事实上，在拥有了领教团队后，混沌学园的线下商学院业务和2B企业服务快速发展了起来。

我们还可以更加发散地去理解他人的供给能力：在他人已经做过的工作中，是否有可以为我所用的部分？若有，那就是杠杆。

招商银行推出过一个让人赞叹的经营动作：他行VIP（贵宾），就是我行VIP。每家银行都想要高净值用户，"他行VIP"用户是其他银行已经筛选出来的高净值用户，招商银行通过这样的方式巧妙地将他行的供给能力变为自己的杠杆。

与之类似，2021年底，在被网友爆料下架新疆产品后，沃尔玛超市和旗下的山姆会员店引来众怒，全国多地的山姆会员店出现退卡潮。盒马鲜生抓住机会，向市场宣布：自2022年1月起，只要持有持山姆会员卡，无须办理盒马X会员也可以到X会员店进行体验。山姆的会员是多年积累的高净值用户，这下子山姆直接给盒马做了嫁衣。

他人的供给能力是一种很有趣的社会资源，其中的难点在于公司能否意识到这是一种具有杠杆效应的资源。建议每个团队就此主题开半天头脑风暴会，一定会有很多出乎意料的收获。

杠杆之变化趋势

世界是动态的，变化中往往蕴藏着机会。我们要拥抱变化，迎接变化带来的机遇，预防变化带来的风险。

土壤：为什么选择比努力更重要

在与企业家们的沟通过程中，我经常问一个问题：什么是驱动增长最重要的要素？大家的回答不尽相同，本身这也是一个没有标准答案的问题。但广东一位企业家的回答证明了他确实在深度思考商业逻辑，他认为，长在一个增长的市场上，这件事情对企业的增长最重要。

这就是"土壤"，我们脚下踩着的、企业赖以生长的地方，这是一家企业所处的更高维度的背景。企业赖以生长的土壤本身是不是在增长？如果它在增长，你只要跟着，大概率就会增长。近年增长最快的应该是今日头条、抖音、快手和拼多多这样的移动互联网公司，这些公司的土壤是手机市场，智能手机市场本身在快速增长，生长在它上面的公司增长起来也就更容易。

> **企业要长在一个增长的市场上。**

选好大船，跳上去。罗永浩还在做锤子手机的时候，有一次接受罗振宇的采访。罗振宇问罗永浩为什么进入手机硬件制造这样一个红海市场。罗永浩的回答是，他认为未来会发生一次计算革命，现在做锤子手机未必能赢，但是可以在未来那场计算革命到来之前先坐到牌桌上。虽然罗永浩在锤子手机这次创业中已经失败，但我们不能因此否认他在战略上的远见。

增长研习社在广东有很多企业家学员和合作伙伴，他们的集体特点是很实干，同时，很多上一代发了财的广东企业家平均的文化水平并不高。他们长在了一个快速增长的市场上，过去40年中国经济的两个最大的红利——改革开放和加入WTO（世界贸易组织）——受益最大的都是广东，这块土壤在增长，你站在上面，即便只付出与别人相同的努力，成功的概率都会更大。

在《关于支持深圳建设中国特色社会主义先行示范区的意见》中，中共中央、国务院更为明确地提出要将深圳打造成为高质量发展高地、法治城市示范、城市文明典范、民生幸福标杆、可持续发展先锋。

未来10年，深圳大概率会成为一个发展很快的城市，因为这里有杠杆。

2000年初，假设有新闻专业同一个宿舍中两位同样优秀的同学毕业了，一个人选择了去当时烈火烹油的都市报纸媒体，另外一个去了方兴未艾的互联网公司。20年后，这两位同学谁会发展得更好呢？没有绝对，但从概率上讲，互联网行业的人会发展更快。并非他们在个人禀赋上有多大的区别，而是一个赛道蓬勃向上，另一个赛道江河日下。过去20年，如果一个人就业选择了互联网、金融或房产行业，他与同龄人相比大体不会太差，也是这个道理。站在一片增长的土壤上，自己跟着就增长了。

我们并非鼓励机会主义，看到哪里有机会就去哪里。在选择企业甚至自己的发展道路时，可参考下面这个模型：我擅长，我喜欢，有杠杆（见图3-2）。

图3-2 选择发展机会的三个维度

做新闻既是我喜欢的，也是我擅长的，但是从20年的尺度看，互联网媒体的杠杆要大于报纸媒体，选择便不难了。

选择比努力更重要，初看这是句"鸡汤"，但其蕴含的秘密就在于选择什么：要选择增长更快的土壤。道理很简单，难的是如何提前识别快速增长的土壤。混沌学园提供了一种方法：发现10倍速变化的单一要素。在一个趋势整体发展起来之前，有一些单一要素是可以帮助我们提前做趋势判定的。

2018年之后，当人人都知道短视频是风口时，人们已经错过了创业机会。真正的机会节点出现在2012—2014年，移动流量资费大幅度下降，是其中的单一要素变化，一定会有相应的商业模式匹配这种变化。这就是短视频市场爆发之前的10倍速变化的单一要素。近年来，以下8种技术在成本维度发生了10倍速变化，我只能帮到这里了（见表3-1）。

表 3-1

技术	实现等效功能的（平均成本）
3D（三维）技术	4万美元（2007年）→ 100美元（2018年）
工业机器人	50万美元（2008年）→ 2.2万美元（2013年）
无人机	10万美元（2007年）→ 200美元（2019年）
太阳能	30美元/千瓦时（1984年）→ 0.16美分/千瓦时（2014年）
传感器（LIDAR）	2万美元（2009年）→ 79美元（2014年）
生物技术（基因测序）	1 000万美元（2007年）→ 500美元（2019年）
神经技术（脑机接口设备）	0.4美元（2006年）→ 90美元（2011年）
医学（全身扫描）	1万美元（2000年）→ 500美元（2014年）

10倍速变化不全是变好，还可能变坏。英特尔公司之前主要做存储器。在1980年的一次学术会议上，惠普技术人员公布了三家日本公司和三家美国公司16K DRAM芯片的质量检测结果，美国三家公司的产品质量中最好结果的不合格率是日本的最差结果的6倍。这三家美国公司就是英特尔、德州仪器公司和Mostek公司，三家日本公司是富士通、日立和NEC（日本电气股份有限公司）。接着，管理学领域最著名的一问产生了，英特尔当时的董事会主席格鲁夫问合作伙伴摩尔："如果我们下台，继任者会怎样行动？"摩尔说："他们会退出存储器业务。"格鲁夫说："那么我们为什么不自己这么做呢？"

这就是识别10倍速下降的要素，逃离已经下沉的土壤。

很多人的成功来自被动选择，他们被外部红利砸中。这种好运气不会伴随人的一生，希望长久保持竞争优势，你就需要时刻敏锐地识别变化。在整个系统发生变化之前，会有某些单个要素率先发生变化，你需要抓住它以提前获取竞争优势。一叶而知秋，即如此。

新政策：你应该多看《新闻联播》

我的好朋友沈攀老师金句迭出，比如这句："有两种生意可以赚大钱，一种写在刑法里，一种写在学习强国里。"

这是一句玩笑，意思却很明确，学习强国App的运营方是宣传部，几乎所有的政策信息都可以在上面找到，如果我们希望了解政策并将其用于指导自己的生意，那么这可能是最好的渠道之一。

增长研习社有团队专门研究医药新零售,这是一个强监管的行业,最近几年新政策频出,涉及两票制、处方外流、网售处方药、医保在线支付、医药分离、带量采购等。总体方向是降低消费者购药成本,却也给了行业一个明确的信号:医药院外零售市场即将出现爆发性增长。京东健康、阿里健康、叮当快药等业内玩家都实现了跨越性的增长,政策推动是一个很大的原因。

即便对非强监管的行业来说,政策解读也是非常关键的。2020年国家推出"新基建",这里蕴藏着什么机会杠杆呢?国务院指导意见中的新基建七大领域包括5G基站建设、特高压、城际高速铁路和城市轨道交通、新能源汽车充电桩、大数据中心、人工智能、工业互联网。这是一个真正的大时代的到来。每个时代都有核心抓手,已经走到下半场的移动互联网的核心抓手是智能手机。从硬件的芯片、传感器、屏幕到底层操作系统的iOS、安卓以及安全防护,还有交互入口,包括短信、电话、浏览器、输入法、智能问答,以及变现体系的支付、应用商店和广告系统等,这些都是基于智能手机这个核心抓手带来的延展需求。

下一个万物互联的时代的核心抓手是什么?答案可能是智能汽车。

首先,车自己拥有智能是没用的,它需要与人交互,所以人必须也要"智能"起来。各种穿戴设备,比如手机、手表、衣服、鞋子都有了被数字化的需求。其次,车还需要与环境交互,路面、路灯、交通灯甚至建筑物都需要"传感化"。以智能汽车为抓手,我们可以带来整个社会的万物互联。基于这个判断再看看新基建的七大领域，我们就知道为什么特高压、新能源汽车充电桩这样的项目也会名列其中了。特斯拉、蔚来、小鹏和理想，几家新型造车厂商的股票已经涨疯了。这就是新政策带来的杠杆。

雷军将自己的投资公司取名叫"顺为"，取意"顺势而为"，何为"势"？其实就是社会共识。新政策，是引领社会共识很重要的一种方式。小米集团已经快速行动，开始"造车"了。

新政策的"新"意味着变化。你如果平时没有看《新闻联播》的习惯，可以考虑改改了。

低边际成本：为何免费还能赚钱

著名互联网安全公司 360 的董事长兼 CEO 周鸿祎发明了一套"免费"策略，打败了其他所有的杀毒软件公司。

在电脑杀毒这个行业，原本有很多玩家，比如瑞星和卡巴斯基。大家的商业模式也类似，即直接向用户收费——公司提供杀毒服务，用户付钱，天经地义。多年以来一直如此，几家公司在这个框架内竞争，各自有自己的客户群体，倒也无伤大雅，算是相安无事。直到有一天周鸿祎带着免费的 360 来了。

周鸿祎直接将 360 的杀毒软件免费推出，一下子就打乱了原有的市场格局，不但让对手们没有了生意，还极大地提高了整个杀毒软件市场的渗透率：不要钱的杀毒软件，不装白不装。由此 360 获得了海量的用户，之后又基于海量用户发展出来了浏览器、搜索等业务，现在也算中国互联网的小巨头之一。

360为什么能这么干？原因在于周鸿祎敏锐地发现了一个规律：杀毒软件的边际成本几乎为零。

所谓边际，意为"新增的新增"。边际成本，就是每新增一个用户或者产品后，企业新增加的成本。360开发杀毒软件需要成本吗？它一定需要，而且还需要不少。可是一旦开发完毕，每新增一个用户使用360，企业新增加的成本几乎为零，即便将后期维护成本分摊进去，边际成本也很低。

这是绝妙的一步，360没有将已经付出的开发成本视为定价要素，而是从更高维度上展开竞争：将软件免费推出以获取海量用户，再通过这些用户来赚其他领域的钱，从而直接结束了这个行业的竞争。

这便是低边际成本，是加杠杆的一种方式。低边际成本之所以可以成为杠杆，源于成本的变化趋势。我们继续拆解，找到了两种低边际成本的运营模式。

第一，线上化。

在一家线下的教育机构中，大概每30个孩子需要一名老师。如果同时有60个孩子上课，机构就需要两名老师；90个孩子就需要三名老师。每新增加一名老师都是成本的增加，这样成本就随着孩子数量的增加而线性增加。曾经流行的"大班双师制"模式则不存在这个问题，出镜老师的成本不随着用户数量的增加而增加。线上化脱离了物理空间限制，降低了边际成本。

第二，服务产品化。

在提供按摩服务的机构里，一位技师每天大概能服务六七个小时，这已经很累了，因为人的体力毕竟有限。如果一天服务 700 位顾客，机构就需要 100 位技师，稍微大一些的机构还是能请到这么多技师的。但是如果希望一天服务 7 000 位顾客，那 1 000 位技师就不好找了。技师的供给能力就成为阻碍这家机构实现增长的瓶颈。这时有另外一家做按摩椅的公司，生产出 1 000 台按摩椅是否比找到 1 000 位技师更容易呢？肯定的。所以，理论上做按摩椅的公司能服务的人数和扩张的速度都会超过提供按摩服务的机构。这就是产品和服务的区别。

服务就是以人的参与为标志的交付方式，而产品是标准化的、可以复制的、脱离人的交付方式。它们之间有模糊地带，对人的依赖程度越低、标准化程度越高的交付方式，产品化的程度就越高。

互联网公司对一些传统行业实现了降维打击，我们曾以为这是技术的力量，但其实这是因为互联网公司具有更强的产品化能力。"微信之父"张小龙曾经表示，他评价一个功能有一个维度的标准，即这个功能是否需要人来运营，如果是，这就不是一个好功能。用户通过产品就能完成全部交付，这才是简单的、美的。即便同为互联网公司，产品化程度更高的公司也具有更强的杠杆效应，比如早期的新闻门户网站新浪、搜狐，它们的新闻推送方式是靠编辑选题，也就是说这个环节是有人参与的，这种方式的产品化程度不高，而今日头条靠算法推荐，不需要人的参与，产品化程度更高。

淘宝有一个权限很大的群体叫"小二"，很多电商位置的推荐权掌握在他们手里，这个环节的产品化程度就不高。现在的淘宝推崇千人千面、算法推荐，比之前的方式产品化程度高。拼多多从一开始就没有遵循"小二"逻辑，不靠人工来分配资源，从这个意义上讲，拼多多的产品化程度从一开始就是高于淘宝的。

互联网筹款软件在运营过程中有一个痛点：捐款人往往是被"故事"打动之后激情捐款，而申请筹款的患者通常并没有能力将自己的经历描述得足够能打动别人，这很影响捐款效率。于是，筹款平台组织了一个团队，专门帮患者优化文案，提高这个环节的转化效率。起初，这是一种服务，主要由人来完成，随着文案套路被不断提炼和抽象出来，这个环节慢慢地被工具化，变成了产品，交付效率提高了很多。

那些靠人的服务来进行交付的行业普遍比较离散，集中度低，是"蚂蚁市场"，单个企业都发展不太大，比如餐饮行业、教育行业和咨询行业。而以产品作为交付方式的行业则容易产生巨头，单个企业体量更大，比如饮料、医药、互联网行业。

服务产品化的启示是，请检查自己所在的行业，看哪些环节还是以人的交付为主、以非标准化的服务为主，在这些环节中应该存在产品化的机会。谁先实现产品化，谁就先握住了杠杆。

宝洁公司曾经给非洲儿童提供洗手液，想要帮助当地改善卫生状况。洗手液需要揉搓15秒以上才会产生杀毒清洁效果，但当地儿童没有这个习惯，往往不能坚持15秒就跑掉了。若以教育的方式使孩子们养成习惯，无疑成本巨大。宝洁只对产品做了一个小小的改进，便最大限度地解决了这个问题。他们让洗手液在被揉搓 15 秒之后开始出现彩色的泡泡，有时是红色的，有时是粉色的。这样，对孩子们来说，洗手就不再是个任务，而是个游戏。这便是产品化的思维。

杠杆之关键节点

关键节点是一种杠杆，分成时间上的关键节点和空间上的关键节点。在时间上，关键节点是要抓住突然出现稀缺的窗口期；在空间上，关键节点是对产业核心要素的垄断。二者皆能带来杠杆效应。

突然的稀缺：眼疾，手也要快

新冠疫情期间什么最稀缺？

大多数人的第一反应都是"口罩"，口罩确实让一批人赚到了钱，但也让另外一批人血亏。2020 年 2 月之前做口罩的人都赚到了钱，3 月之后才开始做的人基本都亏钱。疫情是一个黑天鹅事件，激发了很多突然出现的稀缺。对于突然出现的稀缺，使之成为杠杆有三个要点。

1. 快速识别。
2. 资源投入。
3. 长期主义。

我们尤其要强调长期主义。杠杆不是机会主义，不是什么赚钱就做什么，而是在符合企业战略路径的前提下加快速度或者以小博大。一个与口罩没有关系的企业如果只为了发财而去买机器做口罩，即便短期赚到点钱，也不会长久，并不值得羡慕。

口罩对谁来说才是真正的杠杆呢？比如，叮当快药这样的公司原本就是医疗健康领域的平台，但它们恰恰没有用口罩来赚钱，而是在疫情期间平价提供了数千万个口罩，并以此带来了大量的用户和良好的口碑。

还有谁利用了疫情带来的稀缺呢？钉钉和 Zoom 这样的在线办公软件从疫情前 1 000 万~2 000 万的日活，一下子增加到了 2 亿左右的日活。据钉钉的内部消息描述，它提前一年多完成了用户增长目标，已经开始尝试商业化了。我们关注到，在疫情期间，阿里集团对钉钉的投入可谓不设上限，钉钉当时的 CEO 陈航说，阿里在整个疫情期间投入了 10 多万台新服务器来保证系统的稳定。疫情伊始，钉钉提供的体验并不好，因为用户太多，软件总是卡顿。但这个突然出现的稀缺窗口期并不会太长，"资源投入"就显得很重要。企业需要快速识别稀缺，在窗口期内加大资源投入。

再讲一个疫情期间的案例，我们有一个学员，原本做安检门的 2B 业务。疫情刚来的时候，他也不知道怎么开展业务。可只要打破思维禁锢，生意机会马上就来了：将安检门改造成测温门。安检门的需求或许是受到了抑制，但测温门的需求爆发了出来，而且把安检门改造成测温门的难度并不高！后来，他们用两个月的时间就完成了以往一年的任务量，大量的政府机构和教育机构变成了他们的新客户。

核心垄断：要从此路过，留下买路钱

前义讲过，在与黄金脱钩之后，美元依然保持了全球霸权的地位，核心原因是美国建立了石油美元体系，石油输出国组织与世界各国的石油交易只能使用美元来进行，这维持了美元的世界货币地位，由此给美国带来了超额的利益。为什么建立了石油美元体系就能实现这一点？因为在现有的全球经济系统中，石油是核心动力来源，是推动发展避不过去的一环。美国抓住了石油交易，相当于抓住了经济命脉。石油，就是国际经济运行的"核心环节"。以至于现在出现一种说法：新能源汽车的发展最终有可能动摇的是美国的金融霸权，它消解了石油在能源体系中的核心地位。

以色列物理学家、管理大师高德拉特创立了"瓶颈理论"（TOC）。瓶颈理论认为，任何系统都至少存在着一个制约发展的因素——瓶颈，否则这个系统就可能无限地产出。因此要提高一个系统（任何企业、组织甚至产业均可被视为一个系统）的产出，必须要打破系统的瓶颈。任何一个系统都可以被想象为由一连串的环所构成的，环与环相扣，这个系统的强度取决于其最薄弱的一环，而不是其最强的一环。

全球经济会一直持续增长吗？不会的，一个重要的限制性因素就是能源。关键能源是整个经济系统的瓶颈，谁控制了关键能源，谁就获得了杠杆效应。一旦打破这种限制，全球经济的天花板会因此变得高很多。

特斯拉公司在卖电动汽车，它的使命是"加速世界向可持续能源的转变"，这对全球经济系统的意义是重大的。马斯克一直站在人类的视角，而不是美国人的视角来思考问题。这是我认为他的成就会超越乔布斯的重要原因。

回到商业场景，节点垄断有两个思考维度。第一，在内部，企业要找到限制性因素，识别它，打破它，释放增长潜力。第二，在外部，企业要识别行业内的关键竞争资源，全力以赴地获取这种资源。企业会因此获得某种杠杆效应。

房地产行业在很长一段时间内都处于卖方市场，在那个时代，房地产公司会像互联网公司一样做用户运营吗？不会，因为当时行业的关键竞争资源，即限制性因素，并不是用户，而是土地。

行业周期变迁和贝壳找房的出现改变了这一态势，房地产行业渐渐向买方市场倾斜，关键竞争资源变成了用户入口。链家原本是一个二手房经纪公司，而贝壳找房的影响力是覆盖新房市场的，它们控制了购房用户的入口。

在PC（个人计算机）时代，BAT（百度、阿里、腾讯）是互联网巨头的代名词，当时价值最高的恰恰是现在显得有点落伍的百度，百度的价值是成为多数人上网的入口，这是互联网产业的关键节点。在更早的新浪、搜狐、网易门户时代，之所以叫门户，是因为它们本来想充当人们上网的入口，但是自己的内容越建越多，总是希望用户更多地留在自己这里，反而不如百度的价值大。百度作为一个上网入口，希望用户在自己的页面停留越短越好，这样百度才更有价值。这里的悖论值得思考。后来移动互联网时代来了，搜索引擎失去了入口地位，百度的价值也就随之减弱。

另外，并不是每家公司都有机会占据产业节点，这时候要思考的是，如何避免其他人垄断节点给自己带来的限制。很多淘品牌通过淘宝发了财，同时也被淘宝限制住了。在淘宝，直通车变成了关键节点，因为本质上淘宝是一家广告公司。商家如果只有这一条流量通路，必然要承受越来越高的获客成本，于是建立私域流量就成为逃脱节点控制的一种方式。在商业运营上，我们应该尽量增加充分条件，尽量减少必要条件。

在节点垄断这个方法中，做产业链分析是基本能力，你需要按照供给、连接、需求这条链路将所有要素视觉化地呈现出来，识别关键节点。比如，瓷砖这个行业是一个与房地产装修强相关的领域，当把产业链完整地呈现出来时，你会发现"设计师"是其中一个关键节点，他们对业主装修方案中的材料选择有很大的影响力。搞定设计师，销量不用愁。类似的还有在医药领域中，医生这个角色也是关键节点。

原有产业的关键节点会随着时代变迁而发生变化，此时我们需要警惕并适应变化。在十几年前，3C（计算机、通信和消费电子产品）这个行业的关键节点是国美和苏宁这样的大卖场，它们将实体店开到距离真实用户最近的地方，控制了用户的购买路径，对上游厂商产生了强议价能力。后来，电商崛起，京东的出现改变了原有的产业格局，关键节点随之发生变化，国美和苏宁的实体店就不再是关键节点了。

另外，关键节点是否具有排他性、稀缺性也非常重要。也许它是一个关键节点，但是其他人获取它的成本如果并不高，那么其杠杆意义便不是很明显。在2020年流行起来的社区团购中，团长是这个业务的关键节点，很多便利店的店主和有影响力的宝妈都成了团长，不过他们很多人同时是多个平台的团长。我认识的一个店主就同时是滴滴的橙心优选、美团优选和兴盛优选的团长。从这个角度看，团长不是一个很优质的关键节点，将资源无限地投在这里会犯战略错误，应该再审慎地做产业链分析。

增长飞轮：构建自增长闭环

企业度过破局点，实现从0到1后，即该谋求从1到10，借助杠杆撬动业务增长。但杠杆更多是外部要素，企业要匹配自己的业务逻辑才行，业务逻辑自成闭环，形成清晰路径，才能奔向系统的极限。这就是增长飞轮的作用，构建业务增长飞轮，是企业成熟期的必要工作。

月满则亏，事物总是在发展到极致之后又向相反的方向演进。当增长的概念初露峥嵘时，滴滴这样的公司通过海量补贴实现了规模化增长，进而达到近乎垄断的市场地位，于是烧钱补贴似乎变成了指数级增长的标配，投资人也配合，短时间内出现了大量的"独角兽企业"（估值超过10亿美元）。可潮水退去，我们才看到谁在裸泳。以ofo小黄车的倒掉为标志，一系列变化给这一轮的疯狂增长敲了警钟，K12（幼儿园到第十二年级）在线教育掀起的一波获客狂潮可以算是余波，业内开始反思：此种增长到底是否良性，到底该不该追逐？紧接着，"持续性增长"和"盈利性增长"的出现频率就变高了。

不谋万世者，不足谋一时；不谋全局者，不足谋一域。持续性增长和盈利性增长并不是不能容忍暂时亏损，而是要厘清增长路径，知道每一步都在实现何种目标，需要何种资源作为支撑，依此路径我们能否实现长期增长并看到一个很高的增长天花板。

"增长飞轮"作为一种思考工具正是用来解决这个问题的，可以让我们在逻辑上清晰地分析增长路径。在企业核心业务确立后，在业务到达极限点前，无论从1到10选择的是爆品突破、打透细分，还是势能崛起，企业都可以用增长飞轮将极限点之前的路径预测出来。

过去不少创业公司实际的增长飞轮是这样的：用户越多，估值越高；估值越高，就可以从风险投资那里拿到更多的投资；更多的投资可以用来购买更多的用户。这样的增长飞轮有什么问题呢？一旦从风险投资那里拿不到钱，整个飞轮断了，公司也就垮了（见图3-3）。

图 3-3 非良性的增长飞轮

吉姆·柯林斯的《飞轮效应》一书，描述了亚马逊的增长飞轮：更低的成本结构可以带来更低的价格；更低的价格可以带来更多用户；更多用户可以带来更多供应商，让用户的选择更丰富，进而更加优化用户体验，继续带来更多用户（见图3-4）。

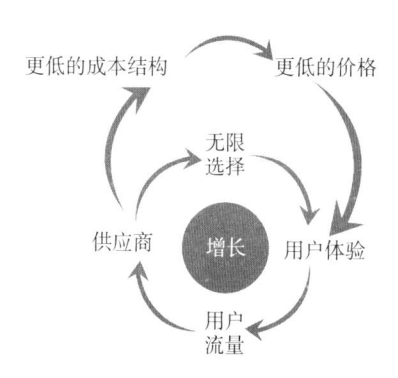

图 3-4 亚马逊的增长飞轮

会员零售企业开市客（Costco）和亚马逊一样，在增长战略上都是很明显的"成本领先战略"。开市客的增长飞轮：会员越多，采购规模越大，采购成本越低，售价就越低，会员就越多（见图3-5）。

图 3-5 开市客的增长飞轮

共享出行公司 Uber（优步）的增长飞轮：更多的司机可以覆盖更大的城市面积，市场占有率更高，所以接单更快，这会带来更多用户，更多用户又会带来更多司机加入，以及使司机空车时间更短，空车时间更短又会使司机的产能浪费减少，从而降低价格，更低的价格又会带来更多用户（见图 3-6）。

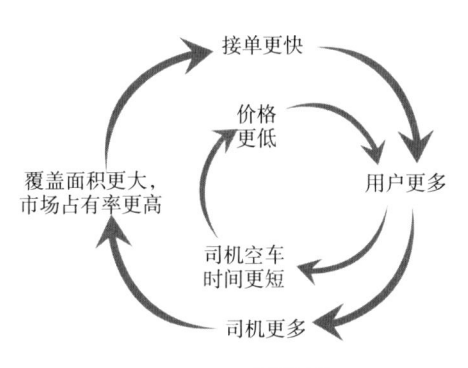

图 3-6 Uber 的增长飞轮

从 Uber 的增长飞轮，我们看到滴滴为何会投入巨资来"烧"市场份额。在这个领域中，不达到一定的规模和阈值，商业模式的效应体现不出来。

增长飞轮是一个动态思考模型,来自系统论的"增强回路"。一个系统包含4个特征,分别是因果链、增强回路、调节回路和滞后效应。

并非所有生意都具有增长飞轮,但我们建议正在阅读本书的你尝试构建企业的增长飞轮。即便跳出企业的增长场景,从个人成长角度来说,增长飞轮也可以作为分析工具。

作为一种战略工具,增长飞轮的价值体现在以下几方面。

1. 厘清生意持续增长的核心路径,以视觉化的方式达成团队共识。
2. 自增长性。形成增长飞轮的公司一旦突破阈值,会一个环节驱动一个环节,环环相扣。
3. 找到具有复利性的核心能力。

此外,对创业期的公司来说,增长飞轮还有另外一番用途。在创业公司早期,公司为了活下去往往是什么赚钱做什么。有些创业者因此养成惯性,在公司比较稳定的状态下还是什么赚钱做什么,成了机会主义者。这也是为什么很多小有成就的人很难把公司做大。从0到1不容易,从1到10更难。实现从1到10必定需要公司有明确的战略认知和增长路径,在执行上形成最小业务闭环,构建增长飞轮,并且紧盯这个飞轮,不轻易被其他线索吸引走,这就是战略定力。有一个故事叫《狮子眼》:当你把球丢给一只狗，它会逐球而去；但你若把球抛给一头狮子，它依然会目不转睛地盯着你。

构建一个增长飞轮可以分为以下三步。

1. 将企业现有的经营要素按照逻辑关系梳理出最小业务闭环。
2. 检核每个业务要素之间的因果关系及隐含假设，在因果不明处，增加辅助飞轮。
3. 带入实践，检验是否形成飞轮效果，决定是否替换要素。

在商业实战中，找到一个简单明晰的因果关系很难，无数要素会影响结果。增长飞轮能够做到的是将核心要素之间的关系及大逻辑的演进过程呈现出来。

复利性是增长飞轮的一个典型特征，基于柯林斯的飞轮模型，我做了一个修订，在飞轮的核心部分，增加了核心能力（见图3-7）。

图3-7 增加了核心能力的增长飞轮

也就是说，业务长期具有复利性的根本是核心能力具有复利性。在企业业务要素转动的过程中，核心能力不断被输入和输出，每次输入和输出都能带来核心能力的增强。识别出企业的核心能力极其关键，这看起来简单，其实是很难的事情。有一次，唯品会召开战略会议，被问及唯品会的核心能力究竟是什么。一众高管给出很多不同的答案，没有形成共识。我们应该确认，唯品会这家公司一定具有某种核心能力，否则它不可能在阿里、京东、拼多多三大电商巨头环伺之下还发展良好，每年赢利几十亿元。一旦找到核心能力，它就应该持续强化这一能力来构建企业的竞争优势。

张维迎教授曾经讲过核心能力的5个特征，供大家参考。

1. 偷不去，是指别人模仿你很困难。比如，你拥有自主知识产权——品牌、文化。在国外，这些东西是很难偷走的，在国内却不一定。别人可能拿你的软件去无偿使用，甚至盗版贩卖。因此，这一优势依赖于法律、产权制度的健全。

2. 买不来，是指这些资源不能从市场上获得。通常，人们认为人才是企业的核心竞争力，但这是以人才不能流动为前提的。你可以高薪诚聘，别人就可以付更高的薪水把你的人才挖走。因此，单个的人才不能算作核心竞争力。

3. 拆不开，是指企业的资源、能力有互补性，分开就不值钱，合起来才值钱。比如鞋子，左鞋和右鞋具有互补性，别人拿走一只是没有用的，所以你看好一只鞋子就行了。中国企业大多拥有替代性知识，导致人才因在你的企业创造的价值等同于在别的企业创造的价值而随意跳槽。

4. 带不走，是指资源的组织性。个人的技术、才能是可以带走的，因此，拥有身价高的人才也不意味着有核心竞争力。整合企业所有资源形成的竞争力，才是企业的核心竞争力。

5. 溜不掉，是指提高企业的持久竞争力。今天拆不开、偷不走的资源，明天就可能被拆开、偷走，所以，企业家真正的工作不是管理，而是不断创造新的竞争力。

企业可以根据以上5个标准来确定一下自己的核心能力，也可以尝试用本节提供的方法来构建自己的增长飞轮。

"增长飞轮"作为第三章与第四章的连接，由业务增长期撬动杠杆起，到转动增长飞轮同时积累核心能力落，第四章我们将转向内部视角，讨论如何聚焦于核心，形成内外合力。

增长飞轮可以帮助企业走向原系统的天花板，也就是第一曲线的极限点。要想开启第二曲线的增长，则需要打破原系统的限制瓶颈，那是第六章"系统破界"的内容了。

李云龙
第三章 杠杆放大

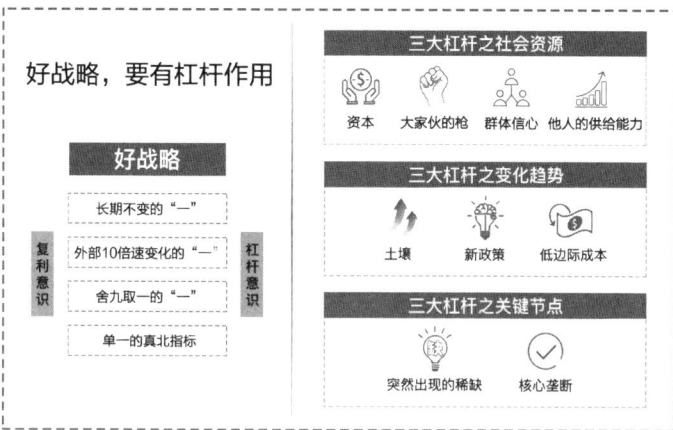

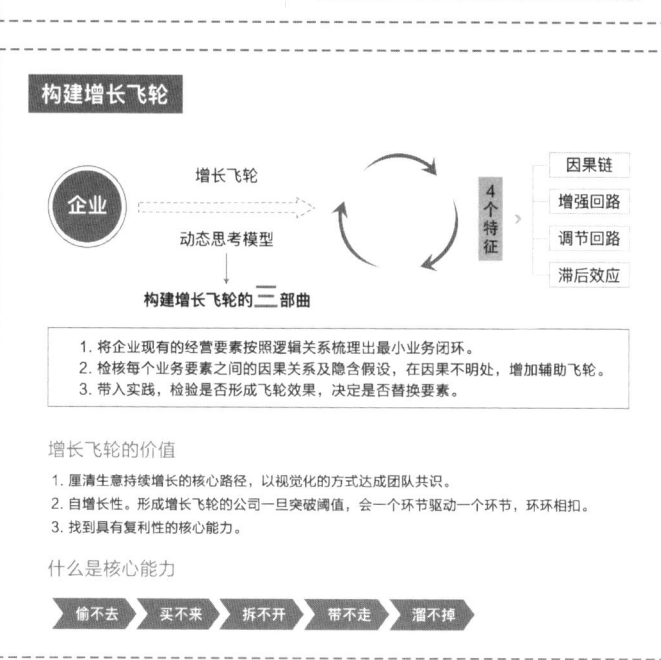

好战略,要有杠杆作用

好战略
- 长期不变的"一"
- 外部10倍速变化的"一"
- 舍九取一的"一"
- 单一的真北指标

复利意识 / 杠杆意识

三大杠杆之社会资源
- 资本
- 大家伙的枪
- 群体信心
- 他人的供给能力

三大杠杆之变化趋势
- 土壤
- 新政策
- 低边际成本

三大杠杆之关键节点
- 突然出现的稀缺
- 核心垄断

构建增长飞轮

企业 → 增长飞轮 → 动态思考模型 → 构建增长飞轮的三部曲

4个特征:
- 因果链
- 增强回路
- 调节回路
- 滞后效应

1. 将企业现有的经营要素按照逻辑关系梳理出最小业务闭环。
2. 检核每个业务要素之间的因果关系及隐含假设,在因果不明处,增加辅助飞轮。
3. 带入实践,检验是否形成飞轮效果,决定是否替换要素。

增长飞轮的价值
1. 厘清生意持续增长的核心路径,以视觉化的方式达成团队共识。
2. 自增长性。形成增长飞轮的公司一旦突破阈值,会一个环节驱动一个环节,环环相扣。
3. 找到具有复利性的核心能力。

什么是核心能力

偷不去 ▸ 买不来 ▸ 拆不开 ▸ 带不走 ▸ 溜不掉

第四章
核心聚焦

策略解读：找到你的天赋

在企业生命周期（见图4-1）中，当企业进入增长期，从点2向点3迈进时，"杠杆放大"与"核心聚焦"相辅相成。杠杆是外部资源、红利要素和变化趋势等，但同样的外部资源甚至同样的商业逻辑，走出的路大相径庭。微软CEO纳德拉说："领导者必须同时看到外部机会和内部的能力与文化，以及它们之间的所有联系，并在这些洞察变得众所周知之前率先反应，抢占先机。"

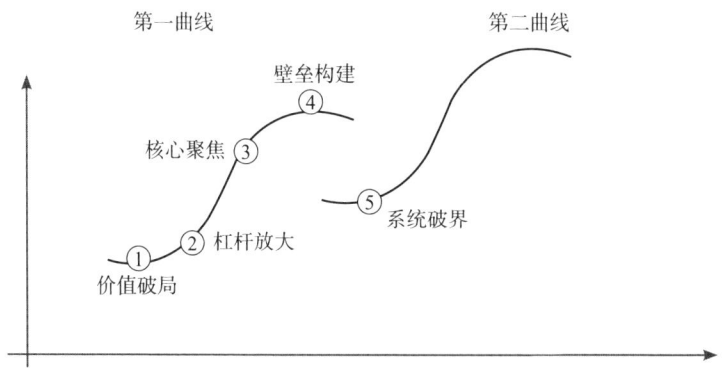

图4-1 企业生命周期

核心聚焦即洞察自己的核心禀赋，并基于此构建增长策略，别人的发展方式是否适合自己也可依此做清晰判断。有的团队执行力强，有的团队产品能力强，有的团队对市场更敏感，它们应该拥有不同的路径。如果杠杆放大是站在外部看内部、站在未来看现在，那么核心聚焦就是站在内部看外部、站在现在看未来。

"策略管理之父"安索夫博士于1957年提出安索夫矩阵，以技术和市场两大面向，区别出4种不同的增长策略，可以帮助企业选择基本方向。其中"技术"泛指技术、产品等内部供给要素，"市场"泛指市场、人群、场景等外部需求要素（见图4-2）。

```
              新市场
                ↑
     市场扩张    │   多元化发展
老技术 ─────────┼─────────→ 新技术
     提升渗透率  │   产品开发
                │
              老市场
```

图4-2 安索夫矩阵

当老技术与老市场结合时，策略是提升产品渗透率。假设一家高端幼教机构的客户是深圳的高收入家庭，这时首先要搞清楚市场容量。如果整个深圳的客户，也就是适龄家长，有10万户，而企业覆盖了5 000户，渗透率为5%，那么提升渗透率就是最简单的增长策略。

当老技术与新市场结合时，策略是市场扩张。以上面假设的情况为例，市场扩张指的是这家幼教机构走出深圳，来到了北京、上海、广州等其他城市拓展市场，或者这家机构的原有市场是 2C 的，以直接面向家庭为主，它转换为 2B，去与华为、腾讯、招商银行等深圳大型公司深度合作，承接其员工的幼教培育业务，这也是新市场，新市场不仅仅指区域转换。

当新技术与老市场结合时，策略是新产品开发。假设这家机构面对原有的 5 000 户家庭，又开发了亲子旅游和幼儿游泳业务，相当于用新产品来抢占固有用户剩余的钱包份额。例如，在金融行业，机构总希望客户买了保险后，再买点私募基金，如果客户的公司想发展，机构还有贷款产品可提供。

当新技术与新市场结合时，那策略便是多元化发展。幼教机构如果将其教学工具开发成产品，在线上电商平台售卖，与原来用服务交付家庭用户相比，幼教机构提供的产品和客户对象都已不同。一般情况下，这是一条需要谨慎采用的路径。

安索夫矩阵呈现了一个常规的业务增长思考框架，可以帮助企业做初步的战略选择。实际的增长战略要结合团队禀赋和对市场的独特洞察来展开，但有一点是明确的：路径一定要清晰而聚焦，不能左右摇摆。本章将介绍三种路径：爆品突破、打透细分和势能崛起。企业未必需要全部采用，而是应该在了解它们的适用边界后对经营现状做细致分析，找到适合自己的路径。

爆品突破：R 策略与 K 策略

提到爆品，人们头脑中应该会出现一些产品，比如苹果手机或者小米手机。它们共同的特点都是不追求 SKU（产品统一编号）的数量，以极少的单品击穿不同圈层的用户需求，达到"把同一款产品卖给所有人"的效果。苹果公司以几乎每年仅仅推出一款新手机的速度成为世界上市值最高的公司，2021 年其市值是 2 万亿美元左右。

这是我们通常理解的爆品，市场上有很多打造此类爆品的方法论，本书不再赘述。我们想讲的是另外一个现象。在抖音短视频的生态里，存在着两种爆品。一种是"李子柒式的爆品"，每一个短视频都是精心制作、画面优美的，但是作品数量并不太多。这很容易理解，因为每个作品的制作成本都很高。与此同时，也存在着另外一种爆品，我们称之为"樊登式的爆品"。你如果在 2019 年打开抖音就会发现，每 10 个视频里你必然会看到樊登的作品，再翻翻，就会碰到与之类似的作品，流量也很大。这些视频并非樊登专门为抖音录制的，而是有人将樊登之前在各种场合的演讲和讲课视频重新剪辑，批量上传。我们之所以会看到很多类似的作品，是因为樊登的不同代理商将同一个作品略加改造，骗过了抖音的审核机制（之后大量樊登账号被抖音限流）。

两种不同的运作模式都产生了爆品，为了说明这两种不同的爆品机制，我们引出一对概念：R 策略与 K 策略。

R 策略与 K 策略是物种生存的两种不同策略。生物的延续目标是让后代有更大概率存活下来，其中一种方式是人类采用的：后代数量很有限，把所有的安全资源、教育资源、食物资源都倾注给少量的后代，降低夭折率，确保他们活下来，这是 K 策略。

与此同时，另外一些生物的选择与人类不同，比如昆虫，它们的后代很多，成千上万，每个个体都相对较弱，但总会有活下来的，它们以数量来博取生存的概率，这是 R 策略。在抖音里，李子柒式的爆品采取的是 K 策略，樊登式的爆品采取的是 R 策略。

我们小时候看过一个动画片叫《小蝌蚪找妈妈》，你如果是一个善于思考的人，可能会提出一个疑问：为什么是小蝌蚪找妈妈，而不是妈妈找小蝌蚪？

在人类社会里，如果孩子丢了，更着急的是妈妈。但是在青蛙的世界里，妈妈似乎并不会主动去找小蝌蚪。这里的区别就在于人类与青蛙所选择的生存策略不同，人类选了 K 策略，青蛙选了 R 策略。青蛙一次可以生很多蝌蚪，但并不会给某只小蝌蚪过多的资源以确保它活下来。当后代足够多时，总有一些会活下来的。

将 R 策略与 K 策略的思想引申到商业场景，苹果式的爆品采用的就是 K 策略：每年产出的新品数量很少，也因此将所有的设计资源、生产资源、渠道资源、营销资源等全部赋予这个新品，确保它变成爆款。那么，除了樊登式的爆款短视频，在商业场景里还有没有采用 R 策略的爆款呢？有的，而且还很多，只不过你可能没有这样思考过问题。

有一家低调但很厉害的跨境电商公司叫 SHEIN，总部在南京，供应链以广东为主，其主要业务是向全世界的消费者销售服装鞋帽，最近几年增长极快，是本书附录部分的重点案例之一。SHEIN 有自营的 App，它能在自己的 App 上每天上新 2 000

款以上的商品。世界知名快时尚公司 ZARA（飒拉），每年上新 12 000 款左右，仅仅是 SHEIN 一周左右的上新量。至于 SHEIN 是怎么做到如此快速上新的，我们将在附录中详细阐释。在本节我们要关注的是它的爆款产生机制，SHEIN 的 App 上经常能够产生爆款，但它的爆款并非公司有意扶持打造的，而是由用户来选择产生的。如果 SHEIN 后台的数据系统发现某些产品在同等情况下被用户选择的概率明显更高，平台就会加大对该产品的推广力度，让准爆款变成爆款。

你可能要问了，怎么能确定一定会产生爆款呢？问对了，SHEIN 确实不能确定，但还记得吗，它每天可以上新 2 000 款以上的商品。也就是说，即便其中的 1 997 款都没有变成爆款也没有关系，2 000 款中出现两三个爆款的概率还是比较高的。没错，这就是 R 策略。

SHEIN 并不主动设定哪款产品是主推的爆款产品，它通过大量的上新，让用户来选择，上新的数量越多，产生爆款的可能性就越大。

应用 R 策略的核心秘密是，找到影响结果的成本极低的变量，打造 R 策略的土壤。

> " 找到影响结果的成本极低的变量，打造 R 策略的土壤。 "

人类为什么不能应用 R 策略繁衍后代？因为我们产生后代的成本太高了，青蛙的成本就低得多。因为成本低，所以可以多生产，于是 R 策略的土壤出现了。

那么，SHEIN 的影响结果的成本极低的变量是什么？

答案就是海量的效果图片！消费者是依据效果图来判断和选择的，这是影响结果的变量。成本极低是怎么体现的呢？在传统的服装产业中，每一个款式都要有备货，如果没有 1 000 件以上的订单，工厂不会投入生产。而 SHEIN 采用的是"小单快反模式"，即每个新款只需要生产不到 100 件，一旦某一款在消费者端变成爆款，平台再反馈信息，加大生产量。这对 SHEIN 来说，极大地降低了库存成本，让 R 策略的产生变为可能。

另一家跨境服装电商公司 Club Factory（俱乐部工厂）与 SHEIN 类似，模式甚至更为极致，可以实现零库存，它的具体做法是"选品平台化+履约自营化"。Club Factory 的技术团队搜寻和抓取优质产品资源，通过网络呈现给海外消费者，这是"选品平台化"；在海外消费者下单后，它再去买下来，给消费者邮寄过去，这是"履约自营化"。对 Club Factory 来讲，影响结果的成本极低的变量也是消费者看到的图片，平台并不会强推某一款产品，是用户的行为将爆款选出来的。

美团的前 COO（首席运营官）干嘉伟在操盘美团团购业务时，通过观察数据发现了一个现象：订单量与产品上新的数量正相关，即新产品越多，销量越好。于是，他出台了一个简单粗暴的运营策略——"狂拜访,狂上单",美团在他的操盘下,甩开了其他竞争对手,成为"千团大战"的胜利者。读了本节你会发现,干嘉伟采用的就是 R 策略,美团上新的数量足够多,打造了 R 策略的土壤,因此产生爆款的可能性提升,订单量也跟着提升,而美团的边际成本并没有增加。

有过创业公司一级市场投资经历的朋友会知道,VC(风险投资)和 PE(股权投资)的策略不一样。VC 策略更像 R 策略,投资方以更低的成本批量投资成功可能性更高的项目,最后才有跑出明星项目的可能性。而 PE 成本高昂,投资方对每一个项目都要精心选择,并投入很多精力做投后管理,以确保它的上市进程,采用的是 K 策略。

名创优品有一款睫毛膏是超级爆品,售卖数量超过了 10 亿支,这款爆品同样是用户选择的结果。由于名创优品的 SKU 足够多,即便不是这个产品,也会有其他产品变成爆款。正是足够广阔的土壤提升了产生爆款的可能性。

在互联网公司做增长,增长实验就是影响增长效果的变量,我们很难说每个增长实验都一定会获得成功,但如果增长实验可以被批量且低成本地产出,我们便打造了 R 策略的土壤。互联网大厂的增长中台机制正在解决这件事,中台的存在让前端产生增长实验变得简单且成本低,从整个系统的角度看,这些大厂几乎处于不败之地。据说,在 Facebook(脸书)的每一时刻,都有上万个增长实验在同时进行。

爆品公式

打造爆品看似有很多偶然性，但其实还是有一些规律可以总结的。大体上，我们可以从商业模式的供给、需求和连接三个角度去分析，这可以被称为爆品公式。

在供给侧，有新产品、新技术、新供应链和新品牌。在需求侧，有新品类、新价值主张、新市场和新用户。在连接侧，有新流量、新渠道和新场景。爆品往往是这三个环节中不同要素组合起来的结果（见图4-3）。

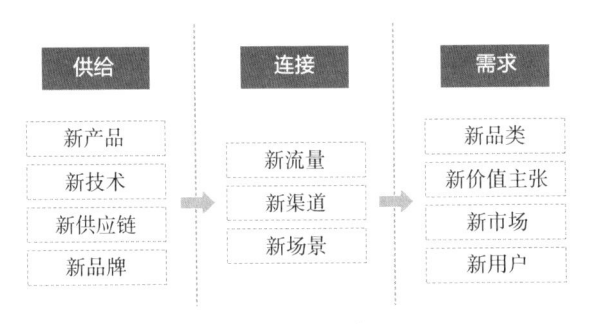

供给	连接	需求
新产品	新流量	新品类
新技术	新渠道	新价值主张
新供应链	新场景	新市场
新品牌		新用户

图4-3 爆品公式

FILA（斐乐）是安踏近年的明星产品，年销售额可以达到近200亿元，占安踏整体年销售额的一半。在供给侧，它是新品牌。安踏原有品牌的大众感比较强，无法匹配高端市场，于是安踏收购了意大利高端品牌FILA在中华区的业务。在连接侧，安踏充分利用了在一、二线城市的大型购物中心实现爆发式增长的机会，这是新渠道。而在需求侧，安踏打造了一个新品类——运动休闲（见图4-4）。

```
新品牌  →  新渠道  →  新品类
安踏收购意大利    一、二线城市的    运动休闲
  高端品牌        大型购物中心
```

图4-4　安踏的爆品公式

元气森林在供给侧使用了新技术，以赤藓糖醇来实现饮料的甜味。在连接侧，它与最近几年实现了爆发式增长的便利店合作，这是新渠道。早期元气森林尝试过传统的糖酒会招商，效果并不理想。在需求侧，元气森林满足了新的价值主张：年轻人既想要饮料好喝，又担心发胖。于是元气森林成了爆品（见图4-5）。

```
新技术  →  新渠道  →  新价值主张
赤藓糖醇      便利店      好喝，不发胖
```

图4-5　元气森林的爆品公式

完美日记在供给侧构建了作为基础设施的美妆供应链，以OEM（定点生产）的方式把生产变得很容易。在需求侧，年轻女孩子没有那么多钱买大牌，但有化妆需求，于是大牌平替成了一个新价值主张。在连接侧，小红书、微信私域和MCN（多频道网络）机构中，带货主播带来了一波新的快速增长的流量，被完美日记抓住。当然，完美日记这个爆款遇到了天花板，后面我

们会讲，打造了爆款之后该怎么办（见图 4-6）。

图 4-6 完美日记的爆品公式

小罐茶在供给侧实现了供应链的标准化，产品颜值高、品控好。在连接侧，它找到了一个新场景：招待重要客人。在需求侧，它瞄准了新的用户群，就是非茶叶资深爱好者。几乎所有真正爱喝茶的人都不喜欢小罐茶。但不懂茶的人毕竟是多数，小罐茶在一个有品类无品牌的行业中创造了品牌（见图 4-7）。

图 4-7 小罐茶的爆品公式

小米公司的红米产品线在供给侧将成本压到最低，在连接侧开发了直销渠道和粉丝经济，在需求侧有新的用户群体——大学生作为支撑。

所有的爆品，一定是在供给、需求和连接侧的某个环节或者几个环节中实现了 10 倍速变化。识别这种 10 倍速变化，快速跟上变化，才有可能做出爆品。

例如，针对品类的 10 倍速变化，试图将爆品作为战略的公司应当建立起品类扫描机制，时刻监测品类的变化。如果有的品类处于下图中叹号的位置，那么企业就该注意了，这是否是一个准爆品的品类（见图 4-8）？

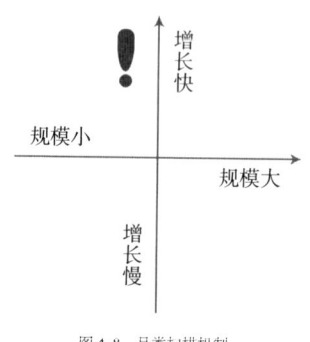

图 4-8　品类扫描机制

如今，伊利的安慕希已经超过蒙牛的特仑苏成为乳品行业最大的单品，年销售额超过 200 亿元。它所在的品类叫"常温酸奶"，但首创常温酸奶的不是伊利或蒙牛，而是上海的光明牛奶公司，它首先推出了莫斯利安。莫斯利安推出后立刻变成当年的明星单品，这让被伊利、蒙牛甩下很远的光明牛奶狠狠地"雄起"了一下。按照上图分析，莫斯利安即处于叹号位置，增长很快，规模也在快速变大，这预示着常温酸奶即将成为新的爆发增长品类。此时，乳业两强迅速跟上，伊利推出了安慕希，蒙牛推出了纯甄，经过几年鏖战，常温酸奶成了这个行业名副其实的爆品。

实时关注品类变化，是打造爆品的基本功。下图是拼多多在

2021年上半年增长最快的品类（见图4-9）。

图4-9 拼多多2021年上半年增长最快的十大品类

有时候，逻辑和大方向上正确的事情在实际执行时可能因为各种因素受到影响，最后没能实现。对于这种情况，字节跳动给出的方法是"大方向笃定，饱和攻击"。在今日头条还是它的核心产品时，字节跳动团队发现，用户对今日头条里视频内容的偏好远远超过图文内容。视频内容这个品类很明显处于爆发前夜。一般公司在这种情况下，可能顶多会做一个视频类的产品来追逐这个风口，但字节跳动一下子做了好多个产品，对视频内容品类进行"饱和攻击"，最后产生了西瓜视频和火山小视频这两个爆款以及抖音这个超级爆款。所以，要最大限度地减少个别因素对大逻辑的影响。

商业不会真如数学一样，将输入代入公式，就可以得到输出。在商场上从来没有充分条件，即只要做到什么，我就一定会成功；但有一些必要条件，即不具备某些条件，便一定不会成功。

> 在商业界，只有必要条件，没有充分条件。

在爆品策略中，如果在供给、需求和连接侧没有发生10倍速变化，企业也不肯改变，却妄想出现爆品，这是很可笑的。

> 领导者必须同时看到外部的机会和内部的能力与文化，以及它们之间的所有联系，并在这些洞察变得众所周知之前率先反应，抢占先机。
> ——微软新CEO 纳德拉

三级火箭

原本，在商业世界的逻辑中，企业提供产品或者服务，并直接向用户收取费用，这再正常不过了。也就是说，谁获取收益谁来付费。但事实并不完全是这样，在真实商业世界的大量场景中，我们享受了收益却并没有付费，或者只付了远远低于其价值的费用。比如，我们看电视的时候没有给制片方付费，刷抖音的时候没有给短视频制作者付费，搜索问题的时候没有给百度付费，用社交软件与朋友沟通的时候也没有给腾讯付费。

前文介绍过，一个商业模式如果成立，需要符合商业模式三角模型（见图4-10）。

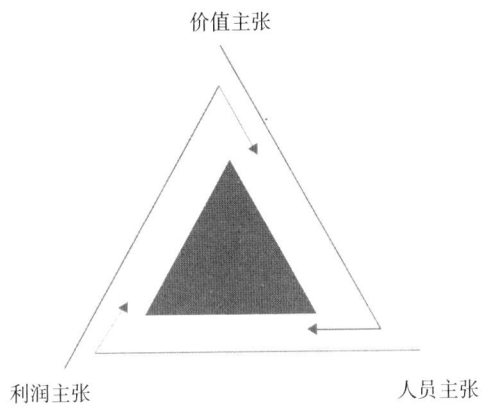

图4-10 商业模式三角模型

这些"免费"的产品和服务是满足了价值主张，但是如果公司不赚钱，利润主张不被满足，这种商业模式也运营不下去，它们一定有其他的赚钱方式。这种不以用户最先接触的产品来赚钱，而以其他方式赚钱的增长策略，我们统称为"三级火箭"。有时候它是通过同一批用户付费其他产品的方式实现的，比如，我们用微信聊天不收钱，但一部分用户会在微信上玩游戏，在游戏里花钱；有时候它是让其他人付费，比如，我们看电视剧不花钱，但平台会收广告商的广告费。

"三级火箭"这种模式很早就有，提出这个概念的是搜狗的王小川。从增长的视角讲，三级火箭的三级就是指，原本由同一个产品承载的获客、留存及变现环节被割裂开，可以分别由不同的产品来承载（见图4-11）。

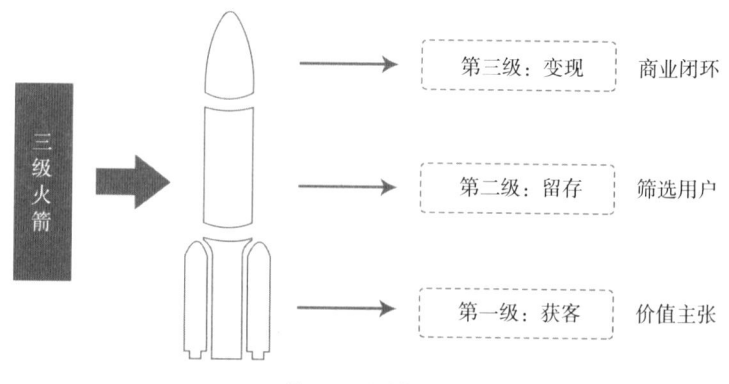

```
三级火箭  →  第三级：变现    商业闭环
          →  第二级：留存    筛选用户
          →  第一级：获客    价值主张
```

图 4-11　三级火箭模型

在有些公司里，获客产品与留存产品合一，变为两级火箭，但其中的意味不变。

搜狗运用的是典型的三级火箭模式，其核心的变现产品是搜索，可搜索产品有价值的前提是流量足够大。在谷歌退出，百度已经占据用户心智的市场现状下，在"有疑问、打开网页、输入搜索网站网址、搜索"这样一条用户旅程上，搜狗已经很难占据市场份额，不信请大家思考一下搜狗的域名，能准确拼出来的读者应该并不多。可在市场调研公司发布的 2019 年搜索产品市场份额的报告中，百度的市场份额最高，占据 67.09%；搜狗第二，有 18.75%，并没有我们想象的那么低。这是因为有很多人使用搜狗浏览器，上面默认的搜索框就是搜狗的。用户为什么会下载搜狗浏览器呢？那是因为搜狗输入法很好用，市场占有率很高，用户在下载搜狗输入法的时候"顺带"就下载了搜狗浏览器。输入法就是搜狗三级火箭中的爆款。

这是从前端向后推导的逻辑，反过来我们就可以看出搜狗的三级火箭。第一级是输入法，这是搜狗的获客产品；第二级是浏览器，这是留存产品；第三级是搜索，这才是变现产品（见图4-12）。

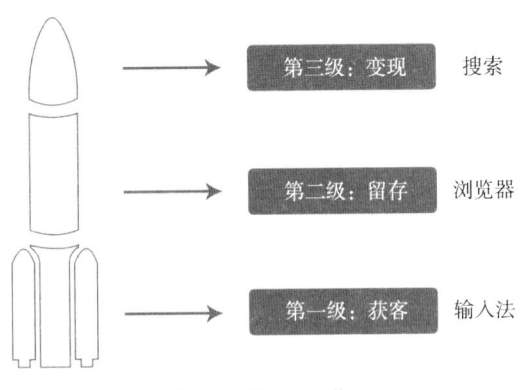

图 4-12　搜狗的三级火箭

三级火箭之间的逻辑是这样的。

第一级"获客产品"只考虑价值主张，满足了用户的某种刚需，且覆盖面越大越好；它不考虑利润主张，不考虑赚钱，用免费、平成本甚至补贴的方式来大量获取用户。如果企业能以工具形式呈现这一级产品则最好，这样做的边际成本低。

第二级"留存产品"的功能是筛选用户，不同的商业场景会承载不同的用户需求，以此将用户筛选出来。产品大神俞军曾经讲过："用户不是人，是需求的集合。"

第三级"变现产品"需要完成商业闭环，实现企业的利润主张。

360公司的2C业务采用了几乎是与搜狗相同的三级火箭模式，只是第一级获客产品不同，搜狗用的是输入法，而360用的是免费杀毒的安全卫士。360的第二级留存产品也是浏览器，第三级变现产品也是搜索（见图4-13）。

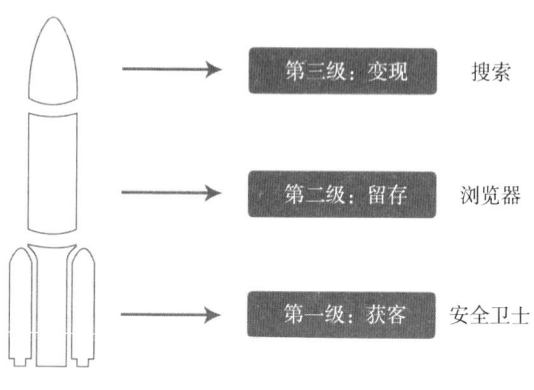

图 4-13 360 的三级火箭

在线教育起势之后，三级火箭的玩法在教育行业屡见不鲜。我们经常在朋友圈或者今日头条看到在线教育公司做的9.9元课程广告，这是将获客产品与留存产品结合在一起，而它们真正赚钱的课程是中客单价、低边际成本的"大班双师直播"课程。

"双减"之前，好未来旗下的家长社区产品"家长帮"为各地区家长、学生提供免费服务，从而聚集起庞大的流量，这是它的获客产品。引流到各地校区开设的面授班，是留存产品。各种单价很高的课程则是变现产品。在2020年，好未来重点推进了"题拍拍"项目，跟随"猿辅导们"加入拍照搜题赛道，此类工具又变成他们新的获客产品。题拍拍上线后，好未来很快又推出

"免费答疑",这是留存产品。一家公司可以从多个角度建立不同的三级火箭矩阵。

熟悉这种玩法还会让企业在营销战略上拥有更多选择。开课吧是一家在线教育机构,它有一个竞品叫风变编程,两家都做 Python 小课。但 Python 小课是风变编程的主要产品,而开课吧还有更多的高客单价产品。也就是说,Python 小课对开课吧来说只是获客产品,但对风变编程来说是变现产品。这样开课吧的策略冗余度就高很多,它完全可以做到 Python 小课不赚钱,通过后面的产品赚钱,而风变编程如果没有其他产品,就很难与开课吧竞争。

2021 年 7 月 7 日,社区团购公司同城生活发布公告,正式申请破产。在互联网巨头进入社区团购战场之前,它在业内是仅次于兴盛优选的行业老二。与巨头们相比,同城生活这样的公司明显缺乏战略纵深度,它的获客产品即赢利产品。美团与拼多多的社区团购产品可以长期不赚钱,只要起到给主业引流的作用即可。事实也是如此,我们在与美团高管的沟通中获知,最近一年美团体量最大的用户增长来自社区团购。

当一种商业模式被验证为做流量还可以,但是赚钱很难时,我们就要思考一下是否可以与其他公司合作,形成三级火箭模式。比如,共享单车摩拜在独立发展的时候流量很大,可以做到日均 2 000 万单,但赚不到钱;独立发展的商业模式没跑通,被美团收购则实现了双赢,创始团队获得了现金,美团获得了一个"获客+留存"产品,而美团原有的餐饮、酒旅、医药等则是变现产品。

除了前面所说的互联网公司之外，其他行业的公司一样可以运用这种策略。且不说小米这种"半互联网、半硬件"的公司可以做到手机几乎不赚钱，通过后面的软件应用、有品商城和其他家庭智能硬件来赚钱，就连最传统的汽车行业一样可以采取这种策略。我们辅导的一家汽车销售公司，原来的生意模式就是赚主机厂商的差价和返点，与其他公司竞争激烈。后来他们采用了三级火箭模式，每辆车便宜 3 000~5 000 元，车本身不赚钱，变成了获客产品。然后，他们将分期付款做成留存产品。原本他们总是希望用户选择期限更短的分期产品，分期 1~2 年的占 80%，后来他们想通了，主动推荐用户用更长周期的分期付款产品，分期 4~5 年的用户占比达到了 55%，他们通过这种方式增加了用户的留存时间。最后，他们将后市场的保养、保险、二手车等作为变现产品，一下子在当地的汽车销售企业里脱颖而出。

新能源汽车代表特斯拉更进一步，不仅仅延伸到了汽车后市场。我们总能听到特斯拉又降价了的消息，逼得其他汽车公司难以自处，特斯拉不想赚钱吗？确实不想赚——他们不想通过汽车这个硬件赚钱，而是想要通过今后的软件和智能汽车内的交互场景赚钱。

只要把三级火箭的思路稍加扩展，我们便可以在各个行业生成许多增长策略。杭州有一家明星餐饮企业叫外婆家，去过的读者都知道，他们的麻辣豆腐 3 元一盘，多年不变，这肯定是亏损的。其实麻辣豆腐只是他们的获客产品，良好的服务和口味完成留存，其他高客单价的菜品完成变现。这种策略如果是行业首创，还会产生传播效应，相信有人会因为看了我们的书而去光顾外婆家。

某健身房推出免费送价值 3 800 元的私教套餐的活动，这对健身用户还是很有吸引力的，但用户需要下载他们指定的某款金融 App，先把钱存进这款 App，到期以后 App 会返还本金，同时有理财收益。用户凭投资记录就可以到健身房登记，享受这个免费的私教套餐。健身房的成本是教练的工资，而他们的收益来自金融 App 的佣金，再加上因此吸引来的新用户后续的消费。对金融 App 来讲，他们平时的有效注册用户的获客成本达到了上千元，而健身用户相对高端，是很好的目标人群。在这个小案例里，健身房的获客产品是免费私教套餐，留存产品是其他的健身服务，变现产品是金融公司的佣金（见图 4-14）。

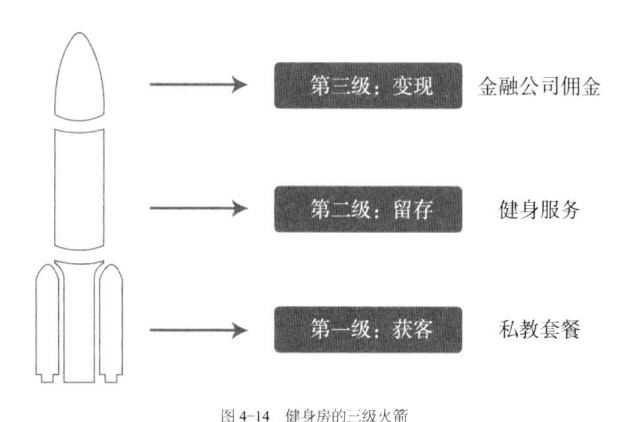

图 4-14　健身房的三级火箭

三级火箭这种策略曾经在互联网圈非常流行，以至于几乎所有创业者都跟投资人讲"羊毛出在猪身上，让狗买单"的故事，但这里面还是有很大的风险的。获客产品要做到满足强刚需且边际成本低，留存产品要充分凸显特定的用户需求，变现产品还要配合强大的转化能力，这并不是很好操盘。但三级火箭本身作为一种增长策略，不管是对互联网公司还是对传统企业，都有很好的借鉴意义。

打透细分：只有小格局，没有小生意

如果与互联网圈略有交集，你在朋友圈里多多少少都会看到过 Python 编程学习的广告，它们主要来自两家公司，一家是风变，一家是慧科旗下的开课吧。对开课吧而言，它将自己定位成一家企业教育公司，目标是"培养企业数字化人才"。"数字化转型"显然已经是一个大赛道，数字化人才是这波红利里的刚性需求，开课吧是不是就此抓住了一个很大的机遇，并从此实现指数级增长呢？

开课吧增长得很快倒是真的，但初始阶段它并没有全面撒网，而是只聚焦在了一个特别细分的客户人群：那些想从小厂跳槽到大厂的程序员。

在互联网圈，腾讯、阿里、百度、京东、字节跳动、美团、滴滴这些公司被称为大厂，其他中小型互联网公司被称为小厂。在小厂工作的程序员很显然有去大厂工作的动力，可小厂通常只经历过百万、千万级别的日活,大厂的日活却是以亿为单位来计量的,程序员需要的能力和经验完全不同。如果没有大厂经历,这些经验又无从积累。开课吧通过建立实验室模拟构建大厂的工作环境,同时邀请大厂高手作为导师,让程序员在面试之前就具备相应的认知和能力。

这是一个非常细分的市场,有多少目标人群呢?大概100万人,开课吧相关的课程价格在1万元左右,也就是说,市场体量在100亿元左右,小吗?也不小了。可以说,在中国这样一个超大市场里,任何一个细分市场都有着不可低估的体量。只有小格局,没有小市场。打透细分,即选择一个细分市场作为切入口,集中火力拿下这个市场。将同等资源聚焦在更小的切口上,实现突破的可能性会更大。

经典营销学里的STP(营销战略三要素)模型包括市场细分、目标市场、市场定位。企业需要将市场进行精细化的切分,在里面选择自己要切入的市场,以及在目标市场中获取何种生态位作为战略目标。品牌理论中的"定位理论"也有类似的描述,定位的核心是在用户心智当中占据独特的位置,同时又强调定位应该是"细分的、狭窄的、聚焦的"。用户心智资源有限,企业 与其贪大求全,不如选择细分市场,像一根针一样将它刺透。也就是说,选一个细分的领域,不断做功,直到击穿阈值。

在识别细分市场时,可以从4个维度出发进行切分:品类、特性、场景和人群(见图4-15)。

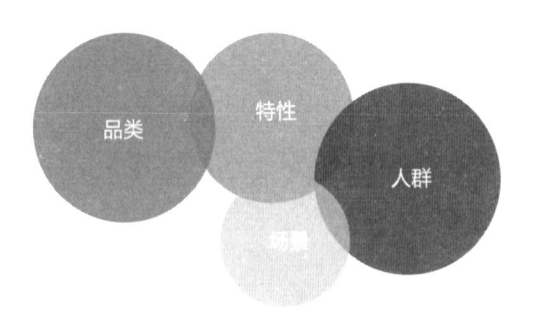

图 4-15 识别细分市场的 4 个维度

品类：即商品在消费者心目中的最后一级分类。商业社会发展到今天，几乎不存在显而易见的品类让企业去占据了，我们要思考的是，在现有品类之下是否还能进行更细化的切分。宝洁的海飞丝原本已经占据了用户对于"去屑"这个品类的认知，联合利华的清扬却生生将这个品类一分为二，推出"男士去屑"的概念。如果深究下去，男士与女士的头皮有什么本质上的区别，导致在去屑的时候需要选择不同的产品？这好像也没有什么科学上的根据，但用户认可就足够了。

特性：用户在选择产品时，会考虑此类产品不同的特性，在不同的情境下，对不同特性的需求强度也不一样。比如打车时，我们的第一反应是滴滴，滴滴的好处是体量大、车多、容易打到、相对便宜，一般情况下用户也会选择滴滴。可如果是一个女孩子加班到半夜才下班，这时候神州专车就可能出现在她的脑海里，"车多"这个特性就要让位给"安全"这个特性了，而在普遍认知里，神州专车会更加安全一点。牢牢把握住这一点，让神州专车在滴滴几乎垄断了出行市场的情况下仍然占有一定的市场份额。

场景：当我们谈及场景的时候，有两种角度。一种是从用户视角出发的，当处于某种场景的时候，用户会产生"场景唤醒"。还是用神州专车举例，它一直在主打一个场景：接送机。这是一个很细分的场景，但有"价格不敏感""确定性要求高""服务必须好"等特点，这恰好是神州专车能够满足的。平时我们打车会很自然地使用滴滴，而一旦出现需要接送朋友、客户的场景，神州专车就被唤醒了。

平时我们喝饮料各有各的喜好，有人喜欢可乐，有人喜欢脉动，还有人怕长胖又喜欢时尚，就买元气森林，但当"开长途车"这个场景出现的时候，红牛就变成了大多数人的选择。这就是场景唤醒。

叮当快药是一家线上预订、线下配送的医药电商公司，我们在给它做咨询诊断的时候，董事长杨文龙曾经问我，买药是一个低频场景，叮当快药是否应该像美团一样，增加可以配送的品类，与用户形成高频互动，从而实现高频场景带动低频场景？我不建议这样做。首先，即使增加品类也很难做出美团这样的入口级产品。其次，用户并非总是在高频场景下"顺便"购买低频场景的产品。往往越是低频场景，越是需要专业认知，实现场景唤醒。买药就是一个专业认知的场景，我在线下做过很多测试，当你想买药的时候，你是想去一个什么商品都配送的平台，还是想去一个专业的医药平台呢？大部分人都选择后者。所以，我们给叮当快药的解，并不是不断增加品类，创造高频接触，而是不断强化专业认知，实现场景唤醒。

在企业增长工作坊的业务实操中，挖掘场景是特别有效的创新业务出发点，但学员们经常将"场景"与"事件"混淆。比如，"春节来了"是一个事件，"年夜饭"才是场景。深度挖掘场景可以从几个维度来思考：时间、地点、人物关系、人物在做什么以及人物情绪。场景是触发物，当它出现的时候，它会让用户自动带入某种情绪，进而带入某个决策路径。将自己的产品或者服务植入这个决策路径，这就是挖掘场景的价值。

继续说神州专车主打的"接送机"场景。一般需要接送的人都比较重要，比如客户。用户的情绪是"担心"，担心因为车的档次不够而影响了商务关系，于是大品牌、服务好的车成了优先选择，价格因素则被淡化了。在某电商平台的工作坊头脑风暴中，有同学提出"姨妈卡"的创意。女性用户看到这几个字，场景便会被唤醒，觉得烦躁、好麻烦、不方便、不舒服，想回家躺着，这是情绪旅程。而一旦用户购买了"姨妈卡"，每个月那几天电商平台都会自动给用户邮寄"姨妈礼盒"，帮用户减少麻烦。

虽然场景有千千万万个，但需求强度足够大的场景才是突破点。云摄影公司 VPHOTO 曾经探索过各种各样可能需要摄影服务的场景，比如婚礼、旅行、餐饮等，最后只落在了一个细分场景里：商务活动、会议与培训。并非其他场景不存在需求，而是这些场景的需求强度不够。

另一种场景不完全从用户心智认知出发，而是从供应效率的角度出发。大家都知道吉列是一家做剃须刀的品牌，但它同时还做电池、圆珠笔、口香糖，看起来非常不聚焦。有一次，科特勒问吉列的CEO，吉列到底是做什么的？吉列的CEO说："我们的业务是高度聚焦的，吉列公司只做一件事情——超市结账柜台那一平方米货架空间的生意。我们把这种产品叫作'秒表式产品'，也就是消费者从需求被唤起到真正购买用时不超过10秒钟的产品。"用户不会想到"吉列是做结账柜台一平方米生意的公司"，并因此购买，但是聚焦于这个场景会让吉列公司的决策效率和供应链效率提升。

人群：前文讲到开课吧的案例，开课吧选定了一个特定的人群——中小互联网公司的程序员。每个人都有不同的社会属性，当一批人的相同属性被抽象出来，他们便成了一个独特的人群，独特的人群一定有特定的需求。南京有一家公司叫极宠家，聚焦的是养宠物的人群，针对这一人群，它提供各种各样的服务，包括线下大卖场、宠物食品电商、活体交易。这些用户平时可能是宝妈、公务员、白领、学生等各种角色，在养宠物的场景中，他们变成了同一人群。

如果希望深度了解某个人群的喜好，有两个社区可以作为用户洞察的入口：一个是豆瓣，它有各种各样的兴趣小组和讨论组；另一个是Soul（灵魂），这是一个声音社交社区，有各种主题的房间。这样的社区天然地将人群按照不同属性做了区分，是很好的细分人群集散地。

选择"打透细分"策略的公司往往是创新公司或者大公司的创新部门，没有资源去"大力出奇迹"。它们通过细分市场积累行业认知与核心能力，再通过能力链条或者价值链条延伸服务范畴。做细分市场不是根本目的，只是为了将来做更大的市场所采取的手段。企业要考虑清楚：我们的细分市场连接的更大市场是什么？细分市场一定处于几个不同的大领域的交叉之处，开课吧从小厂程序员找大厂工作这个细分场景切入，它处于几个大市场的交叉点，至少有两个延展方向：第一，做数字化转型能力培训的一站式教育机构；第二，做全品类的职场教育机构。每个市场都很大，企业最终的走向取决于其战略判断和核心能力可迁移的方向。

此外，还有一类企业聚焦于细分领域，轻易不扩张。增长研习社最新深入研究的"专精特新"企业即在此列。德国管理学家赫尔曼·西蒙提出的"隐形冠军"，是指在某个细分行业或市场占据领先地位，拥有核心竞争力和明确的战略，其产品、服务难以被超越或模仿的中小型企业。隐形冠军是国内"专精特新"企业的发展方向，它们在某个细分领域拥有持续精进的技术传统和难以攻破的市场壁垒，往往是在产业链中的 2B 中间件公司。

从 0 到 1：STP

"打透细分"往往与"差异化"这个词一同出现。很多公司都愿意强调自己如何与众不同，以便与竞争对手区隔开来。我们在这里不要陷入一个误区，用户要的并不是差异化，而是解决问题或者提供体验，差异化只是企业在完成这些任务时呈现出来的结果，切勿把"与别人不一样"当作追求目标，这是逻辑选择错误。差异化是结果，而不是目的。

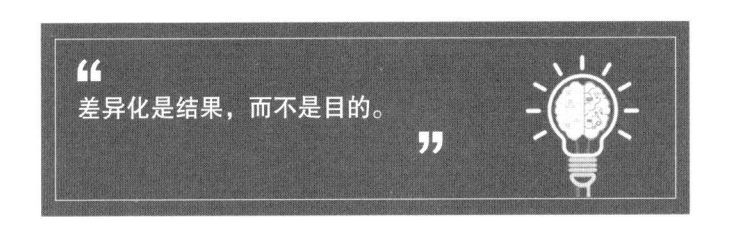

> 差异化是结果，而不是目的。

市场营销学中的 STP 是用来做市场细分的有效工具（见图 4-16）。

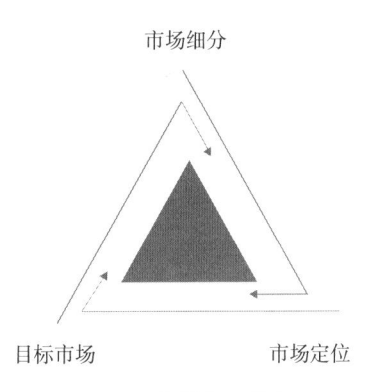

图 4-16 营销战略 STP 模型

这个模型包含三个环节。第一是市场细分（Market Segmenting），即将市场按照某种维度进行切割。可切割的维度有很多，比如性别、年龄、行为、职业、消费能力、购买习惯、决策类型、社会阶层、个性等，一个人的商业洞察力往往体现在他能否看到别人看不到的切分维度。第二是目标市场（Market Targeting），即在按照某个维度切分市场之后,选择其中的某个市场作为目标。第三是市场定位(Market Positioning),即企业决定在这个目标市场中,其目标生态位是什么,是选择做头部,还是跟随头部,抑或跟头部公司打出完全相反的价值主张。比如,凉茶市场就是"王老吉们"创造的一个新细分市场,而王老吉和之后的加多宝都在争夺行业的第一名。知名乳品企业蒙牛在刚刚成立时选择的是跟随策略,在广告中打出的是内蒙古第二乳企的口号,消费者都知道第一名是伊利,但不知道第二名是谁,蒙牛初出茅庐就占据了这个位置。在碳酸饮料市场里,消费者第一时间就能想起可口可乐和百事可乐,七喜提出的"非可乐"定位正是与头部公司打出完全相反的价值主张。

案例:安踏的FILA

知名运动品牌安踏坚定地开展多品牌战略,每个细分品牌都锚定了不同的细分市场,FILA是其中的明星品牌,在2020年,其单品牌销售额已经接近200亿元。

FILA本是意大利高级运动时尚品牌,已经有110年历史,主打意式优雅。2009年,安踏从百丽手中收购了FILA在中华区的商标和运营业务。当时,FILA中国的总部在上海,为了加强协同,安踏将其搬到了厦门总部,这直接造成了FILA原有员工大量离职。FILA原有的50多家门店普遍处于亏损当中,在很短的时间内被迫关闭。于是,安踏花费巨资收购的FILA品牌,资产只剩下一个商标，员工和店面都没了。一个常见的品牌并购失败案例似乎又要再发生一次。

FILA 的重新崛起，首先是其细分市场定位的成功。

在 2009 年刚刚被收购时，FILA 中国与其全球品牌的核心定位是相同的：专业性。但耐克、安踏都主打专业性，它们相同的定位很难实现差异化。在体育用品这个大赛道里还能不能找到一片细分的小蓝海呢？安踏团队找到了一个切分市场的新维度：在专业运动和休闲运动的中间地带，他们发现了一片小蓝海，姑且命名为运动时尚。它不像专业品牌那么专业，与某种运动强绑定，比如尤尼克斯之于羽毛球，耐克之于篮球。消费者穿着它可以进行运动，也可以进写字楼工作。穿特别专业的品牌进入办公场景，或者穿明显休闲的品牌去运动，都不合适。这是一个看起来不大却很细分的场景，支撑起一个品牌问题不大。安踏重新定位了 FILA 中国要去哪里，主攻哪个人群。

新的市场细分定位明确在调性上与 FILA 全球一以贯之的"优雅"保持一致。怎么做到这一点呢？首先，代言人选择高圆圆和黄景瑜，他们都不是体育明星，但是充满活力感，并与品牌优雅的气质匹配。其次，从产品上做界定，同是运动，高尔夫有优雅感，篮球就弱一些；网球有优雅感，乒乓球就弱一些；瑜伽有优雅感，动感单车就弱一些。这些品类的运动服装产品按节奏不断投放市场，用户对品牌调性的认知便会慢慢建立起来。再次是渠道，这类产品所服务的人群是中高端人群，所以 FILA 坚持在一、二线城市核心商圈的购物中心开设门店，不涉及下沉市场。

消费时代发展到今天，用户的需求越来越细分。创造一个超级爆品满足所有人群的需求已不可能，但挖掘细分圈层、细分场景的机会才刚刚到来。

从 1 到 10：跨越鸿沟

如果说 STP 讲的是企业如何通过打透细分策略实现从 0 到 1，那么"跨越鸿沟"理论则指导企业如何从 1 到 10。

《福布斯》杂志曾经评出 20 世纪最有影响力的 20 本商业书籍，杰弗里·摩尔的《跨越鸿沟》名列其中。这本书所阐释的理论非常适用于当下这个新技术、新品牌和新消费趋势不断涌现的时代，书中的核心观点可以用如下模型表达清楚（见图 4-17）。

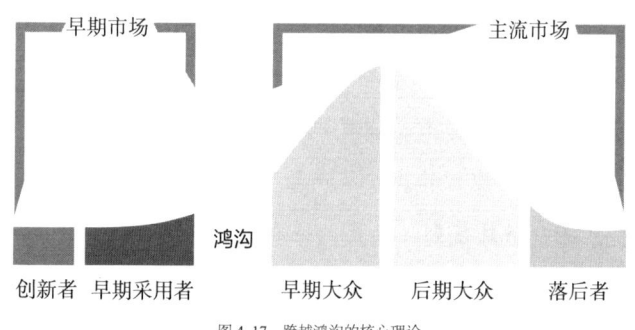

图 4-17 跨越鸿沟的核心理论

书中提出一个非常经典的用户分类模型，将用户按照采用某个产品或者技术的周期分为创新者、早期采用者、早期大众、后期大众和落后者。不同类型的用户，决策特点不一样。创新者非常狂热，愿意接受新事物，哪怕新产品有缺陷也会去尝试使用；早期采用者不那么激进，但也愿意尝鲜，只要产品的主要缺陷被改进，他们就会变成用户；早期大众的特点是务实，这类人不愿意冒险，但如果确定新产品能改善生活和工作，他们就会加入；后期大众则对市场变动不敏感，周围大部分人已经在用新产品，老产品都没什么人用了，这时他们才会跟着换新产品；落后者是最保守的一群人，不到万不得已不接受新事物。

同一个人对不同类的产品的态度类型可能不一样。比如，对于数码类产品，我属于后期大众，大部分人用了，我才会采用；而对于消费品，我则属于早期采用者。

这个理论给了我们一个重要启示：哪怕新产品通过细分市场把握了破局点，被一部分人喜欢，也不代表它能够按照原有路径顺畅地进入大众市场。在早期采用者和早期大众之间存在一个巨大的鸿沟，企业切莫被早期用户的行为迷惑了眼睛。举个例子，得到 App 以及其前身《罗辑思维》是"知识学习"类产品，早期增长很快，快速积累到了千万级的用户，但在 3 000 万人的坎儿上盘桓了很久，从其招股说明书中我们也能看到，2019 年其营收不升反降。我们用跨越鸿沟模型很容易就可以洞见其中的关键，得到 App 虽然收获了早期粉丝，但他们大都属于"学习爱好者"，是创新者和早期采用者。这部分用户并不挑剔，《罗辑思维》最初曾经搞过史上最无理的会员玩法，在回馈何种权益都不知道的情况下，仍然有不少用户下单购买了会员，这批用户有典型的创新者特征。真正从早期采用者过渡到早期大众，得到App需要从"更务实"的角度去设计课程，锚定的对象应该是对得到App没有什么感情的大众用户，而不是那批学习爱好者和粉丝。

《跨越鸿沟》给出的跨越早期采用者与早期大众之间鸿沟的办法仍然是"打透细分"：在早期大众中选择某个细分人群，通过产品改造和用户运营全力占据这个细分市场，再向更广阔的人群扩散。

案例一：小米与锤子

小米和锤子是两款明星手机产品，两家公司的创始人雷军和罗永浩也是名人。小米成立于2010年，锤子晚两年，在2012年启动。这两家公司发展到现在已经状况迥异，小米公司市值已超千亿美元，不但拓展到智能家居领域，还开始造车；锤子公司则已经创业失败，罗永浩通过直播卖货谱写"真还传"。

商场成败都是正常现象，原因必定多种多样，我们仅用本章的逻辑提供一个新角度，并非归因于此。

两家公司创业伊始，都从一个细分人群切入。小米在数码产品的极客论坛开发MIUI并持续在极客人群中验证，快速迭代，这些极客是数码产品的创新者。手机产品正式上市后，小米成功开启粉丝运营，"米粉"成了一个独特的群体，他们是早期采用者。再往后,从早期采用者到早期大众,小米公司跨越这个鸿沟是通过一个产品打通了一个细分人群,即通过红米手机打通了大学生人群。他们是早期大众,比较务实,不会仅为创新买单。红米手机的最大特点是便宜,几百元钱一部的智能手机迅速在市场上铺开了。之后,用户从青年人群向其他人群扩散,小米变成了全民品牌。2020年,小米智能手机的全球出货量达到1.464亿部,实现了一个完美的跨越鸿沟的曲线(见图4-18)。

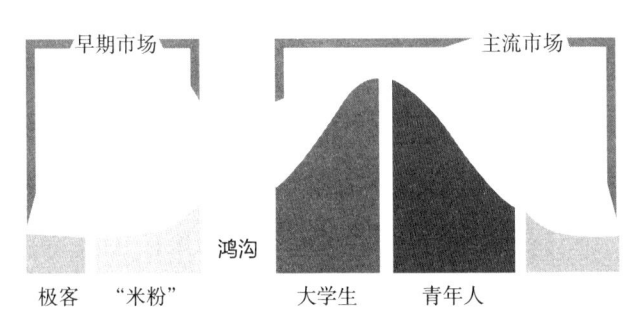

图4-18 小米跨越鸿沟的曲线

锤子手机切入的人群是"理想主义者"。"我不是为了输赢,我就是认真。"罗永浩类似的金句层出不穷,抓住了很多为情怀买单的人群,他们是锤子的创新者和早期采用者,不太在乎锤子小贵的价格和并不突出的产品体验,即使只是为了帮罗永浩,他们也会购买锤子手机。但是锤子一直没有跨越从早期采用者到早期大众的鸿沟,销量停留在百万部级别。造成这一现象的一个重要的原因是作为早期采用者的"理想主义者"并不太多,锤子又没有推出满足早期大众硬需求的产品(见图4-19)。

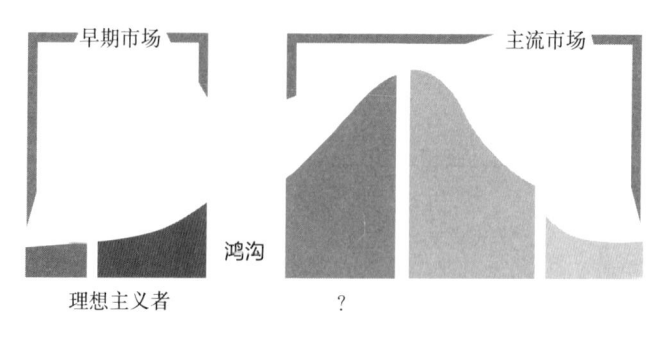

图 4-19 锤子跨越鸿沟的曲线

早期用户未必能帮助企业完成从 1 到 10 的跨越，这是跨越鸿沟理论给我们的启示。

案例二：闪送

有一天，财务部门的同事跟我申请下午外出，我问有什么事情。原来，一个欠款很久的客户在同事三番五次的催促之下，终于答应在下月的付款计划里安排我们的款项，但那天已经是31号，客户又要求在下班前收到发票，于是同事准备开好发票后自己跑一趟。

我说不必，你知道有家公司叫闪送吗？

快递公司我们都不陌生，顺丰、四通一达、京东物流我们都耳熟能详，如果关注这个行业，你可能还知道极兔、达达。一般的快递流程包括取件、进仓、中转、分拣、配送等环节，业内公司都在想方设法提高这个流程的效率。目前，能够实现次日达基本上就能满足绝大多数用户的需求了。绝大多数，还不是全部，仍然有一些细分场景的细分需求没有被满足。比如我们这位同事希望当天将发票快递给客户，用普通的顺丰就很难实现，这就是闪送关注的场景。闪送提供的是 1 小时同城速递服务，用户可以在微信或者闪送的 App 下单，系统会把订单推送到客户周围的闪送员手机上，闪送员就近进行抢单。从取件到送达，全程只由唯一的闪送员专门完成，平均送达时间在 60 分钟以内，不需要传统快递服务的进仓、中转、分拣等环节。

闪送的价格并不便宜，但总有一些场景，用户在意的不是便宜，而是快。在诸多配送场景里，闪送就紧紧抓住了这样一个细分场景。有人说，闪送的市场太小了。请注意，市场的大小从来不是绝对的，它跟用户付出的成本息息相关。对于某些当下的细分场景，不是用户的需求不存在，而是价格高导致买的人少。

我刚入职场时，北京出租车有两种价格，夏利是 1.2 元每公里，富康是 1.6 元每公里，当时我的工资是一个月 2 000 元左右，所以我很少打车。我很喜欢坐公交吗？并不是，而是相对于收入来说，出租车的价格并不低。将近 20 年过去了，现在北京出租车的价格是 2.4 元每公里，是当时夏利单价的两倍。而这 20 年来，扣除通胀和人生阶段因素，人们的收入水平上涨速度远超出租车价格上涨速度。相较之下，人们乘坐出租车的成本变低了，至少对于白领人群，出行打车并不是很昂贵的选择，出租车（包括快车和专车）由一种边缘出行方式变成了主流出行方式。原本一个较小的细分市场，因为成本的降低急速变大。

当某个产品价格足够低时，一个小市场便会变成一个大市场。1943 年，IBM 前董事长托马斯·沃森说："我认为全球市场可能需要 5 台计算机。"除了前人无法想象计算机的应用场景之外，价格太高是沃森做出此判断的重要因素。现在我们知道，计算机市场是一个超级大的市场，微软甚至实现了"让每个家庭、每个办公桌都有一台电脑"的企业使命。

20 世纪 90 年代，谁手里要是有一部"大哥大"，他绝对是"土豪"的代表。一万多元的单价在当时几乎是一个家庭的年收入，"大哥大"跟电话座机相比，一定算是细分市场中的产品。可现在，你有多长时间没有用过座机了？在几百元可以购买一部手机、电话费和流量费都可以忽略的时代，以手机作为核心驱动产品的移动互联网成了一个超级大的市场。

马斯克已经让新能源汽车变得越来越普遍，未来还会让火星旅行变得平常，这些变化都与成本相关，只要成本足够低，用户的需求就会被极大地激发。

把闪送的市场变成大市场是很有可能的。人们当然希望快递越快越好，能够忍受配送时间长的原因是其价格较低，当配送技术进一步提升，闪送所抓的细分场景配送费用极大降低时，它会变成主流服务。

当然，那一天的闪送躲不开竞争的压力，美团和顺丰这样的公司伸出一只脚就可以给闪送下绊子。未来这个市场何去何从，让我们拭目以待。

势能崛起：善战者，先胜而后求战

所有的商业增长其实都离不开经济学的基本假设：资源稀缺。从另外一个角度理解如何实现增长，就是在做两件事情：第一，如何高效地获取资源；第二，如何提高已有资源的使用有效性。本章所讲的"势能"，就是一种高效获取资源的方式。在商业场景里，我们总会发现一些公司的势能很高，它们在被动的情况下就能获取大量经营资源，而更多公司主动出击却效果平平。

势能原本是物理学概念，表示物体在特定位置上所储存的能量，描述了其做功能力的大小。在适当的情况下，势能可以转化为动能等其他能量。

在人类社会中，势能是一种非对称的竞争优势。在过去的战争理论中，于战斗之前占据高地并获取有利地形是基本常识，这样相对于敌方来讲，我们就构建了一种非对称的优势。在海湾战争中，伊拉克还没有见到美军就已经输了，美军的远程导弹已经摧毁了伊拉克军队的有生力量。这些是对势能的一种直观理解，《孙子兵法》里讲"善战者，先胜而后求战"，说的就是这个意思。两个著名的罗胖子，罗振宇和罗永浩，都是先塑造势能再铺展商业版图的典型案例。

得到 App 的前身《罗辑思维》是一个以罗振宇作为主讲人的视频知识脱口秀，从 2012 年 12 月 21 日，即传说中的"世界末日"那天开始在优酷播放。广泛的知识、独特的视角、有趣的解读，让这个栏目迅速走红，获得大量粉丝。在《罗辑思维》时期，罗振宇团队也做了一些商业化措施，比如供养式会员、众筹卖月饼等，这些基本属于玩票性质，不成规模，也没有体系，可以说是没有商业模式的。罗振宇当时还倡导过"U盘化生存"：自带信息，不装系统，随时插拔，自由协作。这也就是自由工作者，自由估计是有的，可这样有一单没一单地工作赚不到钱啊！直到得到App上线，罗振宇团队才开始系统地商业化运作，老老实实做公司。公司渐渐发展到现在，成为"知识服务提供商"，有明确的商业逻辑、增长飞轮和核心竞争力，年收入大几亿元，估值几十亿元。那么是不是可以说，在得到App上线之后，这家公司才有商业意义呢？如果当初罗振宇直接做这样一个知识付费App，他是不是会走得更快？很显然不是。《罗辑思维》最大的作用，是推出了罗振宇这个人，并给他带来了巨大的势能，这才让他们团队在运营得到App的时候获得了足够多的资源——不论是用户增长还是大咖老师的加入。在得到掀起知识付费风潮之后，很多团队都做过类似的尝试，以为列一些内容、攒一些讲师就可以做知识付费了，其实是不行的。他们的资源差得远，绝大多数团队都失败了。

另一个罗姓胖子罗永浩，创立牛博网之前在新东方当老师。由于他讲课幽默风趣，他的上课视频被学生们传到了网上，他开始有了名气，后来"砸西门子冰箱""死磕方舟子"等事件让他渐渐出圈儿，变成了"十大网红"之一，开始具有势能。到他创办锤子科技真正走进商业世界的时候，他已经具备了比一般创业者丰富得多的非对称性资源，比如融资和用户。至今我周围还有"铁粉"在使用锤子手机，并坚定地认为它还不错。时至今日，罗永浩与"情怀"这个词几乎画上了等号，我们来列举几条罗永浩的金句。

"通过干干净净赚钱让人相信干干净净赚钱是可能的。"
"我不是为了输赢，我就是认真。"
"不被嘲笑的梦想不值得去实现。"
"你支持一个好产品就好，不用支持国货。"

与罗振宇一样，虽非有意为之，但罗永浩在创业历程中受惠于势能良多。我们并不是仅仅指出这种现象的存在，而是要尝试探究，既然"势能崛起"可以被称为一条增长策略，那么有没有什么路径是我们可以遵循的呢？

答案是有的，让我们先认识一个概念：群体主观共识。

请思考一个问题，为什么婚礼对婚姻来说是重要的？我们在婚礼上邀请各种亲戚朋友来见证，是为了收份子钱吗？显然不是。真正的社会学答案是，婚礼是为了给这段婚姻创造群体主观共识。它就是要让尽量多的人在公开场合共同见证，确认这个事实，让个体对于否认这一关系承担社会压力——别人都承认这段关系，我不承认也是没有用的吧？

我们可以用一段绕口令形象地展示群体主观共识：我知道，你也知道，我知道你知道，我知道你知道我知道。如今火爆的区块链的核心功能就是将这种群体共识算法化。

在过去春晚还很火的时候，我们节后上班会很自然地开玩笑"拐了，拐了""要啥自行车啊"，并不需要先做一个确认："哎，你看了春晚没？里面有个赵本山演的小品《卖拐》，特别好玩儿。"我看了春晚，知道这些梗，我知道同事一定也知道这些梗，我们可以直接聊。

了解了这个概念，我们就可以尝试给出获得势能的方法论：主动创造群体主观共识。

某个人或者某家公司具有势能就是一种群体主观共识的实现：我认为他很牛，我觉得你也会认为他很牛，你也知道我认为他很牛，于是"他很牛"成了共识，"他"也由此具有了势能。

有4种方式可以塑造势能。

第一，创造名气和IP（知识产权）。

一个企业家的名气对企业来说是一种经营性资源。俞敏洪、董明珠、潘石屹、周鸿祎、雷军、叶国富等企业家一定都享受过名气给企业带来的红利。

当然，追求名气并非必然，没有名气的公司也不一定就不能成功，只能说名气是成功的一种因素。

从某种意义上讲，IP是名气的一种，但比泛泛的名气指向性更强，所达成的持久的商业化效果更好，我们重点讲讲IP。

IP原意是一种跨形态的知识产权识别符号，比如《西游记》是一个IP，很多电影、电视剧、动画片、图书、玩偶都可以基于这个IP进行开发。我们在商业领域讲的IP，可以被描述为

"有特定领域属性，又有广泛影响力的人或者形象"。比如，前面我们提到的罗振宇可以说是一个IP，他的特定领域是"知识"。我认可他是知识领域的IP，我认为其他人也会这么认为，至于其他人是否真的这样认为并不重要，我已经将"罗振宇是一个知识领域的IP"当作了群体共识，他之于我的势能便建立起来了。这部分有点儿绕，请慢慢体会。

得到App里有一位老师叫刘润，他已经成长为一个IP，他的特定领域是"商业"。在我原来长期工作过的品牌营销领域中，有一家公司叫"华与华"，老板叫华杉，"华与华"与华杉都是IP，他们的特定领域是"品牌"。刘润与华杉所在的企业都属于咨询行业，一般的咨询从业者的主要工作是做方案、做行业和用户研究、写报告、讲方案、维护客情等。但刘润和华杉的主要工作是做课程、写书、写公众号推文、做演讲，他们花了大量的时间打造各自的IP，当一部分人认为他们是这个领域的IP，同时以为其他人也这样认为时，群体主观共识就出现了，这便是势能。相比于其他咨询工作者，他们显然走出了截然不同的增长道路。一个有IP的咨询公司，获客更加容易，在客户面前的说服力也更强。

打造一个IP并不容易，这不是不断地在公众面前露脸就可以的。它需要这个人在某个领域远远超过普通人，这要下很大的苦功夫。

我们研究增长，当然会践行促进增长的方法。增长研习社也是一个商业研究机构、咨询公司，我们为什么要持续把自己的知识结晶出版成书？目标也是打造IP。我们希望公众将增长研习社与"增长"这个概念联系起来，希望成为这个领域的IP。目前来看，这一做法的效果很明显。

第二，构建"意义系统"。

有一个小故事，三个泥瓦匠正在建造一座教堂，有人问他们："师傅，你们在干什么？"

第一个泥瓦匠说："我在砌墙。"

第二个泥瓦匠说："我在为建一座教堂而砌墙。"

第三个泥瓦匠说："我在为了世界和平而建造一座教堂。"

从表面看，这三个人干的事情都是一样的：砌墙。但是三个人心中的意识不尽相同。如果你只能帮助其中一个人，你会帮谁呢？你很可能会帮第三个泥瓦匠，因为他构建了一个更广泛而长远的意义系统。

马克斯·韦伯说："每个人都生活在他自己编织的意义之网上。"真正重要的，不是事实是什么，而是我们怎么看待事实。

宗教追随者众多，他们并非为了什么现实利益，而是为了满足他们内心的意义系统。意义系统会带来势能。比如在《西游记》中，每次取经团队遇到困难，孙悟空去搬救兵的时候，那些天神帮助的是他吗？并不是，他们甚至也不是帮唐僧，不是帮4人团队，他们帮助的是那个取到真经回来普度众生的理想。

在商业场景中，意义系统就是我们常说的"使命、愿景、价值观"。好未来的创始人张邦鑫曾经做过一个很经典的定义。

使命，就是我们希望给社会贡献什么。

愿景，就是我们希望社会回馈我们什么。

价值观，是让我们走过去的那些原则。

很多公司都把使命、愿景、价值观贴在墙上，它们与日常的工作基本没有关系，但其实这套意义系统能够反哺经营。我作为领教在混沌学园讲课，并没有固定收入，为什么我还愿意去呢？这是因为我被混沌学园的使命所感召，当时混沌学园宣扬的"让哲科思维点亮中国创新者"深深地打动了我。混沌学园各个分社社长基本上都是它的学生，有一次，杭州分社社长贾光分享说，提起混沌学园，大家有一种心向往之的感受，这并非因为我们能够赚钱，而是因为我们在追随这个意义系统，"追随光，成为光"。

我个人认为，埃隆·马斯克应该是最近200年最杰出的商业人物（甚至超出商业和200年的范畴），并非因为他是一个成功的企业家，赚到很多钱，成为首富，而是因为他的商业行为有超过其本身的更深刻的社会意义。他做特斯拉不单纯是为了造车，而是为了让人类更快进入可持续能源的世界，缓解现有能源紧缺的问题；他做SpaceX（太空探索技术公司）也不是看中商业回报，而是在探索人类移民外太空的可能性。看到了这一层意义后，我们不对他的事业给予支持都显得不可思议。这就是意义系统的价值。

谷歌公司创始人更是公开直言："我们的竞争对手不是微软，

而是NASA（美国航空航天局）！"探索星空的梦想使得NASA吸引了世界上很多优秀的科学家。同样，企业吸引优秀的人，肯定不仅仅是靠着高工资和分红。

谁会特别尊敬并追随一个把赚钱当作最高目标的人呢？我相信，看到这里你应该获得了一个认知：一旦有了一个高远的目标或使命，你就应该把它说出去，让更多的人知道它。这样做一方面会倒逼你自己完成它，另外一方面会吸引同样对这个目标或使命感兴趣的人加入你的意义系统。这样做最大的风险无非就是被嘲笑，正如罗永浩所说，不被嘲笑的梦想不值得去实现。

增长研习社作为一家研究机构，希望以中国本土的商业实践为土壤，尝试创建一门"增长学科"，系统性地赋能中国企业持续增长。这是增长研习社的使命，我们也希望有志于此的同侪能够与我们共同奋进——这是我们不怕被嘲笑的梦想。

我必须提醒一句，使命等意义系统不是实现商业目标的手段。为了赚钱谎称有使命来吸引人是大错特错的。使命来自比当前事业更高的维度，与商业战略融为一体，它并非手段，而是目的本身。一个人真正拥有使命，才能在无尽的艰难当中百折不挠、勇往直前。茨威格讲："一个人生命中最大的幸运，莫过于在年富力强的时候，就发现了自己的使命。"

与此同时，我们也不能总想着远方的使命，每天感动自己，忘记了真正的工作。前面我们曾提到"眼高手低"，它是指目光要高远，同时又要有扎到泥土里的执行能力。理想主义很好，而实现理想主义靠的是理性主义。

> **用理性主义实现理想主义。**

第三，构建吸引力结构。

这是另外一种塑造势能的方式（见图 4-20）。

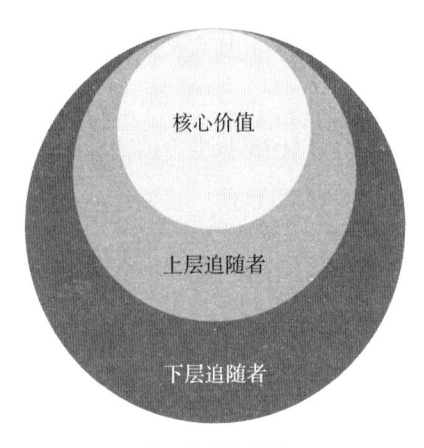

图 4-20 吸引力结构

首先，我们要创造某种稀缺的核心价值，然后先被某个或上层的、或内行的、或优先的、或精英的人群接受，他们是上层追随者。这个圈层有稀缺性，并不容易进入，且对下层追随者具有吸引力，这样就形成了鄙视链。

这部分挺难理解？其实我们都遇到过，只不过没有意识到这是一种吸引力结构——我说的是大学。毋庸置疑，大学有核心且稀缺的价值，在这条鄙视链里，排除国外大学，国内顶尖的大学是北大、清华，其次是985，再次是211，然后是普通高校，最后是专科、自考、民办。哪怕是北大、清华内部，也有鄙视链。本科在普通高校但是研究生考上北大的同学，一般会对外声称自己是北大毕业的，这是吸引力结构所致，但本科就在北大的同学一般不会认为他们是校友。虽然鄙视不好，但这是现实，并且对整个大学系统来讲，这样形成了一个稳定的吸引力结构。

奢侈品行业也是如此，虽然消费者都是买包，但包代表的社会地位可完全不一样。每个女孩子都向往更高层次的包，这形成了吸引力结构。

以企业为单位也可以构建吸引力结构。比如，小米以粉丝经济闻名，但小米的粉丝是分层的。首先，小米打动的是极客论坛里的高手，其中最幸运的100位还被小米用一个短片表达了敬意，短片的名字叫《100个梦想的赞助商》。小米原本产能不足，不得不以发放F码的方式来释放购买资格，它的稀缺性在无意中创造了吸引力结构。我们能够回忆起来，有F码的时候，恰恰是小米势能最高的时候。后来所有人都能买小米了，那种感觉反而没有了。

2021年初爆火的硅谷应用ClubHouse（一款音频社交软件），被马斯克以一己之力带火，他就是这个产品最上层的追随者。下一层追随者是能进入大佬直播间的人，他们会在朋友圈炫耀聊天截图。再下一层追随者是拿到邀请码的人，据说ClubHouse的邀请码曾在闲鱼上被炒到999元一个，没有邀请码的人纷纷在朋友圈求助。这就是吸引力结构。

再举一个星巴克的例子，互联网上流行过一个关于"气氛组"的梗，星巴克还借力打力发布了招募"气氛组"的声明，玩得一手好营销。

星巴克创造的核心价值，是对咖啡品质的追求。具体来说分别针对的是人体感官的眼、耳、鼻、舌、身、意，这吸引了它的第一层用户，就是咖啡的重度爱好者。星巴克的早期用户去星巴克最频繁的时候可以达到每个月18次，恰好这批用户又是一批精英人群，吸引力由此向外扩散开来。希望自己看起来是"精英"的人群便愿意来到星巴克工作、交谈和阅读，哪怕他们并不是咖啡爱好者。

构建吸引力结构是创造势能的一种方式，并非实现增长的必然方式，它更适用于产品的早期阶段，用户规模达到一定数量之后继续维持这种结构有可能造成内卷。早期的知乎呈现的是典型的吸引力结构，不同的用户阶层区隔明显，知乎也基于此形成了社区鲜明的特色，里面的用户自得其乐，满意度很高。后来，知乎做了一个决策，向更广泛的人群开放，并且通过投放实现无差别获客。知乎的社区氛围慢慢变了，许多优质的老用户退出了，但它整体的用户量指数级增加了。变还是不变，无所谓对错，只是战略选择不同。

第四，借势。

当自己的势能不足够的时候怎么办？很简单，我们要站在巨人的肩膀上，借他人之势。

在混沌学园的势能形成过程中，它巧妙地借助了老师和学生的势能。当时混沌学园有一个口号叫"遍邀全球名师,帮你早半步认清这个复杂的世界"。都有谁曾站上混沌学园的讲台呢?黄奇帆、《失控》的作者凯文·凯利、《人类简史》的作者赫拉利、最接近诺贝尔奖的华裔物理学家张首晟等。再看看混沌学园的学生名单:张一鸣、柳青、王小川、傅盛、罗振宇、俞敏洪、徐小平……混沌学园几乎将中国新经济的代表人物都囊括了进来,是这些老师和学生的势能带动了它的势能。

2020年,《脱口秀大会》爆火,李诞团队获得了极高的势能,京东马上与他们合作举办了一个京东版的《脱口秀大会》,时间正好在"双11"之前,据说效果甚佳。

借势这个点比较好理解,我们就不赘述了。

总结一下,"势能崛起"是一种高效获取资源的策略,也是很多优秀公司采取的增长策略。有4种方式来创造势能,分别是创造名气与IP、构建意义系统、构建吸引力结构和借势。

李云龙

第四章 核心聚焦

K策略 ⇄ 爆品 ⇄ R策略

爆品公式

供给	连接	需求
新产品	新流量	新品类
新技术	新渠道	新价值主张
新供应链	新场景	新市场
新品牌		新用户

0~1 STP → 1~10 跨越鸿沟 → 走向蓝海 价值创新

势能 ⇄ 群体主观共识

核心价值
上层追随者
下层追随者

吸引力结构：IP、意义系统、借势

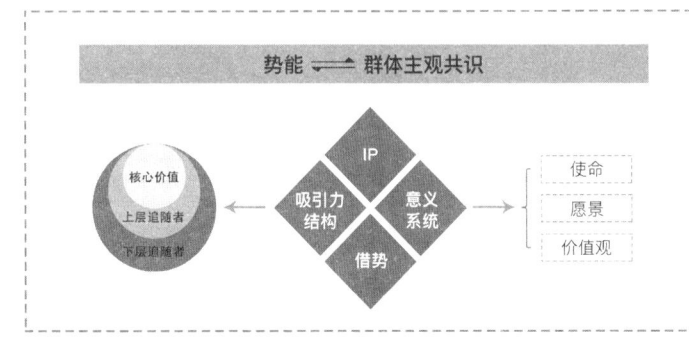

→ 使命、愿景、价值观

第五章
壁垒构建

策略解读：从战略进攻到战略防御

在企业生命周期（见图 5-1）中，点 1 处于破局期，点 2 处于增长早期，点 3 处于增长后期，也就是稳定期，到这个阶段，企业需要从草莽冲杀的扩张期进入壁垒构建期。不论是为了向外部展现稳定感，还是为了给予团队内部笃定感，壁垒构建都是必要的。

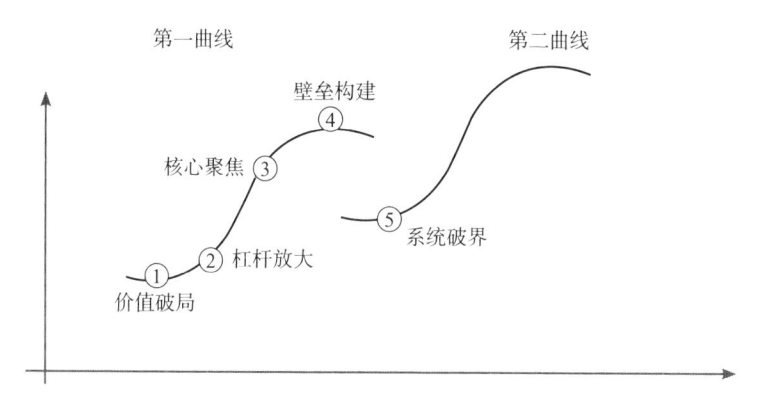

图 5-1　企业生命周期

有些高增长企业，因为一直没有进入壁垒构建期，一直在进攻和冲杀，虽然增长很快，但也总让人感觉不太稳定，波动很大。比如完美日记之于欧莱雅，虽然完美日记增长速度很快，但人们还是认为欧莱雅更加稳定。

从战略进攻转向战略防御，即构建企业的自我反脆弱系统。巴菲特提出的"护城河理论"会在本书多次出现，它包括无形资产、转换成本、网络效应和成本优势，本书将对网络效应进行较为详细的阐述，其他护城河要素作为知识点普及。

无形资产：包含品牌、专利、政府牌照等。有一种说法叫"品牌是最大的流量池"，我深以为然。可口可乐在技术上没有任何秘密可言，却仍然可以保持超高的市场份额与较高的利润率，这是品牌所带来的。增长研习社一直将品牌作为"增长"的重要组成要素，增长绝不仅仅是搞流量。但是，以往以提高记忆效率为主的品牌打造方式越来越不适应新消费时代了。未来的品牌要具备打造价值观共识的能力，用户的选择太多，不再会因为仅仅记住某个品牌而购买，而会因为认可品牌所代表的价值观而购买。

转换成本：用户离开某个产品非常麻烦，麻烦即成本。例如，企业采购了一套管理软件，应用一段时间后，已经产生大量数据和业务协作关系，这时有一套更好的软件出现，企业也很难下决定重新购买，因为成本不仅仅是软件购买费用，将原软件内已经产生的数据和关系迁移过去才是真正的成本。

成本优势：由技术领先和规模效应所带来的成本优势，可以让企业设计竞争策略时有更多空间。小米公司的规模效应带来的成本优势，封杀了整个山寨机市场。在本书的重点案例 SHEIN 中，虽然每个 SKU 都没有达到规模效应，但新一代数字化技术带来的供需匹配效率大幅提升，降低了服装库存成本，让它在市场终端拥有明显的低价优势。

本章将以"留存为先"和"网络效应"为核心进行拆解，揭示从战略进攻到战略防御时所应调整的思维习惯，阐述具体实践壁垒构建时的操作细节。

留存为先：从 AARRR 到 RAARR

做增长的人都知道一个基础模型 AARRR，它由《增长黑客》提出，描述了增长工作的 5 个环节：获客、激活、留存、变现和转介绍。这 5 个环节是按序进行的，基本呈漏斗状（见图 5-2）。

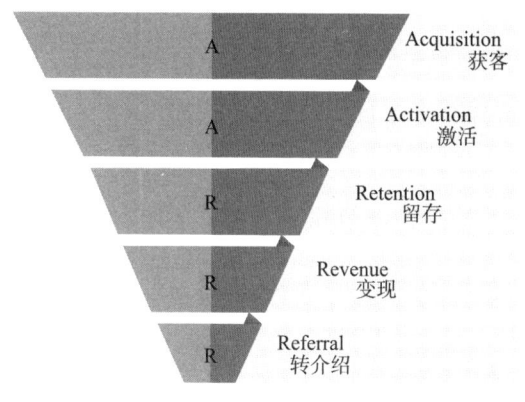

图 5-2 AARRR 增长模型

首先我们要大量获客，新客中的一部分会被激活，在激活用户中会有一部分长期留存，其中又有一部分人变成我们的付费用户，即完成了变现环节，付费用户中又有一部分人愿意帮我们转介绍，带来新的关系链用户。

很多有增长团队的公司将这个模型作为标准，但《增长黑客》的译者张溪梦老师最近提出了新的见解，他将 AARRR 稍做调整，变成了 RAARR，将"留存"提到了最前面，是为"留存为先"。这个道理在哪儿？我们先来算一笔账：假设某次增长活动我们给出了 1 000 万元的预算，新客成本是每个人 10 元，也就是我们获得了 100 万名新客；这 100 万名新客中有 30% 被激活，也就是有 30 万名激活用户；在一定的周期之后，这部分用户有 10 万名留存了下来，变成长期用户，其中又有 5 万名变成了付费用户。到这里，新客转化率是 50 000/1 000 000=5%，而付费用户的获客成本是每个人 10 000 000/50 000=200 元。这是按照 AARRR 模型演算出来的结果，它有没有优化空间？当然是有的，空间就从每一个环节的转化率中得来。在这个假设案例中，转化率是这样算下来的：1 000 000 × 30% × 33% × 50%=50 000。其中的每一个环节都有优化的空间，问题是我们该在什么时间节点开启优化？是在 1 000 万元预算都花光的时候吗？这时浪费已经产生了。更经济的做法是先以一笔较小的预算来获取初始用户，打磨从获客到留存之间的转化率，直至一个较高水平，再投入大笔预算来获客。逻辑上这种做法的效率会高很多，成本也会降低很多。

从 AARRR 到 RAARR，不仅仅是一个增长流程的转变，还是针对当前流量成本越来越高的趋势的一个根本的策略性转变。理论上讲，流量成本不会一成不变，而是会越来越高。我有一个做成人在线教育的学生，产品客单价在 3 000 元左右。2018 年他们以投放百度获客，再用电销转化的方式为主做增长。当时百度的一个线索成本是 50 元左右，电销转化率是 10%，也就是说，一个付费用户的获客成本是 500 元，与 3 000 元的客单价相比，这样还有较大的毛利空间，于是他美滋滋地以为找到了"躺赚"的方法，每天数钱就可以了。这是典型的流量思维。卖流量的公司有一个基本逻辑，百度更是如此，即如果你持续买，我就持续涨，直到涨到你成本核算下来吃亏，不愿意投为止。事实上确实如此，到 2019 年，他的获客成本就涨到了每个用户 1 000 多元，加上运营费用和研发费用，在 3 000 元的客单价面前，利润空间已经所剩无几。他这已经算是还好的了，据我所知，"双减"之前，K12 在线教育的付费用户获客成本单价已经涨到了 10 000 元以上，吓人不吓人？事实上，他们的用户首单基本亏钱，必须靠用户不断续费，也就是提高留存率，来实现整体盈利。

SaaS 行业的从业者知道，客户首年付费基本上不能覆盖成本，必须让客户累年续费，计算整个生命周期的收益，才能把账算过来。在 SaaS 行业中有一个概念特别重要，叫客户成功，就是让客户真正把软件用起来，如果不能实现这一点，客户哪怕买了你的产品，也肯定不会续费，拉长生命周期也就无从谈起。

流量思维的公式是：流量 × 转化率。超级用户思维的公式是：CAC/LTV（其中 CAC 是获客成本，LTV 是用户生命周期总价值）。

综上，"留存为先"可以实现两个经营价值：第一，提高各个环节的转化率，提升资金使用效率；第二，将用户的生命周期拉长，增加触点，提升 LTV。

既然留存如此重要，企业该如何提升用户留存呢？我们在这里引入产品大神俞军的用户价值公式：用户价值 = 新价值-旧价值-替换成本。留存的秘密就在于"价值主张"和"替换成本"，即给用户提供明确的价值，以及增加用户的替换成本，这样用户的留存率就高。我们为大家提供三种提升用户留存率的策略，分别是超级用户、价值预留和用户成长。

第一，超级用户。超级用户是那些活跃度最高、对产品好感度高、愿意推荐产品给朋友的用户。相应地，他们的留存率也更高。这对任何一家公司来说都是宝贵的资产，我们要把他们找出来做共性萃取。他们是什么类型的人，有什么样的背景和生活画面？他们中有没有你意料之外的超级用户？他们因何产生了超高黏性？我们是否可以从他们的特征点出发找到新的用户群体？

泡泡玛特是很多人看不懂的一家公司，它靠青少年追捧的盲盒获得了超高收益并成功上市。他们主要的用户是集中于12~18岁的女孩子。在一次用户调查中，他们发现了一个奇怪的超级用户：消费达到70万元，却是一个中年男子。这是怎么回事儿？中年大叔也喜欢拆开盲盒的时候那种收获"已知的未知"的惊喜感吗？故事原来是这样的。大叔有一个女儿长期在国外，两人的关系并不好，女儿很少联系爸爸。爸爸很想女儿，但不是经常能见到她。他想起女儿与自己关系最好、黏着自己叫爸爸的时候，正是她三四岁大小，与盲盒里的小女孩年纪一样的时候。大叔买盲盒是为了寄托自己对女儿的情感。这样的超级用户让泡泡玛特团队发现了产品的情感附着力，这是一个提升留存率的方向。

第二，价值预留。价值预留是为用户下一次回归产品预留价值和理由。有一些不错的饭店有存酒服务，即将客人没有喝完的酒存起来，客人下次来可以继续消费。表面看这是一种福利，但从增长的角度看，这是一种价值预留，用户会因为这里有存酒而再次回来，并产生其他的消费，这是商家真正想要的。

预留价值就是预留接触理由。在汽车行业，购买新车一般都有分期付款服务，这项服务可以帮用户消除马上就要付一大笔现金的心理顾虑。我们的一个合作企业之前倾向于给用户推荐短分期产品，这样在两年之内还款的用户占80%。后来，他们意识到分期付款其实是一个增加用户接触点的机会，于是整体修改了策略，主推长分期产品，目前采用4~5年分期的用户占55%以上。

东方航空公司推出过一款名为周末随心飞的产品，简单说就是用户花3 000多元购买这张卡后，在下半年的周末可以不限次数地乘坐东航的任意国内航班。产品上线第一天，网站和App等就基本处于宕机状态，这算是非常成功的事件营销了。从增长的角度理解，这其实是利用企业边际成本较低的资源，给用户提供预留价值，进而将用户更多地留在自己这里。对东航来说，只要航线确定飞机起飞，成本的主要部分就已经发生，增加同机用户的成本并不高。

第三，用户成长。产品在内部给用户提供成长机制，随着他们的成长，用户会产生损失厌恶，因此更难离开。

日本著名游戏公司任天堂有多款广受欢迎的产品，最近一个是在疫情期间"一环难求"的健身环。疫情让一部分人变胖的同时，让另外一部分人瘦了下来。人们在家里没有办法外出运动，健身环成了不错的选择。在任天堂内部，有一个用户吸引原则：收集、养成、竞争和交换。所有游戏产品都是基于这个原则设计的，玩过任天堂游戏的读者可以体会一下，这就是用户成长。

一般游戏公司还有一个更通用的用户上瘾模型——积分、勋章、排行榜，誓将用户成长进行到底（见图5-3）。

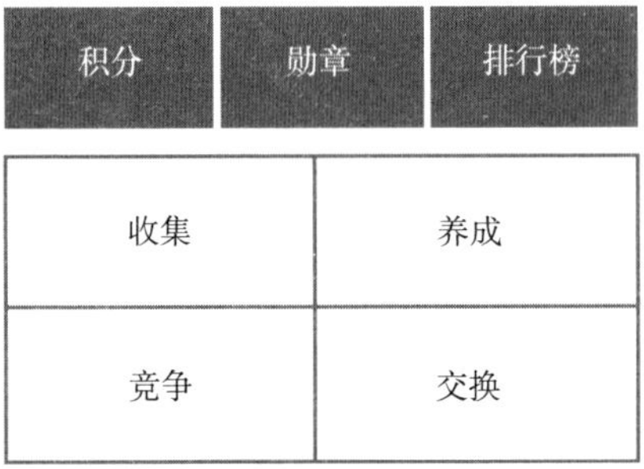

积分	勋章	排行榜

收集	养成
竞争	交换

图5-3　两种游戏上瘾模型

价值主张是产品能够留住用户的根本，提升替换成本有助于增加用户离开的难度，我们要从这两个方面来提升用户留存率。

这看起来是理所当然的，即留存为先有助于公司的长期增长，那么为什么还有很多公司在疯狂烧钱获客呢？这就是商业的有趣之处，其思考逻辑不止一条。当我们具备了多条思考逻辑时，我们就会从更高的维度去思考商业，原来看起来矛盾的现象就可以理解了。

看下面这张图（见图5-4）。首先，你要判断自己所处的市场是增量市场还是存量市场，一般讲，行业年度增速超过10%的市场为增量市场。其次，你要判断此市场里产品的可评估度高不高。可评估度是用户的一个重要的购买理由，举个例子，在小米手机出现之前，我们很少听说"跑分"这个概念，对消费者而言这好像也不太重要。小米不断强调跑分，是人为创造了一个评估维度，在这个维度上，它可以打败苹果手机，给用户一个购买理由。

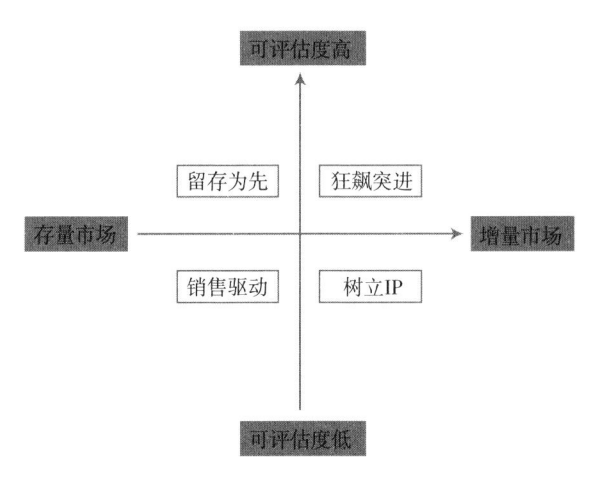

图5-4 市场空间与可评估度四象限

留存为先策略更适合存量市场，尤其是产品可评估度高的市场。在增量市场里，抢占市场份额才是第一位的，停下来做精细化运营不是。今日资本的徐新是京东早期投资人，有一次她接受采访，被问及为何投资京东，她答了两点：第一点是京东增长很快，这个很好理解；第二点有点儿违反常识，她说同时网上有很多人骂京东。这就是顶级投资人的洞见，一个产品被很多人骂但同时又增长很快，这证明它所满足的社会需求极其强劲！这时候企业要做的是去解决用户投诉吗？不，正确的做法是狂飙突进，抢占市场份额。

笼统点儿讲，在增量市场里，营销更加重要，在存量市场里，产品更加重要。

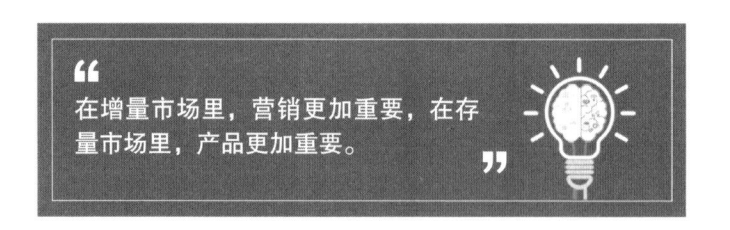

> 在增量市场里，营销更加重要，在存量市场里，产品更加重要。

在线教育公司难道不知道留存比获客重要吗？它们当然知道，但它们没有办法，在这个行业里出现了"剧场效应"。剧场效应指的是在一个剧场里，如果所有人都正常地坐在自己的座位上，那么所有人都可以看到舞台。如果前排的人站了起来，导致后面的人必须跟着站起来才能看到舞台，那么最后所有人都站了起来，但这样的效用与所有人都坐下是一样的。这是竞争导致的，拿了巨额投资的 K12 在线教育公司如果自己不投钱获客，就会被其他"站起来"的企业超过，所以它们不得不拿巨额投资，疯狂获客。同时，前面所说的逻辑也成立：这是一个增量市场，抢占市场份额是第一要务。这个已极度内卷的市场，在2021年的"双减"政策下，终于被迫按下暂停键，整个教育培训行业开始重新思考商业逻辑的重塑以及教育初心的回归。

暴雪是知名的客户端游戏开发商，著名的《魔兽世界》《炉石传说》都是他们公司的产品，他们与网易合作运营中国市场。我们深入网易公司做增长工作坊的时候得出市场判断：当下对他们来讲，大周期是存量市场，小周期是增量市场。小周期指的是疫情导致出行不便，很多人待在家里，打游戏的行为被批量激活。这家公司2020年的业绩是近年来最好的。但从长周期来看，《魔兽世界》等产品属于客户端游戏，需要用PC才能玩儿；而当下以《王者荣耀》为代表的手机游戏以势不可当之势崛起，我们已经不可能再回到PC时代，所以长期看这是一个存量市场。基于这个判断，我们就很好规划增长的节奏了。公司应该在疫情期间加大推广投入，抓住红利，同时锻炼团队的精细化运营能力，在疫情之后深挖存量价值，增加用户替换成本，实践留存为先。

人们的认知边界总是被不断打破，从前我认为时代已经不可逆转地从流量思维向超级用户思维转换，直到我遇到了二类电商。二类电商可以被笼统地定义为"那些看不到第二次页面、货到付款"的电商网页。你应该在某些浏览器里看到过一些忽然弹出来兜售某些产品的电商网页，你看到页面感到很陌生，不是自己熟悉的那些电商平台，你可能不敢下单，但它提示不需要线上付款，货到付款即可，一些人便觉得没有什么风险，留下了地址。过了几天，用户收到了货，一些人看到货后不喜欢就退了，他们确实没有什么损失，但还是有相当一部分的用户选择付款收下。这类电商的利润不以百分比算，而以倍数算。我看到过一个极端的案例，有一位妇女通过盲发快递的方式售卖价格为200元的衣服，其成本只有10元，也就是说加倍率是20。她总共发了70 000多次，被签收成交了4 000多次，转化率达到约5.7%。这是纯流量思维，商家没准备跟用户第二次打交道。我们在书里将这些"歪门邪道"呈现给读者并不是希望大家学，而是希望大家拓展思维边界。案例中的妇女后来被公安部门拘留了。

流量成本越来越高，买量做增长可以在成长期帮助企业破局，但企业如果只有这一种增长方式，则非常危险。

案例一：开市客

小米CEO雷军曾说，有三家企业对他创建小米影响深远：一家是同仁堂，让他知道要坚守品质；一家是海底捞，让他懂得用户超预期口碑的重要性；还有一家就是开市客，让他了解如何能够将高质量的产品卖得更便宜。据说，雷军曾经想把小米做成开市客的样子，那么，开市客是什么？

它是美国最大的连锁收费会员制仓储超市，是全球第二大零售商，第一大是大家熟知的沃尔玛，而开市客的坪效是沃尔玛的两倍。2019年8月27日，开市客在中国的第一家店在上海闵行开业,顾客们疯狂扫货的照片和视频刷爆了朋友圈。

零售企业正在发生深刻的变革。曾经的中国超市之王家乐福退出中国,将资产卖给苏宁,估值40多亿元。在这笔交易发生的同期,网红茶饮品牌"喜茶"正在融资,其估值达到了90亿元,到2020年底,其估值更是达到了160亿元。资本市场到底看到了什么样的未来趋势?我们可以通过开市客来管中窥豹。

开市客是一个全会员制企业,只有成为它的会员,才能进场购物。与有些会员制企业将会员费用作购物抵扣不同,开市客的会员只是获得了一个进入超市购物的资格。这与当年小米的F码类似,消费者拿到F码仅仅是获得了购买小米手机的资格。

研究了开市客的财报你就会发现,它的利润基本等于会员费。也就是说,在超市里发生的交易对开市客来说基本上是赚不到钱的。据说,开市客内部有个规定,其商品的毛利率不得超过14%,否则就要经过董事会审批。不超过14%的毛利率,去掉运营成本,在"买卖"这个环节,企业确实是不赚钱的。如果不考虑商业模式的特殊性,单从数据上分析,开市客应该尽量降低商品买卖环节的权重,降低成本。可事实上它不能这样做,之所以有那么多人持续购买开市客的会员,正是因为他们在商品环节得到了足够的价值满足。也就是说,从第一天开始,开市客就不得不以用户留存为目标来经营,只有用户持续办理会员,这种商业模式才运转得下去。每年,它的用户续费率都超过90%,这是一个令人感到恐怖的数据。实现了如此之高的留存率,开市客的一些做法值得我们学习。

企业能否长期留住用户取决于两点：第一，核心价值主张是否足够持久；第二，用户的替换成本是否足够高。对开市客来讲，其价值主张的核心是便宜。开市客从来不做广告宣传，也没有媒体公关团队，它把能够省掉的成本都省掉，全部用来给用户提供价低质优的商品。

与不少公司将会员作为获客产品不同，开市客会员的作用是"筛选用户"，"是否愿意支付会员费"成为最简单的标准。它并不追求快速增加首次注册会员的人数，能否让用户长期续费才是关键。在它独特的商业模式中，用户真正实现了"买得多，省得多"。

为了实现这一点，开市客在其他环节尽量节省成本。零售企业节省成本无非从以下几个方面出发：供应链成本、管理费用、运营成本和零售毛利。在供应链环节，开市客采用超低SKU策略，SKU虽然少，但基本够用，正因为少，供应商只要入围即可获得极大的订单量，因此能摊薄成本。同时，开市客还有一定数量的自营SKU，这样一方面成本更加可控，另外一方面也给供应商施压——如果你不是最低价，我就自己搞了。但这个比例会被控制在一定范围内，毕竟它还要靠大量的供应商满足品类需求。在管理费用与运营成本方面，它也是能低则低。前面说过，它既不打广告，也没有公关团队，将节省下的费用都投入给用户更低的售价上。它不打广告，但允许会员每次进场带一位亲友，以免费的方式实现用户裂变。激活用户以现有存量为主，主要方式是发送邮件。如果是在中国，这些手段可能会主要围绕微信群与企业微信展开,开市客运营的是典型的私域流量。能够将已有用户留存下来,让他们持续续费,是其商业模式的核心,是为留存为先。

开市客每年在全球范围内只扩张25家门店,对这个体量的企业来说这是很慢的。其负责人说,"扩张,是最好的让用户失望的方法",开市客要一家家做,一家家实现留存,而不是快速扩张覆盖新流量的同时却导致用户体验下降。

因为前期已投入的会员费是沉没成本,在相同情况下,用户更愿意在开市客消费。同时,开市客自己又忍得住,坚持在商品买卖方面不赚钱,这样就形成了持久的商业模式。而有一些公司,因为前期收了用户的钱,也知道用户有沉没成本,于是就在"收割"用户的边界上反复试探。

在会员制中,将用户锁住的核心是权益与成本的比较。在这方面,除了价格超级便宜是它提供的基础价值主张之外,开市客还提供了大量的隐藏福利,对用户来讲这就是权益。各种方向的努力都指向增加用户的替换成本和损失厌恶,以提升留存率。据统计,开市客在美国至少有以下十大隐藏福利。

1. 购买电子产品,在线技术支持。用户如果对电子产品的设置不熟悉,那么在开市客购买则可以省心很多。用户购入任何电子产品,都可以享有免费远程技术支持。
2. 礼品卡。用户在开市客可以买到各种各样的礼品卡,和正常售价相比,开市客还有一定的优惠额度。电影院、餐厅、主题乐园等类别的礼品卡都包括在内。

3. 买车更轻松。开市客与全美超过3 000家车行有合作关系，如果用户想要购买一辆新车或二手车，包括摩托车和雪地车在内，开市客已经跟汽车经销商达成协议，可以给自己的会员最低的价格。

4. 旅游折扣。开市客还提供各种旅行特惠服务，包括度假胜地、主题公园、飞机票、租车和邮轮服务，用户出游之前可以到开市客做个比价，也许就能省下一大笔钱。

5. 独家处方药折扣。在美国如果没有医疗保险，看病绝对是一件高支出的事，即便有保险，也有些药品不包含在其中。开市客的会员可享受很多药品的优惠折扣，从此看病不用愁。

6. 电影票捆绑折扣。每到年底，万圣节大片和圣诞节大片的上映都会让人们支出一笔不小的费用，而开市客以批发价出售热门电影票。

7. 免费检查听力。比起在医生那里付费做检查，开市客会员可以去专门的场所进行听力检查，不用支付仪器清洁和后续预约费用。

8. 支票本更便宜。在美国人们经常需要写支票，但支票本用起来消耗非常快，购买起来又是一笔不小的开销。开市客提供印刷支票的服务，其价格只有银行的一半。

9. 喝水更轻松。开市客以低价提供矿泉水或者净水服务，用户可以购买桶装水或者租用饮水机，比起自己购买饮用水，这样做会节省一大笔费用。
10. 申请房贷也能省钱。选择房贷时除了看利率高低之外，还要看银行收取的手续费，开市客与房贷金融机构合作，承诺给予会员用户低息、低手续费的优惠。

仔细看来，提供了如此之多的福利，开市客的成本并没有增加太多。开市客往往借助自己的流量引入便民服务，提供方也更愿意与如此大规模的平台合作。对用户来讲，权益增加了很多。这些权益又进一步提高了用户的替换成本，形成了开市客独有的增长飞轮（见图5-5）。

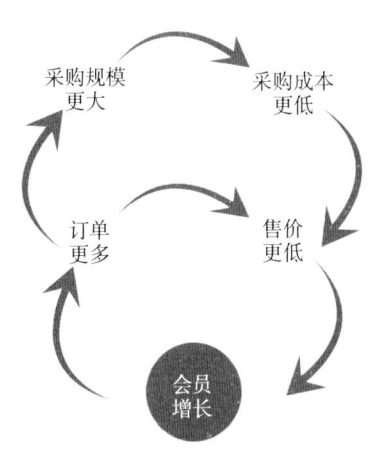

图 5-5 开市客的增长飞轮

未来的零售公司，可以拆解为三种公司：供应链管理公司、场景销售公司和用户运营公司。这是传统业态与互联网最大的区别。互联网公司从诞生那天开始就以用户运营起家，这正是"家乐福们"与之最大的差距。

案例二：盒马鲜生

盒马鲜生的运营架构分为"三横三纵"：三大品类——生鲜、食品和标准品，占比大概分别是65%、25%和10%，各区域消费特征不同，略有区别；三个运营阵地——线上App、线下门店以及物流配送。

对盒马鲜生来讲，拉新的环节在选址时已经完成了大半。坐拥阿里庞大的数据体系，在没有开店时，盒马鲜生团队就已经知道某个区域有多少TU用户（即高贡献价值用户。淘宝用户分为L1~L5级，级别越高用户贡献度越高，L3~L5级为TU用户）。对于用户的支付宝使用情况、消费偏好、人生阶段构成等多维度信息，盒马鲜生在没有卖出一单时就已了然于胸，它只是不知道这些用户在线下需要多长时间变为付费用户。

在组织设置上，"策略实验室"是盒马鲜生的中台部门，负责给业务前端提供策略支持，前端则分成新客、促活唤醒、召回等细分小组。在实现正常运营之后，盒马鲜生增长团队的核心工作就是留存，其留存策略主要有以下几点。

1. 时令驱动。冬至来了，你会想起应该吃什么，是不是饺子？端午节到了，首先进入脑海的必然是粽子。9月、10月，那是大闸蟹最肥美的时候。盒马鲜生内部有一张完整的全年时令推进表，配有对应的主推商品、供应商选择、预设话题等，运营团队只需要按时间一个项目一个项目地推进。

2. 场景驱动。5月20日，鲜花的需求量会骤增，因为这天的晚上是情侣们外出吃晚餐的高峰期。盒马鲜生早就准备好了。"在办公室里吃什么"，人们看到这样的专题总想点进去看看，看着看着就下单了。
3. 创造话题。你可能听过"车厘子自由"这个梗，但你可能不知道这是盒马鲜生造出来的。"车厘子的100种吃法""车厘子口红"，在盒马鲜生的努力下，车厘子变成了都市白领选择水果的重要品类。盒马鲜生将用户的购买行为分成了5个层次：买到，买好，买得放心，买得便宜，买得开心，这是他们提供的多层次价值主张（见图5-6）。

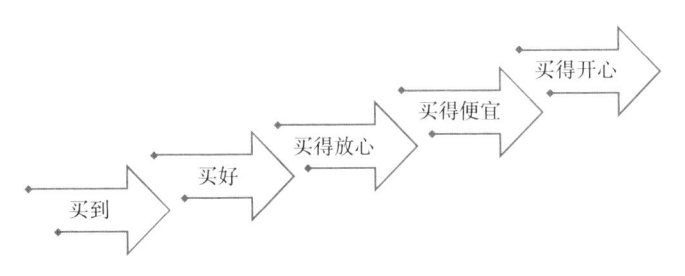

图5-6 用户购买行为的5个层次

每家公司选择的运营方式与自己的业务模式强相关，流行的未必就适合自己。盒马鲜生也曾经尝试过直播带货，但很快放弃了。直播带货的优点是覆盖广，没有地域限制，用户决策路径短，对于销售实物类商品很合适。盒马鲜生以门店周围三公里作为销售半径，又以销售生鲜产品为主，并不适合将网络直播作为增长方式，却天然适合使用社群的方式促进增长。

案例三：孩子王

五星控股集团旗下有三家独角兽公司，分别是孩子王、汇通达和好享家。其中孩子王在最近几年母婴童商品零售与服务市场崛起很快，它拥有大型实体门店和移动端 App 等多重购物形态，在"线上＋线下"新零售模式兴起之前就已经走出了自己独特的道路。孩子王极其重视数据驱动和用户关系，会员制是其主要运营机制。建立会员制的要义正是把留存放在第一位，而不是仅仅关注流量和转化率。

母婴童用户说好的话很好，他们一旦信任某个品牌，容易变成忠实用户；说不好也不好，他们的用户生命周期并不长，短则一两年，长则三四年，其消费偏好就会发生很大转变。反过来讲，如果在这样短的生命周期里，品牌不能将用户留住，促使他们进行持续复购，就很难做好。孩子王在这个市场里稳扎稳打，逐渐显露出巨头之势，有几个做法值得借鉴。

1. 数字化转型早且坚决。孩子王很早就不是单纯运营线下门店的公司了，其线上 App 甚至导购的个人微信都是重要的运营场景，公司在数字化上的投入超过 2 亿元。有了数字化能力才能实现"人客合一"。

2. 通过留存率测试市场。在开设一个线下门店之前,孩子王会通过社群运营的方式先展开线上电商运营,在这种情况下如果能发展 6 000 名以上的会员,它才考虑开实体店。在这个逻辑之下,实体店起到提供体验,提高客单价的作用。

3. 员工与用户深度连接。孩子王没有导购员,所有类似角色都是"育儿专家"。公司要求一线员工全员变成育儿顾问,80%以上的员工拥有国家认证的育儿资格证书,这样的员工有数千人。在 App 里,每个顾问都有自己的评级和用户评价记录,能让用户看到顾问的专业性和历史服务记录。如果员工升级为育儿顾问,用户可以购买育儿顾问的专属服务,即黑金 PLUS 会员。有个小案例,当妈妈们早上发现自己孩子的大便颜色不太正常时,他们就会拍照来询问孩子王的育儿顾问——能做到这一点,留存率不可能低。

4. "总有好事"原则。孩子王的育儿顾问们不会轻易给用户发送促销信息,而是秉承"总有好事"的原则:只要给客户发信息,一定是有好事情,不要让用户觉得烦。一般情况下对于非活跃用户,育儿顾问们一个月左右联系他们一次。

5. 突破系统限制。公司以用户需求为导向,一方面突破时间限制,在线下门店不能服务的晚上 10~12 点,是一个小的消费高峰,这个时段有专人提供服务;另一方面突破空间限制，线下门店原本是"三公里生意"，孩子王做过测试，发现距离门店3~5公里和5~20公里的业务占了50%，于是它坚定发展到家业务，将生意空间从门店附近扩展到城市。最后就是打破品牌边界，孩子大了，用户不买奶粉了，但还有其他消费需求。通过其他品类延展，拉长生命周期，是孩子王的重点突破方向。

面对增长话题，我们要具有全局视角，从获客这样一个切片中跳出来。很多人秉承着"生意的本质就是流量"这样的认知，害人害己。拿饭店生意做类比，获客为先就像一些景区或者火车站的餐馆，靠着位置优越，不注意品质，能宰一个是一个；而留存为先像开在小区旁边的饭店，靠的是熟客不断回来。类似孩子王这样以线下业态起家的生意更像是第二种，我们不能自动带入互联网公司流量为王的思路。

案例四：好未来

"双减"之后，好未来的经营遇到很大困难，在直播中张邦鑫说："（我们）是不是增加了学生的经济负担，是不是制造了焦虑，扪心自问，或多或少都是存在的。"

增长研习社研究商业案例并不以成败为标准，所有案例都是"借假修真"，借案例的假，修商业认知的真。教育行业天然地应该以留存而非流量作为经营核心，但很多教育公司走偏了。

好未来的前身即学而思，是一家以素质教育和校外辅导为主的科技教育公司，于2010年在美国纽约证券交易所上市。

在2003年好未来成立的时候，新东方作为教育行业的龙头公司已经成立了10年。好战略的反面也是好战略，在几乎所有方面，好未来都选择了与新东方反着来。新东方以英语为核心，好未来就从数学切入；新东方的学生以大学生为主，好未来则服务中小学生；新东方采用大班制，好未来就把小班制做到极致；新东方推崇名师，好未来就把标准化交付作为目标……两家公司都取得了成功，在2019年在线教育疯狂崛起之前，二者引领中国教育行业已经好多年。

好未来在崛起的过程中踩中了几个重要的时代红利外部杠杆。比如，从1999年开始，高校扩招，将中小学教育的出口放大了很多；2003年，中国人均GDP为1.1万元，到如今已经超过1万美元——中国家庭快速变得有钱，对教育的投入开始加大；此外，有一个对中国人非常重要的词"非典"也出现在2003年，"非典"以及由其导致的人们行为习惯的转变，证实了数字移动技术和互联网的有效性，让2003年变成了互联网在中国崛起、成为真正大众平台的转折点。好未来的创始人张邦鑫在2003年开始做奥数网，一个人包揽了代码编写、产品运营、服务器维护、内容编排、版本更新等所有工作。"非典"之后，在学而思的第一波学生中，有一半来自奥数网的导流。

纵观好未来的经营历史，我们能嗅到浓浓的留存为先的味道。

之所以创办好未来，是因为张邦鑫在学校里做家教的时候，带出了一个成绩优秀的学生，这个学生的家长一下子给他介绍了20多个学生。这件事情对张邦鑫影响极大，让他坚信优质的教育所带来的口碑效应，教学效果而不是招生能力是教育公司应该追求的核心能力。"教不好学生等于偷钱和抢钱。"张邦鑫这样说。

虽然从商业模式上看，大班制一定边际成本更低，成本结构更合理，但它在教学效果上有折损，于是好未来坚持小班教学。当时，培训机构招生主要是做讲座会销和打广告，这样能迅速扩大影响力并增加学生数量。而张邦鑫的选择是，有一个好老师才开一个班。同时，张邦鑫开设了奥数网，这是一个在线论坛，功能是答疑交流，它逐渐成了口碑传播的平台。

如果一家教育培训公司以会销和广告为主，那么我们可以认为它是获客为先的公司。但是一位学生家长说："好未来这家机构从来不打广告，我孩子去年报名数学课程时只有3 000人，今年就到了5 000人。"这家公司靠口碑、靠效果、靠留存获得增长，而不是靠流量。张邦鑫也曾经表达过，做广告获客是一种耻辱。

与需求侧的流量和获客相比，好未来在供给侧投入的资源要多得多。在一次招聘中，应聘的60位老师都来自重点大学，最后好未来只录取了3位。被录取之后，老师们也"不得安生"，从创业之初，好未来就一直坚持"小班教学、开放课堂、随时退费"的传统，倒逼老师们将课程讲好，产生效果。

留存为先需要一家公司有长期主义信念，这并不好坚持。

好未来在发展过程中也动摇过。2010年好未来上市后,张邦鑫参加过一次路演,后来他自我评价说,他被洗脑了。对方说,你为什么要上市?上市就是为了融资,融资可以支持你快速扩张,所以如果你不快速扩张,你融资干什么?他一想有道理,回来就做了两件事:定目标——未来5年做到100亿元,并开始快速扩张。那半年好未来平均每天开一个教学点,一年内员工从1 000多人增长到3 000多人。当好未来的集团公司提出5年100亿元的目标时,下面一个事业部紧接着就定了目标:他们自己要4年做到100亿元,提前帮集团完成任务。领导定一个目标,向下传达到基层中的每一层,这个目标都会被放大。这样的快速扩张导致教学质量和服务质量下降,组织文化稀释,人心涣散。

意识到问题的张邦鑫及时踩了刹车,直到今日,好未来的价值观里一直有两句话:做强比做大重要,质量比数量重要。

公司对于留存的关注还体现在对老师的选择上:到底是名师导向还是教研导向?新东方是明确的名师导向,俞敏洪自己就是名师,"初代网红"罗永浩也是新东方早期名师。名师可以带来流量,降低获客成本,同时这也造成了公司被名师"绑架"、教学过程不标准化以及结果方差大的问题。好未来自己就吃过这方面的亏。2004年冬天,公司的学员人数刚刚突破1 000人大关,两个最牛的老师就带走了200名最好的学生;2007年夏天,北京一家培训机构融资2 000万美元,一次挖走了5名核心老师,对当时的学而思再度造成打击。

教师，是教育培训机构的核心竞争力。一个优秀的教育机构，一定有众多名师。但是，教育培训机构又不能变成教师和学生之间的中介平台，它们必须构建自己的核心能力和不可替代性。名师的问题，表面上是个人名师化与机构品牌化之间的矛盾，实际上是教育个性化与标准化之间的矛盾。好未来选择的是标准化之上的个性化。2007 年，当时的学而思成立了教研部，在仅有 60 名老师的情况下撤下 8 名最优秀的老师负责教研，这在当时一度引起争议，用户也出现一些波动。但坚持下来后，好未来发现，如果要持续增长，这是不得不走的一步。通过教研，学而思彻底解决了一系列问题。

1. 名师与品牌机构的关系。
2. 个性化与标准化的关系。
3. 规模化增长时，如何确保质量。
4. 异地拓展时，总部与分部在教学上的关系。
5. 确立了好未来长期发展的核心竞争力。

包括在线业务在内，教育培训行业普遍关注的经营性指标有：销售额、利润、利润率、ROI、获客成本、付费率、转介绍率、客单价、留存率（续费率）、完课率、消课率、退费率、使用时长等。企业选择哪个指标作为增长的北极星指标，基本就反映了它的经营思路，对好未来来讲，他们最看重的指标正是体现留存的续费率（见图 5-7）。

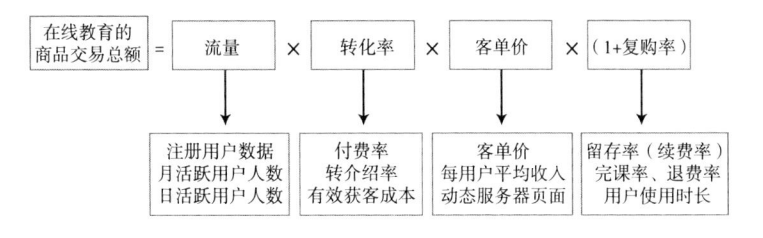

在线教育的商品交易总额 = 流量 × 转化率 × 客单价 × (1+复购率)

- 流量：注册用户数据、月活跃用户人数、日活跃用户人数
- 转化率：付费率、转介绍率、有效获客成本
- 客单价：客单价、每用户平均收入、动态服务器页面
- (1+复购率)：留存率（续费率）、完课率、退费率、用户使用时长

图5-7 在线教育北极星指标拆解公式

在好未来的发展历史上曾经有过两次年度亏损，其中一次是在学而思网校创立之初。作为长期深耕行业一线的企业家，张邦鑫不可能没有看到在线教育的趋势。事实上，从2008年开始，好未来就开始了对学而思网校的探索，但各方面条件都不成熟，连年亏损。张邦鑫说："网校的痛苦是长期的痛苦，它没有那么强烈的紧迫感，但是这种长期痛苦会让你总是跟自己较劲。"

别急，紧迫感马上就要来了。

2019年，事情发生了变化。这一年，以猿辅导、作业帮、跟谁学为主的在线教育公司受到资本市场的热捧，它们各自拿到了几十亿美元投资，在教育市场掀起了疯狂的广告大战，如果不是监管部门在2021年有所控制，这场大战还不知道要打到何时。已经深度介入在线教育市场的好未来被迫参战，曾经以做广告为耻辱、认为不靠口碑招来学生会不受尊重的好未来一样做了大量投放，第二次亏损由此而来。

在广告大战期间，且不谈其他在线教育公司，就连好未来也在一定程度上没有把好效果、留存和续费放在第一位。正如前文所讲，留存为先有其边界所在。在一个快速爆发的、资本集中度很高的市场中，资本不会给留存为先时间，这时企业要灵活选择策略。我们反对在教育公司把获客放在第一位，但局中人已经进入囚徒困境，他们唯有如此，方能让自己暂且活下去。不过我们仍然可以做出判断，在线教育市场的重点最终仍然会回到以留存为表征的教学效果上。

腾讯和字节跳动是中国市场上最大的两家流量公司，几乎所有用流量和获客可以实现的商业模式都逃不出它们的"魔爪"。字节跳动曾经大张旗鼓地推出自有教育品牌"大力教育"，一年之后整个业务线的核心负责人大面积调整，张一鸣不得不发表关于保持"平常心"的讲话。与其他行业相比，教育行业有两个特点：一是预收费，做得好的公司理应有不错的现金流；二是获客仅仅是整个交付环节的开始。长期主义是很多行业的特点，教育尤其如此。

深刻认知行业本质，是梳理战略逻辑和设计增长路径的前提条件。张邦鑫之所以以这样的方式看待教育行业，与其个人经历与禀赋关系极大。张邦鑫出身江苏农村，父母在当地做小买卖。别人过来买东西，买1斤，父母会给人家1斤1两，买2斤，给人家2斤1两。他们的逻辑是不同人家的秤不同，难免有误差，多给人家1两，误差会降低。从小受父母影响，他总怕占别人便宜。做辅导班时，他也担心占家长便宜。回到商业场景，张邦鑫相信：成就客户，客户自然会回报你。

留存为先作为一条增长策略，天然与长期主义的认知相辅相成，所谓长期主义，就是把时间和信念投入能够长期产生价值的事情上。在看多了教育公司"收割"用户甚至爆雷不断的新闻之后,我们更加觉得留存为先是很多行业的最佳策略。在整个资本市场的一波周期过后,人们对规模与速度的反思将会延续相当长的一段时间。

网络效应:越多越好,越好越多

2020年最大起大落的风口当属"社区团购",这种商业模式本由兴盛优选等创业公司跑通,恰逢疫情大家外出都不方便而实现了爆发性增长,拼多多、美团、滴滴、京东等巨头纷纷入场,引得《人民日报》发文称:"别只惦记着几捆白菜、几斤水果的流量。"有关部门针对社区团购还专门制定了一个"九不得",社会上反垄断舆论迭起,一时风声鹤唳。

反垄断究竟对不对?经济学里关于垄断的争议不小。奥地利学派倾向于不管垄断,认为这是市场本身的调节机制;凯恩斯学派认为政府应该干预,因为它并不独立于市场之外。这个争论我们按下不表,先来聊聊另外一个话题:有没有政府不会管的垄断?答案是有的,比如微信(它在数据隐私层面会被监管,但那与垄断关系不大)。微信月活用户数达到12亿,从规模和渗透率上看,微信远超社区团购,但监管方从来没有限制过它的规模增长。看起来如此具有"垄断效应"的微信,为什么不被反垄断?

原因很简单：这是用户的选择。不是没有"大家伙"进攻过微信，从早期小米的米聊，到后来阿里的来往、抖音的多闪，巨头们纷纷败下阵来。这一现象从用户视角很好理解，我们可以在一个新的社交软件里玩几天，但如果我的朋友都不在里面，我想聊天却没有对象，自然就会退出来。如果反垄断不允许市场上出现这么大的社交平台，或者干脆对大平台进行分拆，那么用户会自然选择，最终还是会倾向于归拢到一个社交软件之下。这是对所有人来说交易成本最小的方式。

这种现象以及造成这种现象的商业策略，我们称之为"网络效应"。在学术上，网络效应有更为严谨的定义，但本书从增长视角给出定义：一个系统里要素的效用与其他要素的数量正相关。也就是说，如果在一个系统里增加了要素，那么这对其他要素以及整个系统都有好处。或者说，原有用户的数量或规模决定了系统对新用户的价值。原有用户规模越大，新用户加入的意愿越高，会出现"强者更强"的现象。

我们用微信来检验一下这个定义：每当多一个朋友使用了微信，用户的效用便增加一分——他们彼此联系更方便了。同时，微信这个系统的效用也增加了，它实现了用户增长。微信是具有网络效应的。

巴菲特提出过著名的护城河效应，包括无形资产、转换成本、网络效应和成本优势。这些策略都有助于企业在抵御进攻时取得某种优势，从增长的角度看，它们主要被应用在用户留存环节。但网络效应除了在留存环节有极大应用价值之外，在获客环节的价值也很明显。仔细回想一下，我们都曾为微信做过用户增长，比如将微信下载链接发送给通信录好友或者 QQ 好友。

网络效应取意于要素与要素之间的关系。在一个社交软件中，两个人之间只有一条关系，三个人之间有三条关系，四个人之间有六条关系，n 个人之间有 n（n-1）/2 条关系，这看起来像一张网络一样。关系数而非要素数是衡量一个社交软件规模的标准，在社交软件中，关系数随着要素数的增加而指数级增长。在一个产品具有网络效应的情况下，当它突破关键规模，达到阈值，就会产生自增长，它的竞争对手会自动萎缩，它就像一个黑洞，把这个领域的大部分资源卷走了。小米的米聊比微信出现得更早，但是没有达到关键规模就被微信超过了。当时 QQ 给了微信大量导流，成就微信突破了阈值。

由于微信极度成功，人们在谈及网络效应时总会提起它，但又没有再造一个微信的可能性——这看起来很美好，但跟我们自己没什么关系。其实不然，微信所属的社交软件领域，只涉及了网络效应众多应用场景当中的一个：用户关系。回归网络效应初始的定义，即"一个系统里要素的效用与其他要素的数量正相关"，我们就会发现大量的网络效应场景。例如，在视频行业发展早期，有家公司叫 PP 视频，他们采用的视频传输技术叫 P2P（点对点），这种技术有一个特点，使用的人越多，它呈现的画面越清晰，播放越流畅，视频质量和播放速度与观看人数呈正相关，这是典型的网络效应。我们可以想象，观看某场球赛直播的球迷会有更强的意愿将比赛链接分享出去，他的动力除了与朋友分享球赛之外，还包含当更多人进入直播间时，自己的观赛体验会因此提升。从增长的视角看，这是转介绍的场景。

除了用户关系之外，网络效应至少还包含数据、算法、语言、产业链或生态、聚集效应等多种场景，下面我们一一阐释。

第一，用户关系。当某个产品的价值有一部分来自用户与用户之间的关系时，它就具备了"用户关系类网络效应"。

除微信外，电话系统也具备明显的用户关系网络效应，中国移动、中国联通和中国电信各自有一张网，如果市场自由发展，那么最后只会剩下一家企业：我们总不能忍受联系一批朋友用一部手机，联系另外一批朋友用另外一部手机吧？按照当时的竞争状态，赢家大概率会是中国移动。我们知道，此种情况并没有发生，三家企业依然并存。因为这三家同属国企，官方要求不同的通信网络之间互通互联，即中国移动的用户可以直接给中国联通的用户打电话、发短信，这样一下子就把网络效应破坏了。

有些产品本身就以用户关系作为主要的价值主张，它们天然具有网络效应。比较老的网民应该会记得校友录和校内网，它们用户增长的很大一部分来自用户推荐，有越多的同学使用了此软件，此软件对用户自身的价值就越大。

还有一些产品，以其他的价值主张为主，但主动加强了用户和用户之间的关系，构建了一定程度的网络效应。典型的例子有新能源汽车里的特斯拉和蔚来，特斯拉早期车主有很强的社群属性，彼此通过车主社群获得额外的增值，他们也有意愿向周围相同层次的人士推荐特斯拉。同时，他们离开特斯拉的转换成本也很高，其中一部分成本来自已经形成的社交关系。

用户关系类网络效应虽然强大，但也有其边界，它的边界恰恰来自"用户关系"4个字，不同类型的用户关系需要不同的产品来承载。首先，不同代际的用户关系是割裂的，这就是为什么在微信如此强大的情况下，QQ作为一款社交软件仍然具有强大的生命力。QQ的用户主要包括两类人。一类是老人，曾经有一个阶段QQ农场非常火爆，在里面不亦乐乎地偷菜的用户以老年人为主，他们有自己的社交圈层。还有一类是青少年，"不愿意与爸妈在同一个社交网络里"是一个社会需求，中国外国都是如此。其次，对同一代的人们来说，他们也天然存在于不同的关系网络里，在不同的网络中需要呈现不同的形象。罗永浩的子弹短信、阿里巴巴的来往进攻微信都失败了，概因他们希望覆盖的用户关系与微信是同一种。在这种情况下微信很难被击败，但陌陌与钉钉活了下来。虽然也是社交类软件，但它们覆盖的社交关系与微信截然不同，一个是陌生人社交，一个是工作关系社交，它们与微信存在于不同的价值网中。

更细致地说，如果我们把用户关系类的网络效应解读为"用户和用户之间有关联"，那么可研究的点还有很多。微信具有网络效应，淘宝有没有呢？滴滴有没有呢？摩拜有没有呢？美团有没有呢？微信在用户侧具有多边网络效应，这是最完美的模型。滴滴的双边网络效应包括乘客侧和司机侧。在这种模型里，双边要素增加时，效用彼此增加；单边要素增加时，效用反而受到影响。怎么讲？当司机增加了，乘客打车更容易甚至更便宜，乘客的效用增加了。当乘客增加了，司机的工作机会增加，司机的效用增加了。但增加司机对原有司机来说，增加乘客对原有乘客来说，效用不增反降，因为这种情况下产生了竞争关系。如果乘客打车时发现要排队很久，那么这种感觉就会更加明显。

用户关系类网络效应还有另外一个适用边界，我们可以将此类网络效应分成全球模型、全国模型、同城模型和三公里模型。微信的网络效应属于全球模型。理论上讲，它可以把全世界所有的用户关系都囊括进去，每个人在它这张网络上都可以产生关系。这种网络效应是最厉害的，几乎可以无限扩张。移动、联通和淘宝的网络效应属于全国模型，全中国的人都可以在上面互动互联，但其他国家的人很难应用。滴滴的网络效应属于同城模型，即一个城市里司机、用户的数量和密度关系会影响其网络效应的效果，但这种效果与其他城市没有关系。我是一个北京用户，上海的司机多还是不多，用户多还是不多，跟我没有关系，除非我去上海出差。这也是我们在各地总能看到一些新公司在出行领域创业的原因：它们好像总有机会。这是滴滴的商业模型中固有的结构性问题。

与滴滴类似的是58同城，它的网络效应也属于同城模型。O2O的网络效应属于"三公里模型+同城模型"，美团是O2O，也具有双边网络效应。当更多餐馆加入美团时，用户选择变多，效用增加；当更多用户加入美团时，餐馆生意多了，效用增加。这是双边带来的效用增加。从单边的角度看，更多餐馆上线会影响其他餐馆的生意，它们之间有竞争关系，而增加更多用户并不影响其他用户的效用，因为供给足够充分。在美团的商业模型里，第三方配送资源也由美团自己提供，这增加了确定性。所以理论上讲，美团采用的是一个会比滴滴的商业模型更有成长潜力的商业模型。就网络效应的有效性而言，微信 > 美团 > 滴滴。

由此可见，虽然网络效应理解起来并不是很难，但我们在做商业模式设计及增长战略规划时，差之毫厘，谬以千里。给读者留一个思考题。作为电商平台，淘宝具有明显的双边网络效应：商家越多，用户越多；用户越多，商家也会越多。双边效应彼此加强。奇怪的是，如此强大的淘宝，在拼多多快速崛起的过程中似乎没有起到什么遏制作用。网络效应的护城河作用失效了吗？你先思考，后文会有我个人的见解。

用户关系类网络效应是最容易理解也最常见的网络效应应用场景，却远远不是唯一场景。

第二，数据。系统中用户创造的数据与对其他用户的效用有正相关性。

用户使用大众点评，除了可以查找餐厅信息，更重要的是可以看到其他用户评价，辅助他们做出就餐决策。评价就是用户产生的数据，用户评价越多，就会有越多用户愿意使用这款产品，这形成了网络效应。

这一轮人工智能的核心技术是深度学习。产品最初很"笨"，随着用户使用数据增加，它们被训练得越来越"聪明"。比如天猫精灵和百度小度等智能音箱，用户使用得越多，它们接受数据训练的次数越多。也就是说，用户每次使用，都是在给其他用户提供效用。理解了这一点，我们就可以得出结论：这几家智能音箱公司的最佳策略应该是平成本快速出货，早一点吸引到更多用户，刺激用户交互行为，让自己的产品早一点变得更"聪明"。由于网络效应的存在，领先者会将落后者越抛越远。

数据类网络效应给予我们的启示是，要识别在产品交付过程中能否产生数据，且此数据对其他用户有效用，如果是，这就具备了产生网络效应的基础。

第三，算法。由算法驱动的产品，有越多用户使用，产品对用户的效用就越明显。

算法类网络效应与数据类网络效应的表现形式类似，我们单独将它列出，是为了便于读者更直观地理解。

百度等搜索引擎并不是一开始就这么准确的。它们同样是通过大量用户的使用，根据数据不断调优算法，才变得越来越准确的。在这个领域，其他公司与第一名的差距会越来越大，这也是网络效应带来的结果。

最以算法闻名的公司是字节跳动和快手。今日头条是字节跳动旗下的新闻资讯类 App，据说张一鸣早期给今日头条拉投资的时候，为了方便投资人理解，他介绍自己的产品为"移动端的新浪"。当然，现在字节跳动的体量已经远远超过了新浪。有人说，新浪也有自己的新闻客户端，加上算法推荐不就是今日头条吗？它有没有可能反超今日头条呢？这种可能性不是没有，但是很小，原因在于算法具有网络效应，网络效应的"越多越好，越好越多"会让领先的公司具有难以逾越的护城河。

在商业领域，经常有"后发优势"和"先发优势"的说法，这二者看起来矛盾，其实背后的道理是一致的。在具有网络效应的领域中，企业一般要抢占先发优势，快速突破阈值，增长飞轮就会跟着转动起来。

第四，语言。使用某种语言的人越多，对使用这种语言的人来讲效用越高。

这是一种独特的网络效应，很少有人意识到。我们几代青年人花了大量时间学习英语，在工作之后，有人用得到，有人用不到。其实，不同语言的使用者之间需要互相研究各自文化的那部分需求，这不需要以全社会共同学习的方式来进行。消耗中国青年人大量时间的英语学习，只不过是为了融入另一种沟通语境而已。试想一下，英美年轻人不需要花费这么多时间学习一门外语，而中国青年人如果省下这部分时间，也可以做很多更有意义的创造。

存在即合理，中国人之所以全社会学习英语，是由于过去几百年西方在政治、军事上拥有优势地位。对英美人来讲，世界上有越多人懂得英语，他们的效用越高。

在外企圈和市场圈，很多人喜欢用中英掺杂的方式讲话，曾经有一段时间我也对此很反感，但在这个圈子久了，我渐渐习惯了这种表达，这并非有意装酷或者炫耀，只是一种更高效率的沟通方式。有很多专业术语的中文表达很长且不准确，而用英语只需要一两个词就表达清楚了。对这个圈层来讲，越多人习惯这种表达方式，双方的沟通效率越高，彼此的效用是增加的。这也是网络效应。

语言的网络效应给我们的启示是，企业可以创造某种特定的语言范式，将更多的用户囊括进来。当突破了一定的阈值，用户会倾向于维护此种语言表达方式，并更愿意将此种语言表达方式传播出去，很显然这是极高明的增长策略。后面我将会给大家介绍混沌学园的"黑话"体系，以及这套体系在混沌学园增长战略中的作用。

在实际应用中，企业有时也未必需要新造一套语言，创造几个词就可以了。在日常沟通中，你应该听过以下一些表达。

"朋友向我安利了一个产品。"
"这个词什么意思？我百度一下。"
"下班一起走吧，我打个滴滴。"

这里的安利、百度和滴滴，原本都是企业的名字，但是在这些语境里的实际意思分别是推荐、搜索和打车。梁冬曾是百度公司市场副总裁，在离职时他说自己对百度最大的贡献是将"百度"由名词变成了动词。以本章所谈的内容分析，这显然是具有网络效应的。越多人拥有这样的语言习惯，对已经如此使用这些词汇的人来说效用越高，彼此理解越容易。同时，这对这些词原指的公司来讲也有极好的效用。

第五，产业链或生态。有越多产业或者生态环节被纳入一个系统中，对系统中其他环节的效用越高。

智能手机产业是一个生态，在这里，有人造手机硬件，有人做操作系统，有人打通支付，有人做视觉识别……比智能手机小一个尺度的手机操作系统也是一个生态，一个操作系统的用户越多，就会有越多开发者基于它开发软件。

近年有一种说法非常流行：随着劳动力价格的提升，中国将逐渐失去世界工厂的地位，全世界制造中心将向以越南为代表的东南亚国家转移。

针对这种说法最主要的反对观点是"制造产业链生态说"：中国作为世界工厂，拥有完整的制造业产业链，几个工厂搬出去很容易，但已经协同了几十年的产业链搬出去难上加难。更有可能发生的不是越南形成另一个完整产业链，而是它将变成中国制造业产业链当中的一环。这是基于网络效应得出的必然推导结果。

生态和生态之间是存在竞争的，iOS和安卓是两个不同的生态。生态内同一个环节之间也是存在竞争的，都是做电商App的企业，必然有竞争。但生态的不同环节之间是互补的。

商业领域中人们怎么利用产业链或生态之间的网络效应呢？下面讲一个我们公司的案例。

增长研习社曾经采购过一款办公软件，就叫它F吧。它主要针对销售场景，但也有针对办公场景的功能。初级版很便宜，只需要几千元钱。我们用了几个月后，阿里的钉钉开始大规模推广，用户可以免费使用，我们立即转而使用钉钉了，一点儿忠诚度都没有。当时我就思考，如果我是F的负责人，怎样才能让我自己这样的客户不转投钉钉呢？思来想去，好像只有一种可能，就是如果我们已经在 F 上与客户及合作伙伴产生了大量交互，沉淀了很多数据，那么我们就不会轻易转到钉钉上去。

如果要给 F 提建议，我只有两条：首先在产品方面，要让客户尽可能地在产品上建立业务关系，而不仅仅是将企业内部流程搬到软件里去。其次在售卖方式方面，不要按照扫楼的方式进行销售，而要根据业务关系，先拿下一个产业链的核心企业，之后向上卖给它的供应商，向下卖给它的经销商。这个网络一旦形成，客户就很难离开了。

第六，聚集效应。当某一类产品或服务以集中的方式供给，对供需双方都会产生正向效用。

在北京，人们想配眼镜时，大概率会想起潘家园。这里除了是古玩交易中心外，还拥有北京最多的眼镜城和眼镜店。

全世界的商家在批发小商品时，一定会首选浙江义乌，这里有海量的小商品厂商和批发商。

教育机构往往会聚集到同一栋楼里，这家机构教语文，那家机构教英语。

各个城市都有餐饮一条街，这条街往往是那个城市最热闹的地方。

都说同行是冤家，为何同行总爱往一起凑呢？其实这是一种双边网络效应，某种商品的供给越充分，越能吸引更多的需求方。

以上是我们给大家列举的几种网络效应的表现形式。在我们提及网络效应的时候，往往会有另外一个词——"规模效应"随之出现，规模效应不等于网络效应，但规模效应往往是网络效应的出发点和目标。

规模效应可以降低成本。供给侧的规模效应能直接降低产品原材料的采购成本：供应商对于生产100件衣服与10万件衣服所需原材料的报价一定是不同的。需求侧的规模效应可以摊薄投入的成本，最近几年我们经常听说系统中台建设和数字化转型等措施，这些都要投入很多钱，没有规模效应的企业是无力支撑的。美团可以投入上千人开发餐厅管理系统，因为它有上百万名餐厅客户摊薄成本，但一个独立餐厅万无可能自己开发一个系统并超过美团。如果你是中小企业主，那么看到此处请你画个重点，切断自己开发行业系统的想法，这真的是为了你好。

规模效应不会天然地带来网络效应，你需要进行精密的商业推演。

网络效应是企业实现增长的一个"大招儿"，如果构建成功，会形成自增长，前景非常美妙。由此，如何撬动网络效应就变得很关键了，我们可以从滴滴和饿了么的案例中一窥门道。

如前文所述，滴滴具有双边网络效应。乘客越多，司机越愿意用滴滴；司机越多，乘客打到车的可能性越高，乘客就越多；二者互相刺激，双边有节奏地平衡增长。那么刚开始的时候，是先撬动司机还是先撬动乘客呢？滴滴的答案是先撬动司机，也就是供给侧。他们在火车站、机场通过地推让一部分司机先安装了软件，再让自己的员工冒充乘客来打车，使司机觉得这是一个能拉到活儿的软件，愿意保留它。之后滴滴再刺激更多乘客安装，激活需求侧。

饿了么是一个著名的外卖软件，从大学校园起家。这里的双边是大学生和大学周边的餐馆。他们先撬动的是需求侧，也就是大学生，在供给侧只上线很少的餐厅。

同样是双边网络，为什么滴滴和饿了么撬动的起始点不一样？这里的秘密在于：要先撬动对确定性要求低的那一侧。在打车的场景里，乘客的确定性要求是高于司机的。当一次打车半个小时都没有司机接单时，这个乘客就再也不会使用这个软件了。而司机最大的成本不过是保留软件，有单就接，没单则继续按原有方式拉活儿，他们对滴滴的确定性要求低。在饿了么的场景里，大学生点餐的急迫性没有那么高，因为他们还有很多别的选择；而餐厅需要付出人力记录和管理外卖订单，如果只有少量几单，他们没必要跟饿了么合作，他们对确定性的要求是高的。饿了么在初期只选择少量餐厅进行合作，就是为了让他们"吃饱"。

当然，这部分只涉及了双边网络，其他类型网络效应的启动方式，也需要根据具体商业模型来仔细推敲。

最后一个难点：阈值。我们前面讲过多次，只有网络效应超过了阈值，才会产生自增长，那么这个阈值如何确定呢？坦率地讲，商业活动最大的难点可能就在于难以量化，影响结果的变量太多，千头万绪，不可能用一个公式精确地描述出来。更好的角度可能是反过来看：企业持续做功，直到产生自增长，这就证明阈值到了。阈值在强竞争场景里是生死攸关的，这时我们要盯紧市场份额，保持领先。

中国的盗版是微软"默认"的吗

前文讲过 360 通过免费策略颠覆杀毒软件市场的案例。为什么同样是边际成本趋于零,360 可以以免费的方式结束杀毒行业的战斗,却没有一家公司跳出来以免费的方式击败微软,进而以海量的用户为基础衍生赚钱的业务?

这里面有 1.5 个原因,其中 0.5 个原因在于中国市场的用户习惯了使用盗版,相当于用户已经在"免费"使用微软的 Windows 和 Office 等产品,没有必要再使用其他免费的产品。虽然公司一般都要用正版,但由于不是用户个人花钱,因此他们也不太在乎。有一种说法是,微软对中国的非公司用户使用盗版有"默认"嫌疑。一方面追责成本太高,微软不得不放弃,另一方面,让用户养成使用习惯,防范了竞品的侵入,同时让企业有更大可能购买自己的产品。

一个原因是与 360 相比,微软的操作系统早已形成网络效应,用户很难离开。对杀毒软件来讲,每个用户的使用与其他用户没有太大的关联,也就是说,一家杀毒软件公司可以实现这个领域内用户所有的价值主张。操作系统却是一个生态,如果仅仅是企业将操作系统开发出来,但是没有大量的应用开发商、芯片厂商、终端企业的参与,用户是很难把这个系统用起来的。中国的有识之士,如倪光南院士,曾经在 21 世纪初力主开发国产操作系统,他们推出过红旗 Linux,还曾经中了北京市政府采购的标,但是在几年后偃旗息鼓,在 PC 时代再也没有国产公司挑战微软的霸权地位。一个重要原因就是,公司很难调动市场上的应用软件开发商在红旗系统上开发软件，没有软件，单独的操作系统对用户来说是无用的。

除了作为操作系统的 Windows 具有网络效应之外，微软另外一个核心产品 Office 也具有网络效应。我们再回忆一下网络效应的定义：如果在一个系统里增加了要素，那么这样对其他要素以及整个系统都有好处。当同事和你一样使用 Word 或者 PPT 时，你们之间传输文件及彼此沟通都更方便，这就是效用。如果同事之间用的是不同的文字处理软件，可想而知工作协调会多么麻烦。

在 PC 时代之后的移动互联网时代，我国在操作系统方面曾经也有机会，但也失败了，苹果的 iOS 和谷歌的安卓系统统治了这个市场。移动互联网的操作系统同样具有网络效应，开发一个类似安卓的操作系统很难，但重投入也不是没有机会，阿里就曾经做过"云 OS"系统，但是将 iOS 和安卓上海量的应用开发者迁移到新的系统里，这件事就几乎不可能完成了，更不用说谷歌对阿里的云 OS 进行了强力阻击。当初阿里与宏碁手机已经达成了合作，宏碁会在新手机上搭载阿里的操作系统。可是在 2012 年 9 月 13 日的发布会开始前一小时，由于受到谷歌施压，宏碁取消了这次合作。

"如果在新产品上搭载阿里云操作系统，谷歌公司将会解除与宏碁安卓产品的合作并取消相关技术授权。"阿里云在当时的官方声明中这样写道。

iOS 曾经有可能独霸江湖。iOS 的出现早于安卓，具有先发优势，可苹果比较封闭，iOS 只能在苹果手机上运行，没有开放给其他品牌，这给了安卓机会，让它能够在 iOS 之外构建一个泛生态。目前整个安卓系统生态的丰富程度超过了 iOS。

读到这里，有些读者也许会提出一个问题：在 iOS 和安卓出现之前，是诺基亚的塞班系统一统天下，它为何被苹果轻易击败？有很多分析苹果成功原因的文章，大都把答案定位在乔布斯的天才和苹果的产品上。我们要关注到一个外部条件，即苹果的第一代手机在 2007 年上市，而 3G 的普及是在 2008—2009 年，3G 带来了上网速度的提升，App 代表了新的虚拟世界，我们必然需要一个虚拟世界的入口，而以诺基亚为代表的功能机以通信功能为主。2009 年，苹果手机的联通 3G 版产品登陆中国。苹果的 iOS 构建了这个入口，随之而来的是大量 App 开发商，这就形成了网络效应，越多带来越多，塞班第一步没有跟上苹果，第二步没有跟上安卓，便再也没有了机会。

巴菲特的护城河理论包括四大护城河：无形资产、转换成本、网络效应和成本优势。其中专利属于无形资产，是企业重要的竞争资源。特斯拉却放弃了自己在新能源汽车领域的所有专利，供全社会使用。马斯克还反驳巴菲特和芒格说，企业真正的护城河是创新！创新！创新！

事实真是这样吗？

特斯拉的胜利并不是一家公司的胜利，而是一种技术路线的胜利。在新能源汽车领域，技术路线不只有特斯拉代表的纯电动，还有混合动力以及以日本企业为主的氢动力新能源。目前，氢动力路线已基本宣告失败，原因并非技术无法实现。一种技术要变成行业标准进而成为社会共识，技术本身的影响很小。重要的原因是，氢动力技术专利基本掌握在日本企业手中，它们似乎想把之前燃油车的发展历史重复一遍：掌握核心技术的公司站在产业链上游攫取最大的利益。问题是时代变了，没有人希望自己随时可能被"卡脖子"。以中国新造车势力为代表的造车公司集体倒向了纯电动路线，充电网络等社会资源也向此汇集，渐渐形成了具有网络效应的纯电动生态。氢动力路线在结构上失去了机会。

巴菲特的护城河理论并没有失效，特斯拉放弃了专利这种无形资产的护城河，却形成了能源生态这种网络效应的护城河。商业世界往往叠加多种逻辑，视角越丰富，洞见越深刻。

"混沌"的黑话与"得到"的搜索

从 2013 年流行"互联网思维"开始，混沌学园和得到 App 两个平台就是知识界的"认知高地场"。它们未必囊括了所有的认知高手，但的确各自创造了一个"场"，在中国互联网圈甚至知识圈都是特别的存在，我个人认为，如果在未来回望当前的时代，那么它们都值得拥有姓名。

混沌学园由李善友教授创办。李善友教授曾在中欧商学院创办创业营，连续 4 期，学员囊括了当今最优秀的创业者。后来，李善友教授从中欧商学院独立出来创办了混沌学园，其核心方向是"创新"，混沌学园拥有独家创新理论，并以线上线下多种方式传播创新哲学及创新商学，同时在籍学员数达到 40 万。这么多人学习了同一套商学体系，混沌学园的同学之间形成一种独特的"黑话"体系：第二曲线、非连续性、破界创新、组织心智、战略杠杆、组合创新、错位竞争、边缘分化、低端颠覆、分形、熵增、进化算法、理念世界等，不一而足。我们甚至循着"味道"就知道谁是混沌学园的学员。作为一种"语言"，混沌的"黑话"体系形成了网络效应。

具备网络效应的业态，使用的人越多，对老用户和新用户就越有价值，一套商业语言更是如此。当人们在同一套话语体系之中时，彼此不必过多解释，沟通成本很低。"黑话"往往是复杂概念的抽象凝练，正是因为有些概念难以被简单具象地表达，我们才将之抽象化。人类的超级能力之一便是能够理解抽象概念并据此产生协同效果，往往能理解越多抽象层次的人，越聪明和有智慧。抽象化是我们的解决方案，不要将它当作问题。

在公司内部，如果沟通语言不一致，那么效率同样会低下。在混沌学园有一个奇特的现象，先是公司创始人来商学院上课，然后他会将合伙人和高管陆续送来，原因无他，只是他希望统一团队的认知和沟通语系。

对混沌学园来讲，如果使用这套"黑话"的人多了，它甚至变成了商业界的通用语言，那么这无疑对其影响力和增长大有裨益。网络效应的神奇之处就在于此，它对系统内各个角色，新用户、老用户以及系统本身，都能够起到增加效用的作用。

得到公司由罗振宇创办，最早在优酷上以知识脱口秀《罗辑思维》的形式出现。在积累了大量粉丝后，得到 App 开始自己运营用户，公司定位也从"知识付费"向"知识服务"转变。得到 App 上有很多优质的老师和课程，我愿意推荐的就有万维钢、薛兆丰、梁宁、刘擎等老师的课程。若是自己去研究某个领域的知识，最大的成本是时间。得到将每个领域的头部专家邀请过来，专家们通过自己的知识打磨系统打造了一门又一门质量很高又容易理解的课程，实在是功莫大焉。我已经养成一个习惯，当了解到某本书中可能有我需要的某个信息点时，我会第一时间去得到 App 看看有没有相关内容。

人们未必需要深度了解每一门知识，有自己的专长同时又很广博，形成 T 型架构是最理想的状态。从 T 型的一横这个角度来说，得到 App 做出的贡献在国内无出其右。也就是说，如果用户想了解非自己专业的其他领域的概况知识，能够保障严谨性和前沿性的，只有得到。

在我看来，得到最大的价值并不在于某个老师的某门课程，而是他们旨在打造一个闭环的、由可信作者创作的严肃知识图谱。对用户来说，这体现在得到的搜索上，通过得到搜索得到的知识和信息往往具备更高的可信度。这是一个巨大的工程，其内容不是像其他搜索引擎那样通过爬虫在全网抓取到的数据，而几乎都是重新"创造"出来的。得到的名师课程、听书产品、电子书、锦囊以及知识城邦是主要的创造源。这是一个缓慢的、有复利的、越来越有价值的事情，与得到"做时间的朋友"的理念完美契合。

最近我在研究新能源汽车，当我在得到搜索"新能源汽车"时，我依次看到的栏目有电子书、大辞海、清单、笔记、用户和课程内容。得到按照特定的逻辑，将这个领域的知识点组织成了一张网，其中让我最惊喜的栏目是"清单"，它包含了 44 个与新能源汽车有关的知识点合集，这些知识点来自哪一位老师的哪一堂课程，都被标注得清清楚楚。它可以让我在最短的时间内实现对一个行业的深度了解，从"知识付费"到"知识服务"，得到没有妄言。

百度曾经实现了信息面前人人平等，它的特点是海量信息、快速搜索。任何商业模式的反面都可能是另外一种商业模式，百度的海量信息带来了信息虚假等道德问题，得到搜索就与它相反：提供的信息量不算大，但在严谨性方面更胜一筹。这样得到也找到了自己独特的空间。

得到的搜索及其内容已经形成网络效应：越多专业作者创造知识，它对其他用户来说就越有价值，就有越多用户愿意使用得到获取知识，就有越多创作者愿意加入进来。如果有一天得到的搜索变成了一个主流搜索产品，请各位不要感到意外。

李云龙
第五章 壁垒构建

留存为先

AARRR:
- Acquisition 获客
- Activation 激活
- Retention 留存
- Revenue 收入
- Referral 转介绍

RARRR:
- Retention 留存
- Acquisition 获客
- Activation 激活
- Revenue 收入
- Referral 转介绍

2个底层逻辑
1. 价值主张
2. 替换成本

3种策略
1. 超级用户
2. 价值预留
3. 用户成长

4大案例
1. 开市客
2. 盒马鲜生
3. 孩子王
4. 好未来

企业护城河

- 无形资产
- 网络效应
- 转换成本
- 成本优势

网络效应

定义：一个系统内要素的效用与其他要素的数量正相关。

类型：用户关系、数据、算法、语言、产业链或生态、聚集效应、基础设施。

数据	→ 系统中用户创造的数据与对其他用户的效用有正相关性
算法	→ 由算法驱动的产品，有越多用户使用，产品对用户的效用就越明显
语言	→ 使用某种语言的人越多，对使用这种语言的人来讲效用越高
产业链或生态	→ 有越多产业或生态环节被纳入一个系统中，对系统中其他环节的效用越高
聚集效应	→ 当某一类产品或服务以集中的方式供给，对供需双方都会产生正向效用

第六章
系统破界

策略解读:有限的游戏与无限的游戏

在企业生命周期(见图 6-1)中,点 4 是企业生命的极限点,我称之为"不能去的死点(4 点)"。当企业到达极限点,市场萎缩、组织涣散,企业会开始走下坡路。

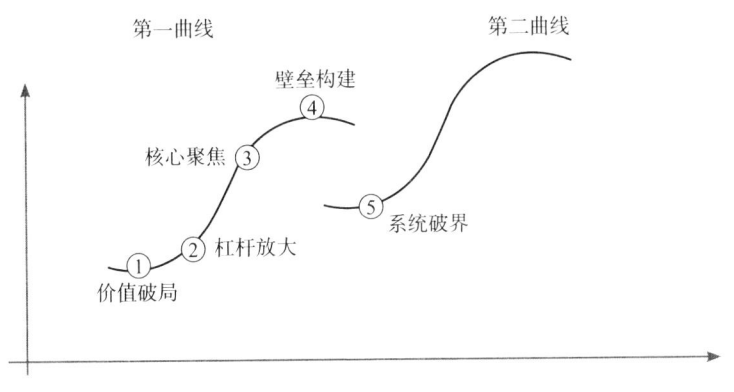

图 6-1 企业生命周期

本书的底层一直藏着一条理论线:系统论。系统包括系统的目的、组成系统的要素和要素之间的关系。人是一个系统,企业是一个系统，行业是一个系统，国家也是一个系统。

任何系统都有不可逾越的制约因素，否则它就可能有无限的产出。因此，要提高一个系统的产出，必须要打破系统的限制要素。这就是本章标题的来源——系统破界。

企业的第一曲线，是基于某个基石假设延伸出来的系统，它也必将受系统的限制而无法突破固有瓶颈。企业要深刻认知这一点，从点 3 开始，就要开始思考如何避免走到点 4，实现转型，提前布局企业的第二增长曲线。

王兴说："有本书对我蛮有影响的，叫作《有限与无限的游戏》，有限游戏在边界内玩，无限游戏却是在和边界玩，探索改变边界本身。"在原有系统内玩，是有限游戏，持续突破系统边界，才是无限游戏。

在前文"增长飞轮"一节中，亚马逊的增长飞轮可以引领这家公司走向第一曲线业务的边界，也就是电商业务的极限。但亚马逊的云业务 AWS 已经跳出了这个系统，不在原增长飞轮里了，它开启了亚马逊的第二增长曲线（见图 6-2）。电商业务只是一个有限游戏，也是一个封闭系统，天花板清晰，路径也清晰。企业希望持续增长，唯有打破边界，走向无限游戏。

本章内容，就是企业如何从点 3 跃迁到点 5，系统破界，实现第二曲线式增长。

企业有两个大的面向：一是向内求，找到问题的根本原因、事物的根本属性、现象的底层逻辑，借以穿越周期；二是向外求，从系统之外的系统借鉴。一个封闭系统的熵增不可逆，唯有开放系统裂缝，才能让光照进来。这就是本章所讲的两个核心："认知升级"与"时光穿梭"。

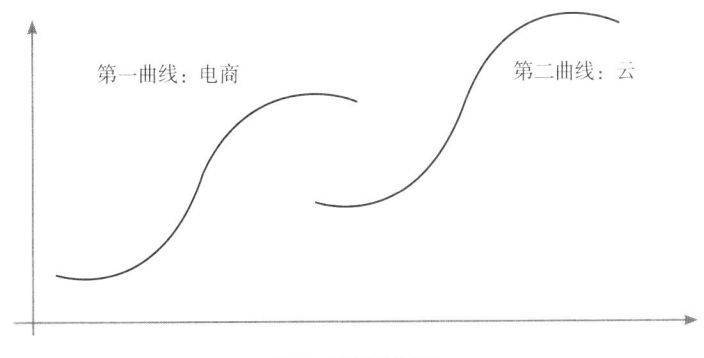

第一曲线：电商　　　　　　第二曲线：云

图 6-2　亚马逊生命周期

认知升级：企业的边界，是创始人的认知边界

清华战略学教授朱武祥曾经讲过一个案例，"美国版滴滴"Uber 曾有一次开放融资，有两拨专业金融机构给出了截然不同的估值结果，一个是 59 亿美元，另外一个是 250 亿美元。为何同一家公司却获得了差距如此之大的估值结果？因为这两拨人对 Uber 的认知不同，第一拨人认为 Uber 是一家出租车公司，而第二拨人认为 Uber 是一家出行公司，这两种认知会给 Uber 带来截然不同的战略决策、增长路径。出租车公司的估值逻辑是盘点出租车市场的规模、增长潜力以及这家新公司在终局上可能获得的份额，这是产业链视角。而出行公司是解决用户从 A 点到 B 点所有可能遇到的问题，从造车到新能源，从卖车到无人驾驶，

一切皆有可能,这是价值链视角,这个范畴比出租车公司大得多。

同样的公司,仅仅是看待视角不同,从估值到增长逻辑都截然不同。这恐怕是认识论在现实世界最佳的验证了。

"创始人的认知边界是企业真正的边界。"滴滴出行创始人程维如是说。滴滴这家公司的品牌名从"滴滴打车"变更为"滴滴出行",其中有着与上文 Uber 同样的思考逻辑。

> **"创始人的认知边界是企业真正的边界。"**
> ——滴滴出行创始人程维

外卖已经是美团的核心业务,其收入占总营收的一半以上。在北京的外卖市场上,有另外一家老牌外卖公司——丽华快餐。从需求侧来说,美团外卖与丽华快餐满足的是用户在相同场景里的相同价值主张:中午或者晚上在办公室或者家里吃一顿饭。可是似乎从来没有人将美团外卖与丽华快餐相提并论,我们尝试给出原因:因为丽华快餐真的是一家外卖公司。这有点儿反常识是不是?让我们做一个思想实验,一家真正的外卖公司大概会做什么事情?以下几件事可能必不可少。

1. 夯实供应链,尽量向上游延伸,保证食材供给和安全性。
2. 建立中央厨房,并优化选址。将厨房流程 SOP(标准作业程序)化,降低成本,提高效率。建立物流体系、冷链车队，保证食材和菜品新鲜度。
3. 建立 BD 团队，拿住核心大客户，保证在续约的前提下提升单客户产值。

可是，这些看起来作为外卖公司必须执行的动作，美团外卖一个都没有做！美团并不是一家真正的外卖公司，它是一个"生活服务入口"，在战略路径的当前阶段，它恰好与丽华快餐相遇，二者虽然满足相同的用户需求，但背后的增长逻辑完全不同。

每个企业，对行业本质的认识不同，"看到"的路径就不同。这个"看到"并非是用眼睛看到，而是在思想里看到。

做企业，就是在资源有限的情况下寻求发展。市场上有很多限制性要素，但最重要的限制性要素并不是在外部，而是在头脑里的思想，是认知。思想一旦解放，生产力就释放了。很多时候，恰恰是他人的认知遮蔽给了我们机会，同样地，我们的认知遮蔽也会给他人机会。

> 他人的认知遮蔽给了我们机会，我们的认知遮蔽也会给他人机会。

"增长"作为一种商业概念并不是创新，但增长的实现往往与创新强相关，这个逻辑相信读者不容易混淆。而创新其实就是破除思维遮蔽。思想成就了我们，同时也束缚了我们。当下的世界，是过去世界延伸到现在的一种可能性，当这种可能性出现时，其他的可能性就被遮蔽了；每个领域发展到当下，都是从该领域的本源延伸出的一种可能性，这种可能性被实现，其他可能性就被遮蔽了；每个事物都是多条逻辑的叠加，当一条逻辑被凸显出来时，其他逻辑就被遮蔽了。每当我们向本源回归一步，遮蔽就会少一些，其他可能性就会多浮现一些。从这个意义上讲，与其说创新的方向是向前，不如说创新的方向是向后。我们要以向后的、回归本源的方式探寻创新的更多可能性。柏拉图说，学习就是回忆。人人本自具足，是我们自己把自己遮蔽了。好的一点在于，你只要看到这种遮蔽性，它就消失了，你的认知就会提升。

商业没有尽头，商业认知也没有尽头。时代发展到今天，市场越来越被认知型企业家所主导，过去那种靠努力和红利起势的机会越来越少了。从他们流传在外的观点看，新企业家的代表们，张一鸣、王兴和黄峥等，无不是深度思考者。张一鸣在内部分享时曾经说，判断是否开展一个新业务的重要衡量标准，是我们在这个领域有没有远超他人的洞见。

> " 判断是否开展一个新业务的重要衡量标准，是我们在这个领域有没有远超他人的洞见。"
> ——字节跳动创始人张一鸣

在创办今日头条之前，张一鸣在运营一家叫九九房的房地产网站。一次偶然的机会让他接触了推荐算法，他立刻判断出来这里蕴藏着巨大的机会。没有什么犹豫，他就放下了已经有一定规模的九九房，开发了今日头条。团队没有人会推荐算法，没有关系，他们可以学，可以从百度请技术大牛。早期很多投资人还把今日头条理解为"移动版新浪"，张一鸣一定不这样认为，他在这个领域拥有远超他人的洞见。从今日头条到抖音，到西瓜视频，到懂车帝，到 Tiktok，到飞书，到大力教育，字节跳动系的产品已经远远不是一个新闻客户端所能涵盖的了。

硅谷创投教父，PayPal（贝宝）公司创始人，同时也是畅销书《从 0 到 1》作者的彼得·蒂尔曾经讲过一个著名的洞见：在哪些重要的问题上，你与众人的观点不同，但坚信自己是正确的，那就是你的"秘密"。真正的秘密，从来都是认知。不断打破自己的认知，才能在这个时代的竞争中拥有长远优势。

那么，怎样才能认知升级呢？我们给读者提供两种方法：升维思考与本质思考。升维思考是向上探求，提高维度，拉大尺度，向下俯瞰。本质思考是向下探究，发现底层规律、核心本质，同步迁移（见图 6-3）。

第一，升维思考。

有一只蚂蚁不小心来到了迷宫里，它看到的是这样的图景（见图 6-4）。

图 6-3 认知升级的两种方法

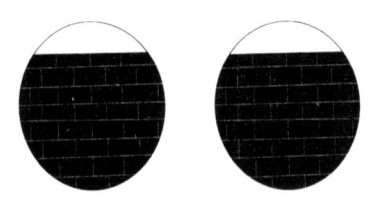

图 6-4 蚂蚁眼中的迷宫

蚂蚁认为,逃出去的方式只能是乱试。而作为观察者,我们看到的图景是这样的(见图 6-5)。

图 6-5 观察者看到的迷宫

观察者可以很轻松地找到正确的道路。观察者之于蚂蚁是站在三维看二维,所以可以实现全景观察。这是对升维思考的一种隐喻,在面对复杂事物的时候,我们升高一个维度进行思考。

如何升高维度?我们给大家提供两个角度。

首先,从内容到结构。

当我们观察某个行业时，一定是信息众多，充满干扰，这就是内容。但所有的行业都可以被一个结构给锚定：供给＋需求＋连接。我们做竞争分析时是点点滴滴，千头万绪，这是内容。一旦用波特五力模型来框定竞争态势，一切就显得明明白白，这就是结构。按照结构进行深度研究，一个行业在你面前就会一清二楚，这便是升维。

从内容到结构，要尽量"视觉化"。几乎所有的思维模型都可以用图形的方式呈现出来，视觉化的价值是让观察者（也就是我们）与被观察对象（行业、疑难问题等）分离开来。方才提到的波特五力模型就是一个例子（见图6-6）。

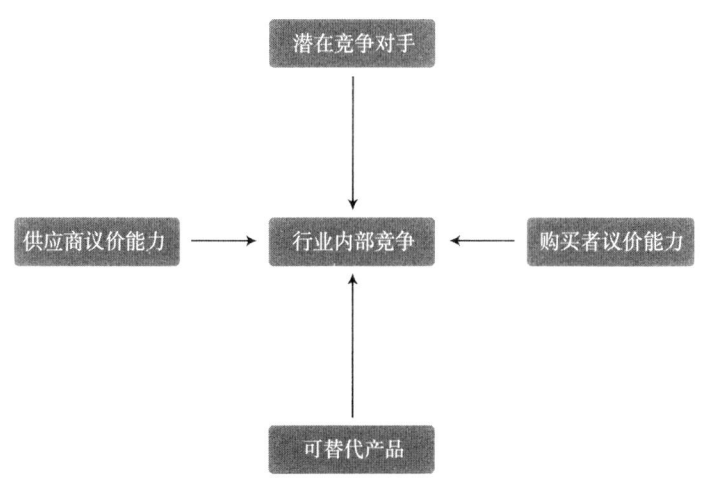

图6-6 波特五力模型

把思维模型用视觉化的方式表达出来，我们观察起来便容易很多。用波士顿矩阵模型来分析企业内部业务也是一个例子（见

图 6-7）。

图 6-7 波士顿矩阵模型

除了这些已经被普遍使用的成熟的视觉化分析工具之外，我们还可以自创一些分析维度，用以分析我们遇到的命题，这样可以起到升维思考的作用。举个例子，有一次我们给万科物业做增长思维工作坊，命题是"如何开展除了物业费之外的增值业务"。物业管理是典型的"捧着金饭碗要饭"的行业，家庭是日常消费的主体，物业公司拥有近距离、深度互动、高频接触优质客户的机会，却长期将物业费作为主要营收来源，连万科物业这样的头部公司的增值服务收入占比都很少，这里无疑具有广阔的增长空间。可是企业该从哪里下手呢？是不是家庭消费的所有场景都适合物业来搭建呢？答案显然不是的，我们需要一个思考结构，将适合物业公司做的领域"凸显"出来，于是，我们用四象限图自创了一个模型（见图 6-8）。

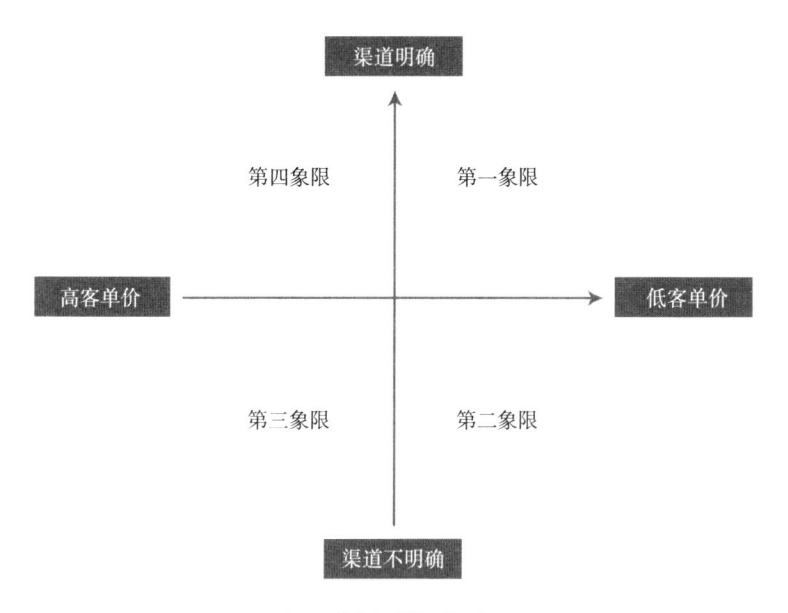

图 6-8 物业公司增值服务四象限

我们为何选了客单价和渠道这两个维度？一方面，物业虽然拥有近距离接触家庭客户的机会，但由于线下物理限制，它不能像互联网公司那样跨空间覆盖海量人群，只有提供高客单价产品或者服务，它才能在有限用户群体中实现赢利。另一方面，虽然有一些高客单价产品有不错的毛利，但用户获取此类产品的渠道相对明确，物业公司如果做这类产品，需要先解决替换成本问题，比如家电虽然是家庭的主要消费品类，但用户心中的购买渠道往往是京东或者大卖场，这显然不是物业公司具有优势的领域。

通过这样一个分析工具将问题视觉化出来，答案就很明显了，物业公司的增值业务应该选择定位在第三象限的产品或者服务，这样它成功的可能性会更大。

给读者们留一个思考题：在第三象限里，你能想到哪些产品或者服务？

升维思考，是一种从内容到结构、从具象到抽象、从方法到策略的过程，我们要从解决一个问题上升到解决一类问题（见图6-9）。在牛顿出现之前，人们解决机械力学问题的背景是每个场景各自有解决方案，解决方法是多年能工巧匠们积累经验的不断传承；而在牛顿提出力学三大定律后，几乎所有与机械力学相关的问题都被解决了。这便是升维思考的力量。

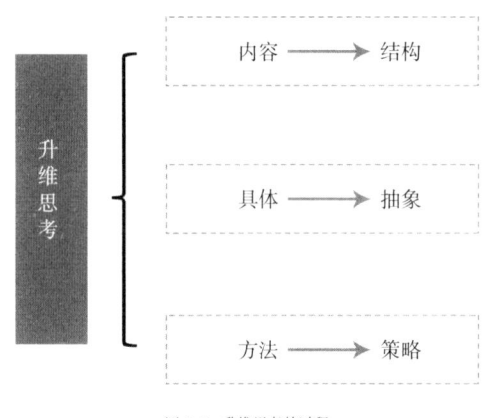

升维思考：
- 内容 → 结构
- 具体 → 抽象
- 方法 → 策略

图6-9　升维思考的过程

其次，找到系统的边界和假设。

每个系统都有自己的边界和假设，商业系统更是如此。每次对边界和假设的识别与打破都能带来新的增长机会。

以教育行业为例。

教育行业的第一个假设：教育场景要在学校里实现。新东方和好未来打破了这个边界。教育行业的第二个假设：教育行为必须是线下进行。一众在线教育公司打破了这个边界。教育行业的第三个假设：老师应该是自营的。VIPKID 和 51Talk 这样的公司证明，离散的老师也可以被管理得很好。教育行业的第四个假设：老师必须是人。猿辅导和英语流利说等以人工智能作为交付方式的公司又打破了这个边界。

识别假设与边界并不容易，它们往往被包装成"常识"。此类常识并非真理，而是长期积累的主观共识，其破解之法是突破"共识圈"。一个完全由"70 后""80 后"组成的团队很难想出泡泡玛特这样的产品，"时尚由西方引领"这个观念是这个圈层成长经历中的隐含共识。而"90 后""00 后"更加自信，不排斥国货，国潮也是在这代人长大之后才形成的消费新趋势。他们打破了"70 后""80 后"的共识圈。

> 识别假设与边界并不容易，它们往往被包装成'常识'。

第二，本质思考。

电影《教父》中说："花半秒钟就看透事物本质的人和花一辈子都看不清事物本质的人，注定有截然不同的命运。"

人生中的遗憾，往往是在关键时刻没有进行本质思考，跟随感觉随意决策，造成不可挽回的后果。本质思考与升维思考都是突破现有认知边界的方式，那么人们该怎样进行本质思考呢？我们也给读者提供一种方法。

2020年，我在混沌学园做顾问，与沈攀老师一起负责增长学院。我们开发的第一个课程是以沈拓老师为主理人的"U型思考"，这是一种探究本质的思考方式。

日常经验里，我们的思考方式以"直线型思考"为主，即当一个问题出现时，我们脑海里自动反应般出现的"症状解"（见图6-10）。

发现问题　　　　→　　　　解决问题

图6-10　直线型思考

"孩子的语文成绩不好怎么办？""再报一个课外班。"

"用户增长遇到瓶颈了怎么办？""开一个抖音啊，现在最火了。"

"最近转化率有点儿低怎么办？""增加点儿优惠力度啊。"

直线型思考只能得到不完备的经验解，我们看到的一些"点子大师"基本都处于这种水平，他们无法获得根本解。U型思考则是从表面问题出发，通过定义核心问题，洞见问题的本质，再给出本质问题的本质解，最后结合具体场景和领域给出具体解决方案（见图 6-11）。

定义核心问题

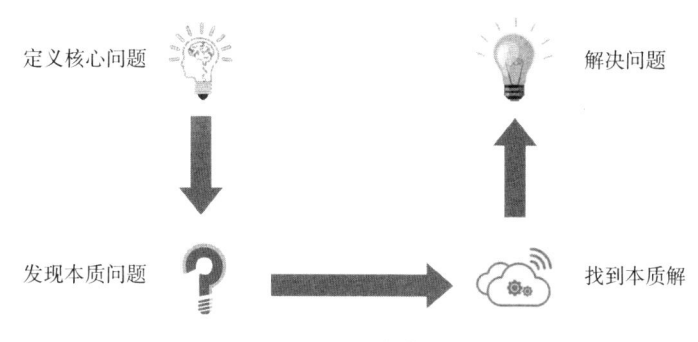

发现本质问题 → 找到本质解 → 解决问题

图 6-11　U 型思考

在 U 型思考"问、挖、破、立"的 4 个环节里，尤为重要的是第一个环节：问。可以说，问出一个好问题的重要性，远远大于给出一个答案。有一个技巧可以提升我们问问题的水平：将"How 类"的问题转换成"Why 与 What 类"的问题，也就是将"怎么办"的问题转化为"为什么"和"是什么"的问题。

读者们可以在混沌学园 App 中系统地学习 U 型思考，本书只用一个日常场景案例请你体会一下。假设我们要回答这样一个问题：怎样超过自己的同龄人？

读到此处的读者，脑海里是否已有你的直线型答案？我经常在课堂里问大家这个问题，得到的答案应该与现在你脑海里出现的差不多，比如下面这些。

"努力工作，多加班。"
"认真学习。"

"去创业。"

"找一份好工作。"

"嫁入豪门。"

有些答案的思路还挺独特，但这些都是直线型思考的结果，在不同的答案之间我们也看不出关联性。其实，这些答案都有让你超过同龄人的可能，可我们总感觉不够完备，接下来我们用U型思考来一遍。

"怎样超过自己的同龄人"是一个"How类"的问题，我们先把它转化为"Why与What类"的问题，应该是"为什么要超越同龄人"以及"超越同龄人这件事情的本质是什么"。

为什么要超越同龄人？回答这个问题是在寻找内在动机。我们之所以要超越同龄人，是因为我们在人生旅途中的绝大多数竞争都与同龄人展开，超越同龄人才能让我们在机遇面前拥有更多机会。认同这一点，这个问题以及之后的实施方案才有价值。

超越同龄人这件事情的本质是什么？这是在向下探究。不必具有特别的天分，你就可以得到答案——单位时间内进步更快。与同龄人相比，我们的出发点也许不同，但我们拥有相同的时间，在相同的时间内进步更快，超越同龄人的可能性自然就更高，这就进行到了第二步。

我们继续探究，什么样的事情能带来单位时间内更快的进步？答案已经迫不及待地要自己跳出来了：有杠杆和有复利的事情。这就是这个问题的本质解：持续做有杠杆的事和有复利的事，大概率会让你超过同龄人。但它仍然是抽象的，我们再向上延伸给出具体的解决方案，哪些事情是有杠杆和有复利的？你会发现，之前大家给出的直线型思考答案，都被包含在本质解的范畴内。有些读者会对"嫁入豪门"这样的答案莞尔一笑，可它确实是解决方案之一，豪门对个体来说是杠杆。对杠杆感兴趣的读者可以返回到第三章，看看我为你提供的8种杠杆。

从本质解出发，我们会找到更多这个问题的解决方案，只要符合有杠杆和有复利的条件（见图6-12）。

定义核心问题
如何超越同龄人？

解决问题
人脉、信任、投资、手艺、学习、IP、粉丝……

发现本质
单位时间进步更快

找到本质解
杠杆、复利

图6-12 "怎样超过自己的同龄人"的U型思考

回到商业场景，我们该如何提出好问题？管理界"大师中的大师"德鲁克可以说是"问题大师",他总是用给企业家提出有价值的问题,而非直接给答案的方式来为企业提供帮助。著名的德鲁克三问可以帮助你思考自己的企业的本质究竟是什么。

1. 我们的业务是什么?
2. 我们的业务将是什么?
3. 我们的业务究竟是什么?

我们举个例子,请问房地产是什么行业呢?你的第一反应可能是,房地产本身就是一个行业。没错,如果你认为它的本质是建筑,盖房子的,那么对于如何实现这个行业的增长这个问题,你给出的解便是基于这个认知产生的。但有人认为房地产行业其实是金融行业,房子不过是周转标的物,这又是另外一套解法。又有人认为,未来的房地产行业其实是服务行业,因为中国已经进入老龄化社会,养老服务将有巨大的市场空间,而且承载这个爆发性市场的大概率不是养老院模式,最现实、最靠谱的是居家养老,或者最多是社区养老。你如果真想拿下这个市场,那么第一,你要融入老龄人群的生存情景,深度理解他们的需求,第二,你要通过创新的产品或者服务获得他们的信任。

对同样的一个房地产市场,人们的认知不同,得到的战略逻辑和增长路径完全不同(见图6-13)。

与房地产强相关的物业行业近年被资本市场青睐,出现了多家上市公司。物业长期面临收入来源单一、增值业务不好开展的

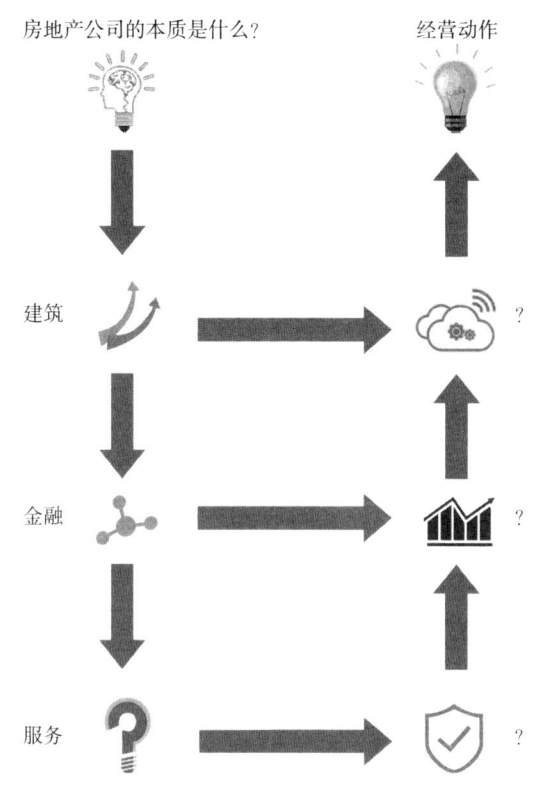

图 6-13 房地产行业的三层 U 型思考

问题。破局的方法是重新定义物业的本质，如果我们将物业的本质理解为"服务"，做的事情是帮业主看大门、扫院子、通下水道，那么物业行业很难突破增长瓶颈。业主与物业公司天然处于对立面，他们对于物业费的态度是能不交就不交。

万科物业总裁朱保全曾经分享他对物业行业的本质认知——物业不是做服务，而是帮业主做"资产的保值增值"。视角转变后，经营逻辑也发生了变化。用户不再思考交了多少物业费，接受了什么服务，而是思考"1 000万元的房子未来卖掉时如何值2 000万元"。在这条逻辑之下，物业公司与业主是利益共同体，由此产生的营收项目指向资产升值。业主就算在资产增值收益的盘子中拿出10%付给为此提供价值的物业公司，物业公司的收益规模也会远大于原物业费收入。认知就是生产力，此言不虚（见图6-14）。

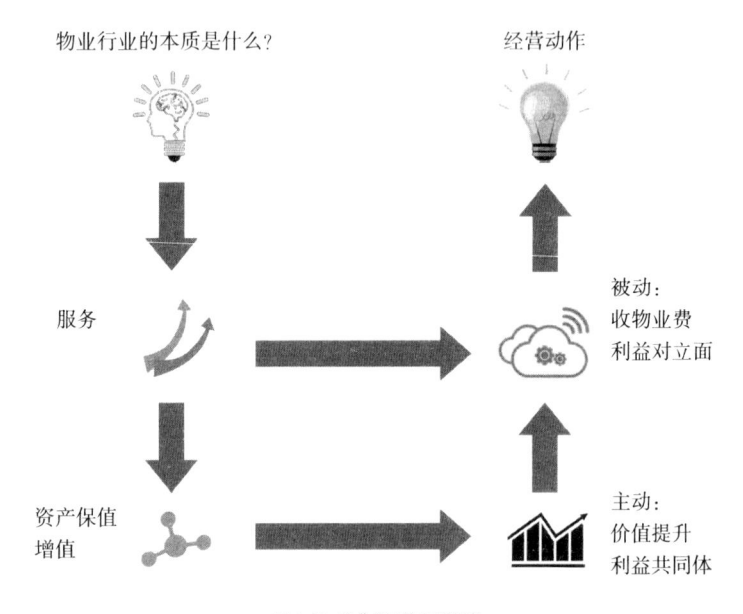

图6-14 物业公司的U型思考

再举个例子：保险公司的本质是什么？平安保险与泰康保险对行业本质的理解是一致的吗？

事实上，虽然同是从寿险业务出发，二者对行业本质的理解并不相同，也由此导出了不同的战略路径和增长策略，同时它们又在持续强化自身的核心能力。平安拥有中国最多的寿险业务员，应该超过了100万人，他们承担寿险业务平安保险。在客户购买保险后，发掘客户的新价值变成了新任务。于是平安又开发了贷款业务，即平安普惠，再往后又推广银行卡，做了平安银行，之后又有了做私募产品的陆金所。平安秉承的逻辑是"围绕一个客户的全金融资产"。

而泰康保险虽然也从寿险业务出发，但它做了牙科诊所、养老院和墓地，甚至是唯一一家自己拥有大型医院的保险公司。它是围绕人的生命价值做业务延伸。

由此，两家公司所积累的核心能力也不尽相同。平安是一家金融科技公司，不同业务板块的数据可以互相连接赋能；泰康其实是一家地产公司，积累的是对人口代际周期的理解，将保险作为支付手段（见图6-15）。

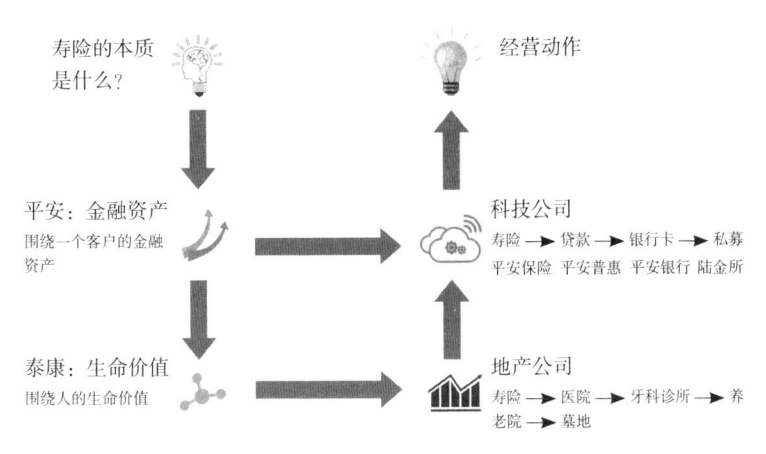

图6-15 平安保险与泰康保险的战略逻辑图

前面我们讲的美团外卖与丽华快餐是同样的道理，虽然两家公司满足用户相似的需求，但它们对"外卖"的本质认知不同。丽华快餐将外卖理解为"快餐"，而美团将外卖理解为"生活方式入口"，由此导出了不同的战略逻辑和增长路径（见图6-16）。

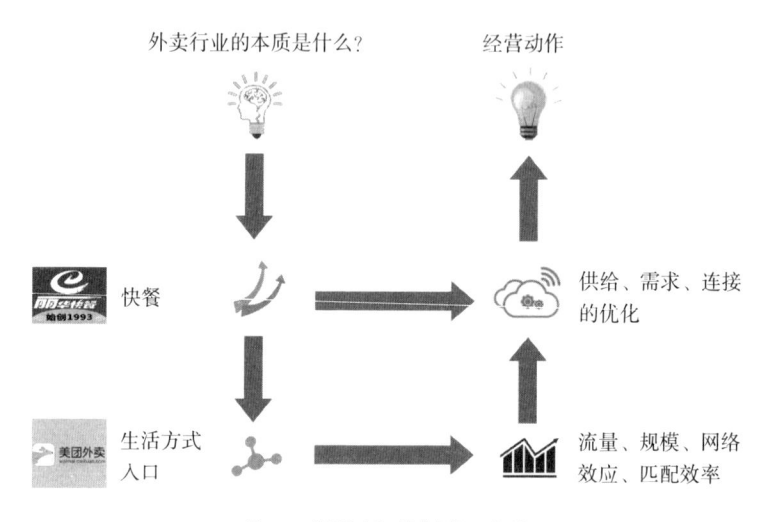

图 6-16　美团外卖和丽华快餐的 U 型思考

作为快餐，公司考虑的是如何优化快餐行业供给侧、需求侧和连接侧。而作为生活方式入口，公司考虑的则是流量、规模、速度、网络效应以及匹配效率。

每个成功的人都会不断迭代自己的认知，每一次迭代都是对过去的破界，从而进入更宽广的认知场里。我们对商业本质的认知也会这样不断更新。

"破山中贼易，破心中贼难"，圣贤王阳明早就指出认知破界并不容易，它需要有认知方法，还要不断练习。无论我们的认知达到了什么水平，都要保持一种心态：世界的未知远远大于已知，何时何地都要保有敬畏之心。

案例：字节跳动与张一鸣

如果只用一家公司来代表过去 10 年的"中国式增长"，那么相信字节跳动会是很多人的选择。短短 10 年时间，它已经走出以今日头条（图文）为代表的第一曲线，以抖音（视频）为代表的第二曲线，以及隐隐浮现的以飞书（办公协同）为代表的第三曲线（见图 6-17）。

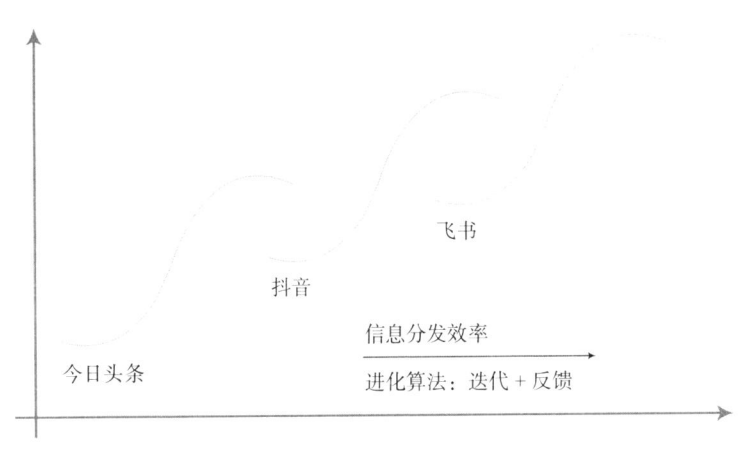

图 6-17　字节跳动的增长曲线

人永远赚不到自己认知之外的钱，企业也活在创始人的认知通道里。张一鸣认为，认知是唯一的核心竞争力。分析字节跳动一次又一次增长跃迁的商业图景，我们可以看到张一鸣作为操盘手以其深层认知给字节跳动带来的牵引力。

刚刚创立的今日头条被理解为资讯客户端，为了让投资人理解，张一鸣称它为"移动端的新浪"。门户时代的新浪是中国互联网第一把交椅，新闻资讯是其核心业务，新浪新闻灵魂人物陈彤总结新闻门户的核心竞争力为：海量、快速、专业。这些竞争力让新浪在那个时代脱颖而出。

今日头条"长得"像手机上的新浪，其实底层逻辑与新浪完全不同。新浪是媒体，"海量、快速、专业"聚焦的是"内容"本身，新浪有庞大的、传统专业媒体人为主的编辑团队来获取、遴选、组织和呈现新闻内容。与之相比，今日头条并没有编辑岗位，只有算法工程师，他们按照需求有针对性地将新闻推送给用户："你关注的，才是头条。"我们深挖一层看，新浪认为内容，也就是信息本身更重要，而今日头条认为，信息流动比信息本身更重要。基于不同认知，它们导出的经营策略和发展路径截然不同，虽然这二者的作用在用户看起来都是"看新闻"（见图6-18）。

这是张一鸣第一次针对某个领域提出与他人不同的底层认知。

今日头条规模还小时，张一鸣曾经收到腾讯全资收购邀约。他没怎么犹豫就拒绝了，还说出让年轻人振奋不已的豪言："我创办今日头条，不是为了成为腾讯的员工。"对要做的事情深刻笃定，才不会被短期诱惑所吸引。张一鸣曾讲，创业以来大部分的决策，在前三个月都已经做完了。这是一个他在头脑里已经想清楚，只是在现实世界实现一遍的故事。

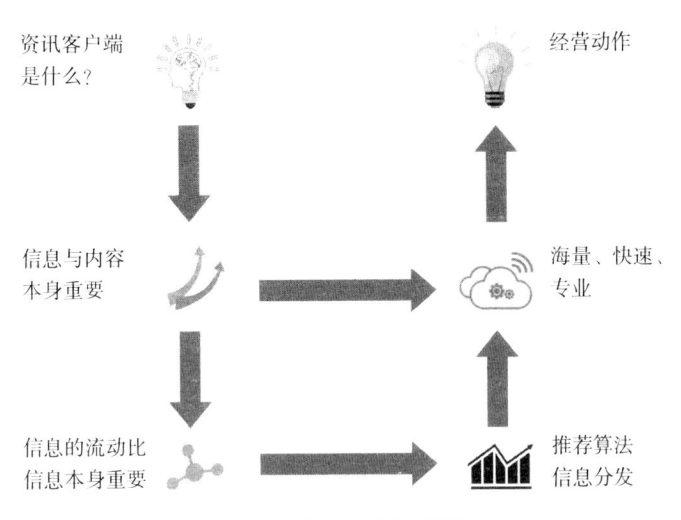

```
资讯客户端                    经营动作
是什么？
   ↓                           ↑
信息与内容      →        海量、快速、
本身重要                    专业
   ↓                           ↑
信息的流动比    →        推荐算法
信息本身重要              信息分发
```

图 6-18　新浪和今日头条的 U 型思考

张一鸣另外一个与他人不同的洞见是对于管理的看法。"大师中的大师"德鲁克认为，管理的核心是激发善意。张一鸣却认为，管理的核心是"内部信息流转速度"。由不同的底层认知，领导者会推导出不同的现实策略。字节跳动的关于如何提高内部信息流转速度的现实解是个产品——飞书。很多人拿飞书与钉钉比较，其实这是两个理念完全不同的产品。飞书的指导思想是让企业内部信息流转速度更快，能实现这一点的功能就做，与此无关的则不做。飞书的第一个核心子产品是文档，但飞书的文档居然不能调整行间距。这不是因为这个功能很难开发，而是因为这个功能指向"让文档更美观"，而不是"让信息流转速度更快"。与此同时，我们也很好理解在字节跳动内部不鼓励使用 PPT，而

鼓励使用文档做汇报的文化：PPT代表了形式，形式不重要，实现信息快速流转才重要（见图6-19）。

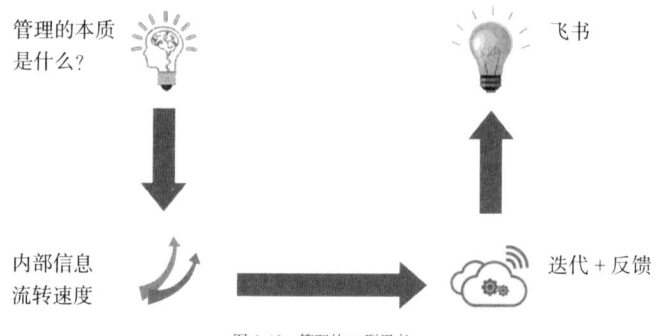

图6-19 管理的U型思考

虽然对各个领域的理解不同，但是我们也能找到其结构的相似之处。从今日头条到抖音到飞书，它们的底层逻辑其实是类似的：信息流转。企业给出的解法也类似：迭代+反馈。分析出字节跳动这家公司的底层逻辑，我们可以对它的业务大致做一些判断：凡是跟信息分发、流转效率相关的业务，它大体都干得不错；与此关系不大的，就不是字节跳动的核心基因了，比如教育，字节跳动曾经大张旗鼓地开展教育业务，如今看来效果平平。

系统破界有两个方向，首先是向内求，追求内在的认知升级，但任何自洽的都是不完备的，内在认知闭环无论挖到多深，都要留下一个缺口，才能让外面的光照进来，下一节我们就来讲讲这个。

时光穿梭：如何正确地"抄作业"

马克·吐温说过，历史不会重复，但总是押着韵脚。

人们对软银创始人孙正义投资阿里巴巴获得超额利润的故事耳熟能详，也知道孙正义著名的"时光机"理论。所谓时光机理论，是指充分利用不同国家和行业发展的非平衡。企业可以先在发达市场发展业务，然后再向非发达市场发展；或者在发达市场学习某种模式，将之复制到非发达市场，俗称"抄作业"。

在非知识版权领域，"抄作业"没有什么不好，甚至是视野开阔的标志。商业模式、技术应用、运营方式甚至思考习惯，都可以被"抄作业"。任正非曾经讲过，华为并不提倡"独立自主"，什么事都由中国人自己来搞定是故步自封。他倡导学习全世界最先进的理论和技术。

元气森林这个网红产品在2020年的销售额接近30亿元。有一次，我在混沌学园与雪花啤酒的CEO侯孝海先生探讨关于网红饮料品牌如何达到雪花、伊利和蒙牛这种上千亿元的市值规模。侯先生认为，网红饮料品牌可以坚持"小而美"，如果追求规模化增长，这几家前辈公司走过的路，网红饮料品牌也必须要走。元气森林有一个不错的开始，但伊利、蒙牛走到现在，核心的两点是供应链的夯实和零售渠道系统化与规模化的搭建，这是一个慢功夫。全国总共有约800万个零售终端，元气森林要先铺到100万个以上再说。不过，我看元气森林最近的动作是不断推出新的品类，坦率地讲，我不认为这是规模化增长的路径，前面有"学霸"了，跟着学就行。

要实践"时光穿梭"策略，我们可以从4个角度来思考。

第一，地区与地区之间。

美国与日本之间、日本与中国之间、中国与印度之间、印度与非洲之间……不同国家发展速度不一致，发展阶段不一致，这就是"抄作业"的空间。王兴先后做过几个业务，饭否、校内网甚至后来让他大成的美团，都可以在美国找到类似的学习对象，因为作业抄得太明显，王兴还获得一个雅号：硅谷同步助手。早期的中国互联网企业基本上都在践行时光机理论。

我们也不要认为"抄作业"只能是中国抄美国、印度抄中国，在附录部分我们关于SHEIN的案例拆解中，你会看到，将中国的电商运营增长手段应用在美国市场，效果是碾压级的。

除了国家之间，省与省之间、城市与城市之间，也存在"时光穿梭"的可能性。兴盛优选在长沙跑通了社区团购的模式，十荟团以及几大巨头立刻就把这种模式复制到了其他城市。

第二，行业和行业之间。

大家先看一张图（见图6-20）。这是数字化在各个领域产业链条的渗透深度，看到这张图，你的第一反应应该是机会。某个领域一定会存在一些先进行业，其他人从这些先进行业学习是最简单的。

现在流行一句话——"某某行业可以用某某方式重做一遍"。贝壳在房地产行业走通了一个新模式，其他行业是不是也可以学习呢？

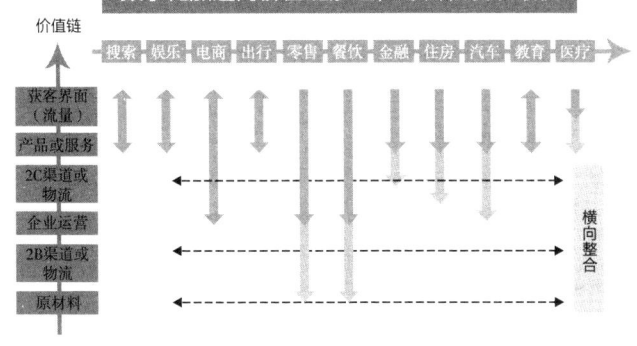

图6-20 各行业数字化渗透率

第三，2B 和 2C 之间。

2B 的意思是我们的客户是企业，2C 的意思是我们的客户是消费者。之所以这样区分，是因为面对消费者和面对企业的决策路径是不一样的。2C 研究的是用户心智，而 2B 研究的是企业决策链。一般情况下，人们都会在各自熟悉的领域寻找学习对象，如果打破这种思维，也许可以发现新的思路。

Zoom 是一款直播会议软件，针对的是典型的 2B 场景。以往类似软件如果要实现增长都需要建立强大的销售渠道，或者需要销售团队去开拓市场，目标对象是老板或者 IT（信息技术）负责人这样的决策者。但在中国，Zoom 的主要宣传方式是口碑裂变，影响的是员工这样的使用者。当员工们免费使用 Zoom 形成了习惯，企业也就必须购买，这样办公效率才最高。这是非常 2C 的玩法。

在 2B 的业务场景中，"客户成功"的概念非常重要。对大多数 B 端产品来讲，把产品卖出去仅仅是一系列工作的开始，要实现产品价值，还有漫长的过程。而"客户成功"就是要确保客户把产品用起来。如果用户花几十万元买了一个 SaaS（软件即服务）软件，但在公司用不起来，可以想象第二年用户一定不会续费。只有"客户成功"了，才谈得到复购的实现。这个理念也被一些 2C 的产品借鉴了，有一个网红蛋糕品牌叫"熊猫不走"，它不是将蛋糕卖给用户就结束工作了，而是深入用户对蛋糕的具体使用场景，比如生日聚会、公司聚餐等。一般的品牌送蛋糕，外卖小哥把蛋糕交给你，服务就结束了，好一点的品牌会把包装设计得精美一些。但熊猫不走是由"熊猫人"送货的，熊猫人把蛋糕送到现场后会给你表演歌舞，做客户的"气氛组"。公司会对熊猫人配送员进行培训和话术指导，每个月还会更新送货唱歌和跳舞的内容。熊猫不走还创作了一句介绍语：有只熊猫来送货，唱歌跳舞真快乐。熊猫不走秉承的理念是，"不是卖蛋糕，而是卖仪式感"。这就有"客户成功"的意味了，卖蛋糕仅仅是连接客户的入口，它还要帮助客户完成他想要完成的待办任务。

第四，线上与线下之间。

樊登读书是最近几年一个现象级的知识付费产品。一个年费 365 元的读书产品，内容生产形态是面对 C 端的，交付方式和传播方式也都在线上，是非常适合 2C 的增长路径。但是，樊登读书的核心增长路径是非常传统的经销商模式。经销商模式常见于伊利、蒙牛、青岛、雪花这种以线下实物产品交付为主的商业模式，与线上模式的"指数级裂变"比起来真是又笨又慢，可是樊登读书就是靠着这个模式做到了几千万的用户体量，而且很稳定。

樊登团队看透了这个领域增长的本质，他们不是不能做那种线上的刷屏式营销，但这种方式带来的增长像风一样来得快去得也快。一家企业要存续增长，必须要找到适合搭建自己基本盘的玩法，至于这种方法是来自线上还是线下并不重要。能看到原有的线下一些方法在线上的适用性，这就是商业洞察力。

"时光穿梭"这个策略最大的阻力来自组织内部。我们见过太多人认为自己的行业是独特的、是与其他行业不同的，他们往往被行业的习惯所绑架。我们是做商业研究的，可以自信地说我们了解过的行业应该多过任何一个某行业的商业大佬。我们可以得出一个结论：行业与行业之间的相通之处，比我们想象的多得多；行业与行业之间的不同之处，也比我们想象的多得多。

美国心理学家塞利格曼在 1967 年提出了"习得性无助"的概念。他发现，不论是动物还是人，在持续的失败情境中容易"学习到"无助的感觉。即使出现新的情境，他们仍旧保持这种无助感，而不进行勇敢的尝试。

我们平时接触了大量企业，发现习得性无助现象在商业界普遍存在。企业家看到别人做得风生水起，总觉得自己是不行的，因为以前一直是不行的。他们没有思考过，当初的"不行"是有特定条件的，在这些限制性条件消失后，他们却仍茫然不觉。有的人不习惯深度思考，只习惯把过往的经验套过来，直接得出结论。创新离这样的人就更远一些。

比如，医药领域以往都是在院内以影响医生为主，在院外以影响终端药店为主，营销工作者并不去思考如何运营真正的患者和其他消费者，因为以前一直是这样的。其实，除了行业里一些政策性的因素外（比如处方药不得面对一般人群做营销），之前人们不去运营用户是因为技术手段达不到或者效率不高。现在，互联网连接手段已经发达至此，这个限制性条件已经被打破了，很多行内人却仍然按照原来的习惯去开展工作。他们只能感觉到越来越难，却不知根因在哪儿，只能被那些走得靠前的公司甩得更远。可以说，在未来的时代，不会运营用户的医药企业，成功的机会不太大。

再举个例子，宝岛眼镜现在几乎成了传统企业做私域流量的代表企业，但私域流量刚开始的时候是流行于电商和教育行业的。买眼镜好像并不是很高频，这个行业也适合做私域流量吗？人家还就是成功地做起来了。

当然，并不是所有他人的方法都可以直接拿来使用。我们强调要有"时光穿梭"的思维，指的是要解放思想，不要被行业习惯遮蔽，对先进的做法要秉持"拿来主义"，但也要做细密的分析。企业实践"时光穿梭"的时候可以从以下三个维度来进行考量（见图6-21）。

同构性：我们可以借鉴的点是什么？之前为什么没有这么做？有什么限制因素阻碍了我们这么做？这些因素还在吗？

差异性：被借鉴方与我们有什么不同的地方？这会影响我们学习和借鉴吗？

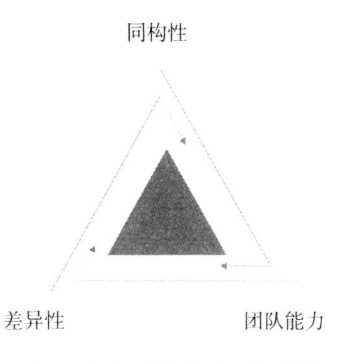

图 6-21 实践"时光穿梭"的三个考量维度

团队能力：这个维度有两个方面。第一，禁止团队说诸如"我们不一样"和"不就是……吗"的话，放开心态；第二，需要践行此方法时，团队当下的能力能否支持？如果不能，是培养、招聘还是外包？

举个例子，我们曾经给二、三线城市的汽车经销公司做咨询，准备学习其他行业已经玩得很熟练的私域流量，但我们发现，没有员工可以执行，因为他们学不会。北京的运营圈其实有很多高手，但他们肯定不会去二、三线城市上班。后来我们的解决办法是提供项目制工作机会，运营高手不用来固定上班，接下一个月左右的项目，带起当地的团队就可以。这种机制提供的收入很可观，又可以使工作人员在短期内回到北京，解决了冷启动的团队能力问题。

案例一：奥克斯空调 VS 格力空调

奥克斯集团是一家综合性制造型企业，产业涵盖了家电、电力设备、医疗、地产等领域。其中，空调是该集团的核心产业。在这个领域，珠海的格力是龙头企业。

这个行业多年采取的经销模式是品牌商供货给省级销售公司，销售公司再供货给下级代理商，代理商供货给零售经销商，最后才到达终端消费者。在这个过程中，渠道加价35%左右。同行业多家企业都是这样做的。

2019年，奥克斯将"互联网直卖空调"作为全新的品牌定位。品牌厂商直接供货到终端，给到终端经销商，没有中间的代理商层层加价，最后的渠道加价率只有20%左右（见图6-22）。

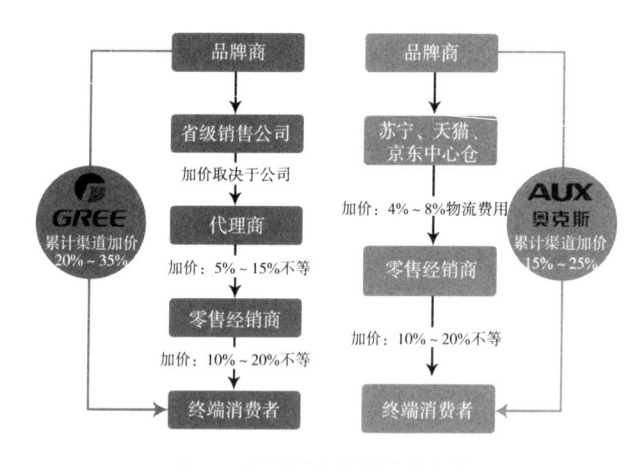

图6-22 奥克斯与格力空调渠道加价率对比

一夜之间，奥克斯取消了全部线下门店，将所有的销售渠道转移到了线上。没有中间商赚差价的奥克斯还建立了"千人网批计划"，每满6台就可以7折销售。这意味着什么？几乎人人都可以成为它的经销商！6台空调是2~3个家庭的需求量，这个销售指标很容易通过人脉传播完成，这像不像互联网公司的裂变玩法？一个原本经典的2B经销模式转换成了2C流量玩法，这全面颠覆了传统家电行业的销售模式。据报道，奥克斯空调销售量每年增加35%，预计到2022年将达到5 500万台。

行业老大格力当然看不下去，其掌门人董明珠举报奥克斯为"不合格产品"，但在当年的"6·18"购物节上，这并没有阻碍奥克斯继续拿下国内电商销量的桂冠。奥克斯能做到这一点也不困难，由于变更了销售模式，成本结构发生变化，其产品每台比格力的产品便宜1 000元左右。在互联网上，用户对价格尤其敏感，网上信息又极其透明。

虽然互联网直卖被奥克斯拔得头筹，但格力也意识到了创新的巨大价值和必要性，它必须破除原有的行业思维惯性。2020年，直播电商风云突起，格力变成了弄潮儿，董明珠也完成了互联网直播带货从"小白"到"女王"的逆袭：从首场直播"翻车"，销售额仅为23.25万元，到快手直播3小时带货3.1亿元，再到京东直播创造新纪录7.1亿元，直至全天直播实时成交额65.4亿元。格力调动线下3万家经销商共同参与，经销商在线下集聚流量，董明珠在线上直播间完成转化，这是妥妥的新玩法。曾经有行业专业人士总结过，适合直播带货的产品品类要符合单价200元以下、频次高、用户储存率高等条件，整理下来，那就是口红、红酒和快时尚产品等。格力突破了这种认知，不但借鉴了消费品品牌的玩法，还根据家电行业的特性丰富了操作手法，取得了惊人的成绩。

通过奥克斯和格力的案例，我们可以得出一个结论：看起来最传统的制造业，也有可能实现"线下＋线上"的新零售模式。

案例二：传音手机

中国的手机市场在过去20年几经变迁，最早可追溯到摩托罗拉的"大哥大"，之后诺基亚长期占据霸主地位，以波导、TCL、康佳、夏新等为代表的国产手机曾经流行一时，最"奇葩"的一段是"山寨机"大行其道。智能时代开启后，先是诺基亚没落，再是三星在中国几乎销声匿迹，现在的手机市场以华为、小米、OPPO、VIVO以及苹果五家为主。但是，2019年的全球手机出货量数据显示，排在三星、华为、苹果之后，出货量第四名的也是一家中国公司，却并不是我们耳熟能详的品牌。它叫传音，来自深圳，国内基本看不到。

传音在中国市场名不见经传，在非洲市场却赫赫有名。它长期占据非洲市场出货量第一名，2018年被Facebook与毕马威评为"中国出海领先品牌50强"之一。2019年，传音荣膺Twitter（推特）"最具海外影响力品牌奖"。2020年，其手机出货量达到1.74亿部。它继续扩大在非洲市场的领先优势，全年实现营收378亿元，净利润26.86亿元，增长幅度接近50%。

将中国的产业能力和用户运营方法完美复制到非洲，传音将"时光穿梭"策略玩出了国际高度。根据前文提供的分析框架，我们从同构性、差异性和团队能力三个角度来看看传音这家公司。

第一，同构性，即从成熟地区到成长地区可迁移的部分。

当年，联发科技股份有限公司提出了"交钥匙"解决方案，让手机生产的成本变得极低，这直接导致了山寨机的大爆发，它们功能多、价格便宜，还能定制化。手机生产已经不是高难度技术工种。

后来智能手机崛起，品牌手机的价格可以低到几百元，直接封死了山寨机的生存空间，在很短的时间内，数千家山寨机厂商就消失了。市场被几家大品牌垄断，想在中国手机市场发展壮大一个新的品牌，难度超乎想象。可正如机会中蕴藏着风险，风险中也蕴藏着机会，就看你能否看到。当某个产业在某个市场已经极其成熟时，企业家如果不想选择参与搏杀，是否可以将该产业切换到一个新的市场里去呢？产业在原市场的很多做法是可以直接照搬的。

将主流技术应用于新兴市场也许是突破口。这正是传音的选择。来到非洲市场，很多在中国已经成熟的竞争要素直接被传音搬了过来，比如，已经经过山寨机洗礼的满足各种需求的供应链和被OPPO和VIVO用到了极致的自建渠道玩法。来到非洲某些地区，人们会有一种恍如回到中国农村的感觉，一大片一大片的墙被刷上了传音的广告，这甚至带火了当地的油漆行业。

在产品架构上，传音也与国内的小米及华为一样，通过不同的品牌占据不同的市场生态位。其中TECNO品牌主打的是中端市场，而itel品牌则主打低端市场（见图6-23）。

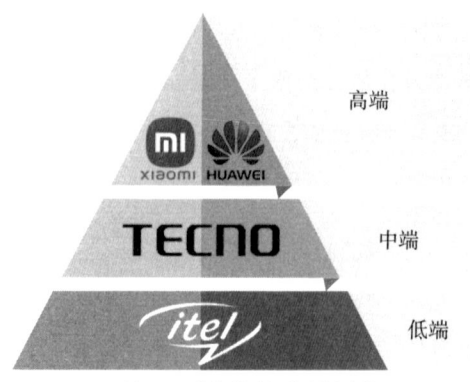

图6-23 非洲手机市场的品牌生态位

第二，差异性，即企业需要清晰地认知不同地区之间的差异性，不可"一抄了之"。

哈佛商学院著名教授克里斯坦森生前最后一部作品《开辟式创新》讲述了如何"在贫瘠之处实现繁荣"，如何创造一个之前未被消费的市场，其核心案例也来自非洲。如我们印象中一样，这是一块很贫穷的大陆，消费能力低，如何把它变成一个好的市场？

非洲共有60个国家和地区，约12亿人口，虽然潜在的人口规模与中国、印度差不多，但是非洲的经济发展阶段截然不同。非洲消费者需要什么样的手机，付得起什么价格？如何营销，他们才会购买？这都需要考虑。传音在非洲市场击败了三星、诺基亚等老牌手机厂商，相当一部分原因在于，传音根据当地市场的特殊性开发了很多新功能。比如，针对非洲人的肤色特点，传音开发了特定的美颜功能手机，让黑皮肤显得更白、更亮、更立体；非洲人特别喜欢唱歌跳舞，传音就把手机的扬声器音量做得特别大，方便用户在户外聚会时把手机当作音箱使用；针对当地经常停电的现状，传音开发出了超长待机可达20~30天的产品，以及手机附带的手电筒等功能；非洲本地用语非常多，传音手机支持阿姆哈拉语、奥罗莫语、提格雷语、索马里语、斯瓦希里语、豪萨语等多种当地语言。在非洲使用不同通信网络的资费不同，跨网电话费很贵，但SIM卡（用户识别卡）便宜，所以很多非洲用户的兜里往往有两三个SIM卡，用于跟不同通信网的朋友联络。于是传音推出了双卡甚至四卡手机，方便了非洲用户的这个场景。这在非洲算创新，却是中国山寨机的标配。三星和诺基亚在非洲销售的是全球化标准产品，相比较之下，用户很容易做出选择。传音的CMO（首席营销官）刘俊杰曾讲："当多数品牌还在进行硬件规格的竞争时，我们早已把焦点放在了消费者体验上。有些技术的难度并不是非常高，但是很多企业可能没有为用户考虑到细节问题，我们为用户想到了，也钻研了这个技术。"

落后只是现状，企业转化一下视角，立刻可以发现广阔的空间。2020年，中国的手机普及率达到了每100人113.9部，而在非洲，除了南非共和国和北部非洲几个较发达的国家，在撒哈拉沙漠以南地区，手机普及率不到20%，这是一个潜在的快速增长的市场。

第三，团队能力，即团队是否具备跨市场迁移协作的能力。

传音的创始人竺兆江在创业之前，是当年第一代国产手机品牌波导公司的一员。"波导手机，手机中的战斗机"的口号，我相信很多人记忆犹新。波导、夏新、南方高科、科健等昔日响当当的品牌如今都烟消云散，成为历史的记忆。当时，竺兆江是波导的副总经理，主要负责海外市场的业务，正是这一经历，为他日后拓展非洲市场积累了丰富经验。

进入非洲这个市场，企业很难通过高附加值、高毛利率的产品赚到钱。在2018年，传音智能手机的平均售价是454.38元，功能机则只有65.95元，即使这样，传音还有超过20%的利润率，显然生产成本更低。团队必须踏踏实实地控制成本，只干苦活儿、累活儿很难实现爆发式增长，需要一点点地实现规模化。在国内习惯于"爆发性增长"的团队是很难容忍这种节奏的。传音的招聘以传统线下人才为主，同时特别重视与当地共创和培养本地人才，这匹配了这种商业逻辑。传音会深入非常小的地区寻找经销商，他们需要受过教育，且最好有中国留学经历。传音手把手地帮助他们学习记账、进货、管理现金。"时光穿梭"策略的要义是在不同的市场之间跳跃，企业一定要找到能够融合两种文化的团队人才。

地图 VS 导航

通过企业生命周期图（图6-24），我们可以将本书的核心内容一览无余，算是"从三维看二维"。任何一家公司都可以在图中找到自己所处的位置，以及当前应当采用的主要策略。结构性增长即从战略上识别企业生命周期阶段,并跃迁至下一阶段的策略。本书就是一张"作战地图"。

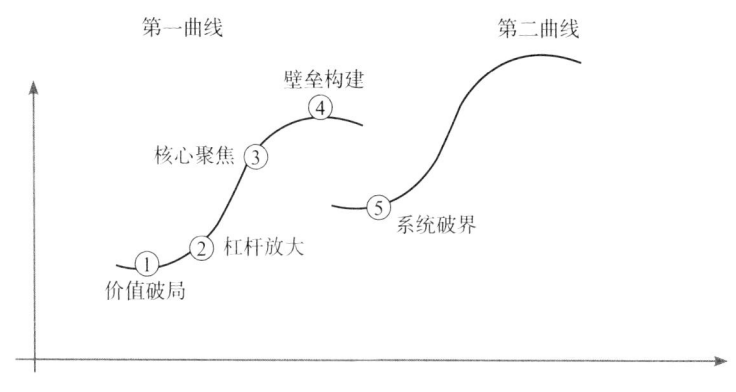

图 6-24 企业生命周期

有一个命题很有意思:我们学习商业时,到底需要的是一张地图,还是一个导航?有人希望要导航,最好每一步怎么走都安排得明明白白。事实上,无人能做到这一点。每个人的禀赋与境遇不同,商学教育不可能提供导航式的指导。况且,本书所讲的内容以业务侧为主,而要实现商业成功,除了业务之外,还有一个重要基础——组织,本书对此涉及较少("增长型组织"已经在新的出书计划中)。比导航更重要的是获得看地图的能力,有一句话我很欣赏:战略不重要,战略能力才重要。商业教育能赋予的是看商业地图的能力,进而系统地提升商业决策能力。商业世界混沌而模糊,商业研究者的职责是尽其所能,找到其中的"秩序",帮助企业提高成功概率。

本书余下的附录部分是公司案例,我们选择这些案例,并非为这些公司背书，也不确保它们未来一定取得成功，其中绝大部分也不存在商业合作。我们的目的是"借假修真"，案例是假，商业认知是真。希望这些案例能够帮助读者丰富头脑中那张商业认知地图。

李云龙 第六章 系统破界

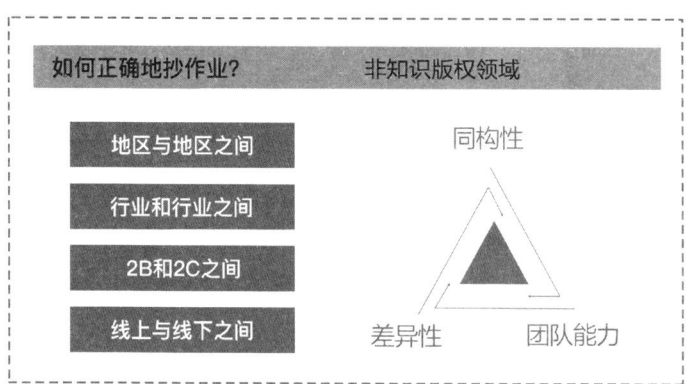

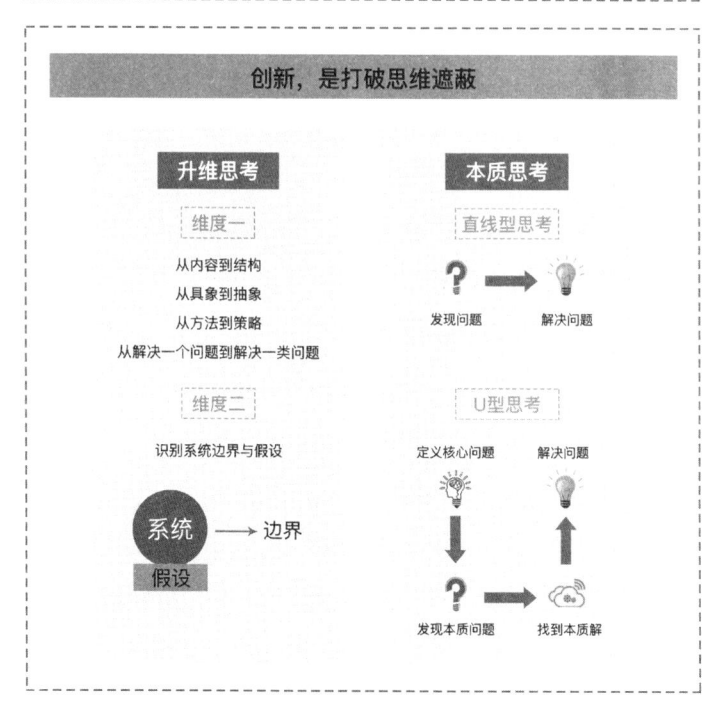

如何正确地抄作业？ 非知识版权领域

- 地区与地区之间
- 行业和行业之间
- 2B和2C之间
- 线上与线下之间

三角关系：同构性 / 差异性 / 团队能力

创新，是打破思维遮蔽

升维思考

维度一
- 从内容到结构
- 从具象到抽象
- 从方法到策略
- 从解决一个问题到解决一类问题

维度二
- 识别系统边界与假设

系统 → 边界
假设

本质思考

直线型思考
发现问题 → 解决问题

U型思考
定义核心问题 → 解决问题
↓   ↑
发现本质问题 → 找到本质解

附录 1
SHEIN：下一个 10 年的大机会

财经自媒体晚点 LatePost 团队写过一篇文章《中国最低调的百亿巨头》，细节生动，洞见迭出。从我们商业研究的专业视角来看，这绝对不能算是一篇负面文章，但据说文章的主人公并不是很高兴。这是一家发展迅速、高速增长却又刻意保持低调的公司，在商业研究圈及鞋服圈之外很少为人所知，它叫SHEIN。

SHEIN 是一家中国公司，总部在南京，营销中心在广东，以跨境电商为主营业务，在国内市场基本看不到它。企业名字由"she"和"in"组成，很符合公司的特征。它是一家主要受众为年轻女生的跨境自有品牌快时尚电商平台，可以被理解为"线上低配版 ZARA"。

SHEIN 在 2008 年就已成立，但一直默默无闻，规模不大。

它大约从 2015 年开始走上增长快车道。其销售额在 2016 年达到 10 亿元，2017 年达到 30 亿元，2018 年达到 80 亿元，2019 年达到 160 亿元。在 2020 年的疫情之下，它的销售额达到了 100 亿美元（约 653 亿元），增长态势很"指数"。到 2021 年，它的资本市场估值已经达到 3 000 亿元，且上涨势头不减（见图附录 1-1）。

除了营收和估值之外，SHEIN 的其他数据也很亮眼。它的 App 下载量超过了 1.5 亿次，有超过 7 000 万名活跃用户，并且用户黏性很高。截至 2021 年 5 月 6 日，在 TikTok（抖音国际版）上带有"#shein"标签的视频播放量超过了 74 亿次，仅"#sheinhual"（开箱）的活动视频播放次数就突破了 21 亿次，而在 2020 年 10 月，这两个数据分别是 23 亿次和 1.5 亿次。它在北美最大的社交网站 Facebook 上的粉丝数达到了 2 200 万，在 Instagram（照片墙）上的粉丝数突破了 1 955 万。2021 年 5 月 17 日，SHEIN 在北美 iOS 一度超过亚马逊，成为当日下载量最大的购物 App。

SHEIN 上的商品价格普遍从几美元到十几美元，便宜得惊人，商品款式又多，很多欧美用户因此上瘾，买到停不下来。

这样一家增长极快又极其低调的公司，到底有什么秘密？它秉持了什么样的增长策略？它踩中了哪些时代机会？这些机会还在吗？我们将分三个部分，从增长策略、因何发生以及有何借鉴的角度来拆解这家公司。

品牌初创 2008年

融资扩张 获得业内顶级机构投资 — 2015年

蓬勃发展 定位于"跨境快时尚互联网公司" — 2016年 收入规模：10亿元

2017年 30亿元

积极进取 锁定新市场大力扩张 — 2018年 80亿元

开拓市场 凭借SHEIN的"快""时尚""品牌力"这三项核心优势站稳市场 — 2019年 160亿元

品牌认可 高峰期日销数百万件商品 — 2020年 约653亿元

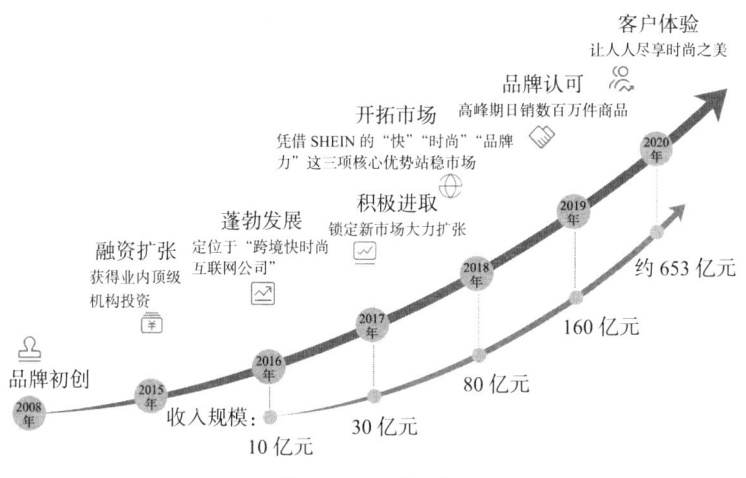

客户体验 让人人尽享时尚之美

图附录 1-1　SHEIN 的品牌历程

增长策略

从产业视角看，SHEIN 属于鞋服行业，这个产业链的基本逻辑如下：从制造侧的供应链开始，原材料从制造加工到添加面料和辅料，再到服装加工，变成成品；成品进入流通侧的供应链，通过线下门店或通过电商被销售给消费者。这是基本逻辑（见图附录 1-2）。

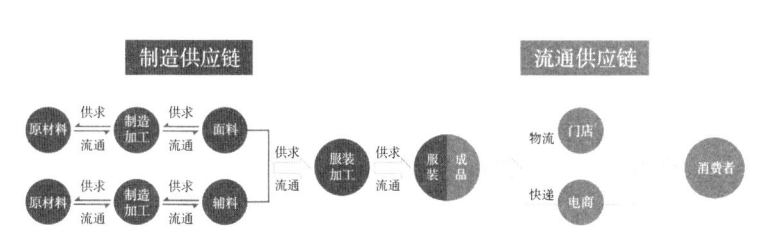

制造供应链：原材料 ⇌（供求/流通）制造加工 ⇌（供求/流通）面料 ─（供求/流通）服装加工 ⇌（供求/流通）服装成品；原材料 ⇌（供求/流通）制造加工 ⇌（供求/流通）辅料

流通供应链：物流/快递 → 门店/电商 → 消费者

图附录 1-2　鞋服行业产业链基本逻辑

在这个逻辑之下，鞋服行业的结构性问题，也就是系统的限制性要素是库存。作为制造方的工厂，每开一次机成本都很高，它希望品牌方的订单量能够大一些，这无可厚非。而品牌方并不能保证批量生产出来的产品能够被很快卖掉，没有被卖掉的部分，就变成了库存。作为消费者，我们都曾好奇过，衣服的生产成本很低，售价又高，为什么企业还会亏损？原因就在于此。

我们曾经耳熟能详的一些服装类企业间或爆出经营困难的新闻，往往都与库存过高有关。在这个行业，企业偶尔做出一两个爆款并不难，但真正关键的是如何系统性地解决库存问题。

随着连接技术的提升，鞋服行业供应链逐渐发生了一些变化，从刚性供应链向适度柔性供应链转型。所谓柔性供应链，是指供应链相对于需求变化的敏捷性高、适应能力强，能够根据需求的变化快速做出调整。需求往往是不确定的，以确定性较高的刚性供应链去应对不确定的需求，就会产生库存，而柔性供应链可以在一定程度上缓解这个系统性问题。以优衣库为代表，它将传统的推式供应链转换为拉式供应链。从供给角度出发的是推式供应链，它是从制造到渠道、门店，再到达市场上的终端消费者；从需求角度出发的是拉式供应链，它由市场侧，也就是消费侧驱动，到渠道信息搜集，再到制造侧，以季中追单的方式来实现暂时满足不了的需求。

适度的柔性供应链要比刚性供应链的库存管理效果好一些，因而成本结构更合理，这是优衣库这类公司取得成功的深层原因。但库存仍然是整个鞋服行业的结构性问题。

甚至有一些公司以"销库存"作为自己的核心商业模式，典型的企业有线下的奥特莱斯和线上的唯品会、爱库存。消费者在唯品会上经常可以以两三折的价格买到大牌服装，还能确保它们是真货，这是因为唯品会在帮助品牌厂商销库存。同时，我们可以注意到，唯品会上商品的款式并不多，并非消费者想买哪种款都可以找到。一家公司的战略往往是这样的，选择了A，同时放弃了B。

我们在一次与唯品会高层进行的战略沟通中达成了一个共识，即中国鞋服品牌库存管理水平的提升，恰恰会压缩唯品会的生存空间。由于数字化转型的推进，这一天的到来并不遥远，唯品会也在思考如何找到自己的第二增长曲线破局点。

回到SHEIN，这家公司之所以能够在终端以极低的售价俘获海外消费者，一定是因为在库存管理上做得极好。原来，它是以"小单快返"的返单方式，而不是以订单的方式生产的，这改变了整个供应链的基本逻辑（见图附录1-3）。

返单而不是订单生产，改变了整个供应链的基本逻辑

图附录1-3　SHEIN小单快返逻辑

返单是指企业以极小的首单单量来测试市场，当消费侧有数

据显示某款商品是"准爆款"时，企业再将该商品返到工厂侧增加生产订单。很明显，因为不涉及大量提前生产，返单生产会极大地降低库存。

小单快返并不是SHEIN首创的，这看起来与前面提到的拉式供应链很类似，都是从消费侧驱动反推供应侧，那么这二者的区别在哪里？在于优衣库和ZARA只有门店等终端反馈回来的交易数据，而SHEIN还有行为数据。交易数据是滞后的，行为数据是实时的。SHEIN的爆发与这个基础逻辑强相关，后文还会提到这点。

SHEIN的一位供应链负责人发布的供应商招募要求如下。

童装OEM秋冬产品供应商，数量3家。

品类：梭织外套、风衣、夹克等，有少量首单。

基本要求：

1. 有营业执照。

2. 有小单快返能力。

3. 纸样师1人，车版师2人，车位30人，工厂面积600平方米以上，具备专人对接和生产跟单。

半个月后，他又发布了一次供应商招募要求。

童装OEM秋冬、节庆、婴童、小童、特性套头，数量2家。首单100件，另需少量备货。

品类：梭织外套、风衣、夹克等，有少量首单。

基本要求：

1. 有营业执照。
2. 有小单快返能力。
3. 纸样师 1 人，车版师 1 人，车位 20 人以上，工厂面积 500 平方米以上，具备专人对接和生产跟单。

我们从这些招募信息中可以看到，SHEIN 招募的供应商规模不太大且要求越来越低，是我们通常讲的"作坊工厂"。这也好理解，要求订单量的大工厂无法满足 SHEIN 对小单快返的要求，SHEIN 的商业模式也不适合将生产能力绑定在几家大工厂身上。据悉，SHEIN 与这些工厂合作后，第一件事情便是对它们进行数字化改造，通过数字化将原来在物理上离散的小工厂连接起来，成为一个在虚拟空间内超大的网络（见图附录1-4）。

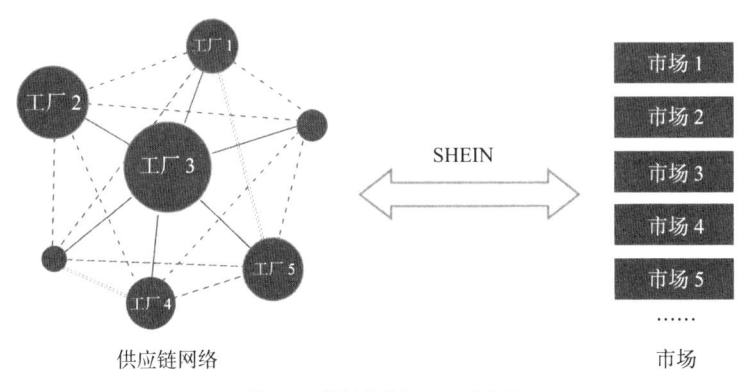

图附录1-4 供应链网络与 SHEIN 的关系

这个超大的网络如何"喂饱"需求呢？小工厂虽然因为自身博弈能力不足而加入了 SHEIN 的网络，但如果它不能持续获得订单保证，还是会从这个网络中脱离。这就涉及 SHEIN 的第一个增长策略：爆品突破。

每一天，SHEIN 能实现平均 2 000 款上新。2020 年 10 月 16 日到 19 日，SHEIN 的上新数量分别是 2 798 款、1 809 款、1 029 款和 3 614 款。作为快时尚鼻祖的 ZARA 被业界顶礼膜拜，它可以实现每周两次、每年 12 000 款上新，这是 SHEIN 一个星期的上新量——这是代际的差距。

在第四章我们介绍过，爆品策略可以分为 R 策略和 K 策略。SHEIN 使用的是典型的 R 策略。它每天上新超过 2 000 款，不可能都变成爆款，但这无所谓，因为量足够大，总有爆款会产生。SHEIN 每天相当于向消费者投放 2 000 个测试，这些相同起点的测试各自表现不同，明显优于其他商品的 SKU 就成了准爆款，准爆款在生产端就会被返单补货。因为准爆款已经被市场初步验证，企业不是用大炮去打蚊子。命中爆款的可能性很高，生产端的库存就比较好控制，这支撑了其商业模式的成立。

实践 R 策略的核心是"找到影响结果的成本极低的变量"。在一个电商网站上，影响消费者购买决策这个结果的成本极低的变量是网站上的效果图。这是极高明的洞见。

如果展现给用户的效果图中的商品都已经被批量生产，就会有相当一部分商品变成库存，那么企业的成本不可能低。而 SHEIN 的做法是小单快返，每次生产 100 件，商品变成库存的可能性极低。虽然工厂生产 100 件衣服是亏损的，但在消费端产生了爆款，将订单分配回来后，工厂就可以赚到钱。这就像过去农村的压水机，人们想要压出水来，需要先向里面灌两瓢水。

有些效果图中的商品甚至一件都没有生产出来！SHEIN 有三个主要的设计来源，一个是遍布全球的买手团队，一个是它自有的设计团队，还有就是上游供应商提供的团队。除了设计团队，SHEIN 还有技术团队在全球市场网站抓取数据、分析趋势、预测流行。有一部分商品是先生产了 100 件左右，有的甚至只有图片，就可以先开始在终端销售，产生了订单再安排生产。企业能做到这一点，与其数字化能力息息相关，只有实现消费侧和生产侧在同一个数字化系统里的秒级交互，才能实现业务流、资金流、信息流、物流的高效流转。如果这一切都需要人工判断和操作，那么 SHEIN 的商业模式基础都将不复存在。

SHEIN 的第二个核心增长策略：留存为先。

从用户的触达方式上看，跨境贸易经历过几个阶段。最早是广交会时代，中国商家和国外商家通过广交会这样的场合实现信息互通，达成合作，产生交易；然后是阿里巴巴时代，从中国黄页到阿里巴巴，马云最初做的就是"网上广交会"；再往后进入 SEO（搜索引擎优化）和易贝、亚马逊时代，中国商家在国外网站开店，通过投放广告、优化 ROI 的流量模式做生意；而 SHEIN 进入了第四个阶段，即自建独立站模式。企业自己建立网站，自己运营用户。如果说企业在第三个阶段是获客为先、流量效率为先，那么 SHEIN 的模式就是留存为先、延长用户生命周期为先。

流量思维的计算公式是流量×转化率，留存思维的计算公式是CAC/LTV。这是两种不同的经营思路，企业不能仅仅买流量、提升转化率，而是要以数据为基础，深入洞察用户行为，做出预测来指导经营。企业唯有自己建站，将用户留在自己这里，才能拥有数据。前文讲，虽然都是由市场端驱动生产端来降低库存，但SHEIN的柔性供应链做得比ZARA和优衣库更好，其根源在于ZARA和优衣库只有交易数据，而SHEIN拥有行为数据。SHEIN的R爆品策略是每天拿2 000款商品到消费者面前撞大运吗？显然不是，它对潮流的研究和对用户的洞察都在提升爆款成功率，而企业唯有自己拥有用户才能做到这一点。反过来讲，自建站拥有较为稳定的流量，这才是所谓的柔性供应链最大的保障。SHEIN的柔性供应链并不是在制造技术上有何种突破，而是组成了一张由小工厂组成的网络，以这张网络的弹性来应对需求侧的不确定性。但这张网的稳定性需要持续不断的"养分"，也就是订单来维持，否则其稳定性将被破坏。

目前，SHEIN在北美已经是仅次于亚马逊的第二大电商网站，在中东则是最大的电商平台。中东人民虽然有钱，但是在便宜又时尚的商品面前也没有抵抗力。

通过研究我们发现，为了将用户导入自有站点，SHEIN做了很多动作。比如，SHEIN在亚马逊上也开店。以SHEIN品牌的裙装为例，亚马逊的商品均价是20美元，而SHEIN自有平台的商品均价是15美元，如果加上平台的优惠券，则商品均价在13美元左右。用户会感知到如此巨大的价格差距，进而改变自己的购物选择。

社交软件触达用户的效率无疑是最高的。SHEIN在Facebook和Instagram上各有超过2 000万名粉丝，TikTok也是它的主阵地。"留存为先"不单单是将用户留在自己的站点上，而是在全渠道上与用户产生交互。不同网站之间的数据有一定的互通性，它们共同将同一批用户数据化，共同运营用户（见图附录1-5）。

图附录1-5　SHEIN的社交软件矩阵

第三个SHEIN应用得非常明显的增长策略：时光穿梭。

将成熟区域的做法迁移到成长性区域，是"时光穿梭"惯常的做法。在电商运营领域，中国若说是第二，就没有人敢称第一，哪怕是美国。我们观察到的被SHEIN"抄"到海外的国内电商玩法，至少有以下几个。

1. 短视频带货。短视频带货在国内风头已经不如前两年强劲，在海外却方兴未艾，SHEIN在里面起到的作用不容小觑。

2. 电商造节。很难说中国"双十一"和美国"黑色星期五"是谁抄袭谁，但将造节当作一种日常经营手法在国内屡见不鲜，SHEIN 将这种做法带到海外，每周一的大促销只是小荷才露尖尖角。

3. 秒杀、找相似、分享赚钱等。中国电商行业竞争激烈，行业内汇集了一批聪明人，他们提供的好方法层出不穷，这些方法统统成为 SHEIN "点子库"的组成部分。某种方法一旦在国内被证明有效，立刻会被同步到海外市场，那里是一片蓝海。

总结一下，SHEIN 的商业模式是通过数字化实现高效连接，并匹配供给侧与需求侧。它通过"小单快返"极大减轻了库存压力，从而可以在终端给消费者提供令人惊讶的低价产品，同时保证相当的设计水准。SHEIN 在生产端形成了由数量极多的小工厂组成的生产网络，在消费端以"自建站+社交媒体"的方式维系与用户的高频互动。其核心增长策略有爆品突破中的 R 策略、留存为先和时光穿梭（见图附录 1-6）。

为什么会有 SHEIN 这家现象级的公司出现？为什么它在 2008 年成立，到 2016 年左右才开始爆发增长？它是不是时代的产物？它的发展所蕴藏的时代机遇对其他人是不是有参考意义？为了回答这些问题，我们进入第二部分。

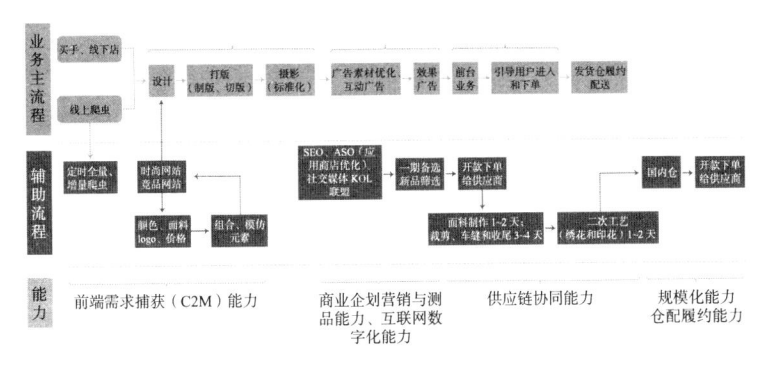

图附录 1-6　SHEIN 业务流程图

资料来源：浙商证券研究所

因何发生

不仅仅是 SHEIN，跨境电商近些年整体取得了较大发展。这些发展主要有三个驱动要素。

中国制造：中国制造的快速响应能力为电商出海打下了坚实的基础，尤其是广深地区，几乎所有商品都可以在这里找到供应商并实现快速制造。

人才红利：中国多年重视教育的成果开始显现，每年有数百万名大学毕业生走出校园。大量优质的高性价比的语言人才、工程师人才，分别在理解语言文化和制作工具来触达用户这两个方面做出了突出的贡献。

市场广阔：欧美等海外电商市场已经很成熟，各个环节都有相应的服务商，它们拥有快速"造血"能力，能够让商业过程实现正循环。中国跨境电商企业不需要在正常企业经营的生产、营销和交付之外花费太多精力（见图附录 1-7）。

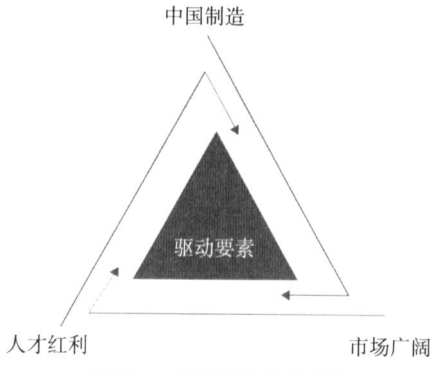

图附录 1-7 跨境电商的三个驱动要素

跨境电商企业近年实现快速增长的周期性原因是中国部分制造业产能结构性溢出，这也是 SHEIN 式柔性供应链的秘密所在。所谓柔性供应链，简单说就是企业能够找到大量的小工厂配合做"小单快返"，小工厂愿意配合，无非因为它们自己的订单不够多，这个情况翻译成专业性语言就是"产能溢出"。

注意，此处说的是"部分"制造业产能结构性溢出。做跨境电商能起量的产品应该符合几个条件：第一，体积不应该太大，否则不好配送；第二，保质期相对较长，以适应跨境物流的时间周期；第三点不太容易被意识到，即国际社会对该类中国产品没有歧视。食品和药品虽然也符合前两个标准，但目前很难开展跨境电商业务。这几个标准筛选下来，我们会发现下面几个品类最适合做跨境电商：小型电器、轻工服装、饰品、鞋包。SHEIN 所做的就是鞋服，另外一家因跨境电商业务而崛起的公司安克创新所做的是小型电器。

跨境贸易可以笼统分为 B2B 和 B2C，B2C 中又包含 D2C（直接连接用户）。广交会及阿里巴巴做的是 B2B，即国内企业与海外商家进行交易；而 SHEIN 做的是 B2C 中的 D2C，即国内企业直接销售产品给海外消费者。西部证券研发中心数据显示，出口跨境电商 B2C 业务规模持续快速增长，从 2013 年的 1 400 亿元，增长到 2019 年的 1.57 万亿元。而网经社数据显示，2020 年中国跨境电商的交易模式中，B2B 交易占比达 77.3%，B2C 占比 22.7%。虽然 B2C 的占比正逐年上涨，但其增长空间仍然巨大（见图附录 1-8）。

图附录 1-8 2013—2019 年出口跨境电商 B2C 规模变化情况

资料来源：网经社，西部证券研发中心

B2B 是国内企业先把产品卖给海外商家，再由海外商家把产品卖给当地消费者；B2C 是国内企业绕过中间商，直接把产品卖给消费者。之前跨境贸易以 B2B 为主，是不想直接做 2C 生意吗？非也，这是因为客观条件不成熟，国内商家无法直接触达海外消费者。如今，这个限制要素正在消失。大量社交媒体的崛起给了国内商家批量接触海外消费者的机会；海外商业生态数据丰富，且对第三方公开，企业可以以相对清楚公平的方式计算投入产出比。这些都是时代机遇。

过去10年是全球社交媒体大发展的10年。社交媒体的崛起让中国商家与海外消费者在信息层面实现了联通，我们有了直接向消费者营销的机会。下图中有一个从2017年才开始出现但斜率很高的线条，它表示的是来自中国的国际版抖音TikTok的增长情况（见图附录1-9）。

全球社交媒体平台的增长

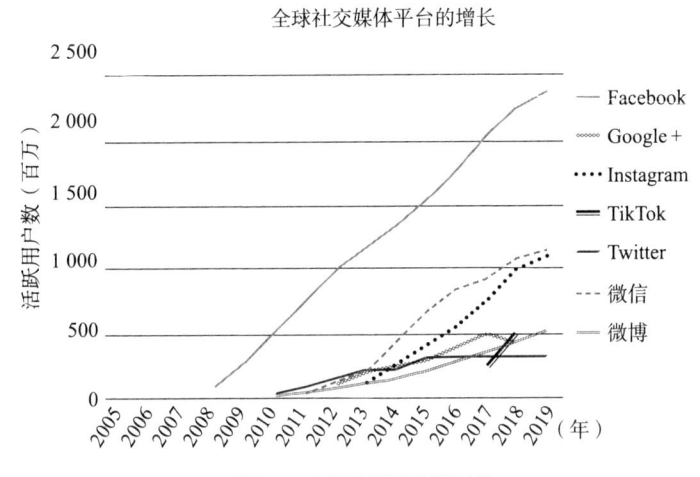

图附录1-9　全球社交媒体平台增长曲线

资料来源：罗汉堂

将SHEIN的增长曲线代入，我们可以发现，2015—2016年，SHEIN开始加大对Facebook、Instagram等社交媒体的投放和运营力度。基本上，SHEIN的增长与全球社交媒体的增长同步。

还记得我们在"杠杆放大"一章里讲到的"土壤"吗？企业所处的土壤如果在增长，那么企业只要跟着就一起成长起来了，有时甚至并不需要付出额外努力（见图附录1-10）。

全球社交媒体平台的增长

- Facebook
- Google +
- Instagram
- TikTok
- Twitter
- 微信
- 微博
- SHEIN 的销售额情况
- 全球手机银行注册账户数量

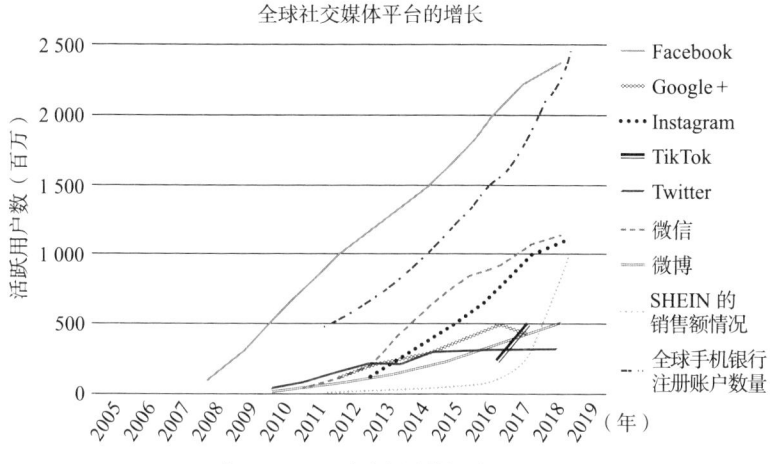

图附录1-10　SHEIN与全球社交媒体平台增长曲线对比

除此之外，如果我们画出电商行业的价值曲线，比较粗颗粒度地选择"多""快""好""省"几个价值主张进行观察，我们会发现，跨境电商与国内电商在"快"这个维度上的差异最明显。

在京东购买一件衣服，如果第二天没到，消费者还可以忍忍；如果第三天还没到，很少有消费者不会着急。跨境电商的消费者对这一点容忍度较高，可以接受的时长达到半个月以上。反过来讲，恰恰是这种区别给了SHEIN以小单快返的机会，使其拥有了在消费侧搜集需求，返给工厂生产，再邮寄出来的时间，这也是目前国内还没有出现类似SHEIN的公司的一大原因。

前面讲的都是外部原因，其实这对所有人都是公平的。为什么SHEIN能够抓住这个机遇，成为少数实现爆发性增长的公司？分析了一下内部原因，我们认为，SHEIN的成功至少源于以下几个方面。

第一，它在合适的时机拿到了投资。2015年，SHEIN拿到了IDG资本和景林投资的3亿元投资，估值15亿元。它开始加大在海外市场的投放力度，此时恰好赶上海外社交媒体本身在快速增长（见表附录1-1）。

表附录1-1　SHEIN的融资情况

序号	披露日期	交易金额	融资轮次	估值	比例	投资方
1	2013-09-04	500万美元	A轮	—	—	集富亚洲（JAFCO）
2	2015-06-05	3亿元	B轮	15亿元	20%	·IDG资本 ·景林投资
3	2018-07-03	数亿美元	C轮	25亿美元	—	·红杉资本中国 ·顺为资本
4	2019-05-02	5亿美元	D轮	50亿美元	10%	·红杉资本中国 ·老虎全球管理基金
5	2020-08-04	数亿美元	E轮	150亿美元	—	未披露
6	2021-05	—	—	3 000亿元	—	—

第二，SHEIN的创始人许仰天是最早一批做SEM（搜索引擎营销）投放优化的专家之一，整个团队的营销优化能力也很强。

综合来讲，SHEIN 在正确的时间通过正确的渠道加大投入，撬动了消费侧的流量，再反过来加强供应侧能力。

第三，团队拥有强执行力的文化。许仰天本人极其刻苦，经常睡在公司。一家企业的文化就是创始人文化，这种强执行力能够保证企业抓住市场上出现的各种新机会。

总的来说，外部社交媒体的崛起、中国部分制造业产能的结构性溢出以及基础设施的不断完善，内部合适的时间下的资本杠杆、极强的营销能力和执行力，共同促成了 SHEIN 这样一家公司的成功。坏消息是，SHEIN 的成功有很多机缘巧合，很难复制。好消息是，SHEIN 所踩中的时代红利，有很多仍然在，君可自取（见图附录 1-11）。

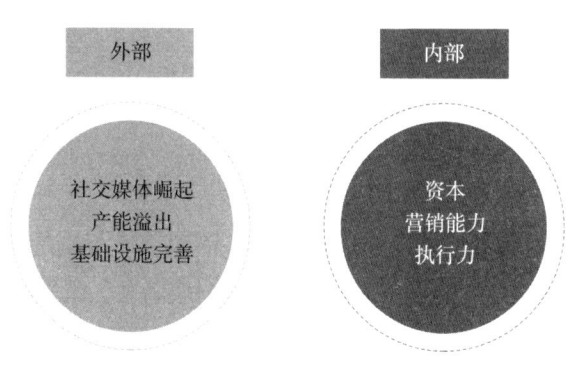

图附录 1-11 SHEIN 高速增长的内外部因素

有何借鉴

我们写书的目标不是讲述几个企业的故事，而是从这些企业的做法当中吸取可借鉴的部分为我所用。哪怕有一天这些企业犯了错误或走向低迷，我们也不能否认它们曾经的做法的正面意义。在我看来，SHEIN 这家公司至少有几点值得学习。

第一，坚定地做数字化。

虽然 ZARA 和优衣库看起来仍然是较出名的公司，可与 SHEIN 相比，它们已经有了代际的差距，这个差距的来源是数字化的程度。数字化的可迭代性会将未来的企业分化成"超级公司"和"平庸公司"，且这个结果很难逆转。

数字化绝对不仅仅是将企业原有的业务搬到线上。通过对本案例的分析，我们可以得出结论：数字化甚至是 SHEIN 的商业模式得以成立的基础。对很多传统企业家来讲，他们缺的并不是数字化能力，而是"数字化意识"；公司也不是没有数据，而是没有"数据意识"。人们不能再强调过去成功的经验来证明自己，而要对时代保持敬畏。

第二，以 R 策略为指导的爆品突破策略。

通常我们理解的爆款都是苹果手机、小米手机这种爆款。企业通过令人尖叫的设计、细致的用户洞察以及大量资源的投入，尽量让每一款产品变成爆款。这是偏供给视角的 K 策略。R 策略彻底从需求视角出发，让用户来决定哪一款产品是准爆款。作为产品方，我们可以助用户"一臂之力"，让它变成真爆款。

R 策略的基础是一定要"多"。昆虫的后代足够多，即便大部分都被环境淘汰，也总有活下来的。正因为数量多，所以成本必须要低，否则企业无法支撑。要找到影响结果的成本极低的变量,打造 R 策略的土壤。识别影响结果的变量是第一步,第二步是探寻低成本实现的方式。

第三,夯实核心能力。

SHEIN 的团队为何如此低调?除了创始人个性的原因,有没有可能是他们认为机会难得,让别人晚点进入市场可以给自己多积累一些优势?我估计是有可能的。有没有可能是他们认为自己其实也没有核心竞争力,害怕别人来抄袭?我估计也是有可能的。但 SHEIN 真的没有核心竞争力吗?显然不是。

我们给企业做战略咨询,提炼核心竞争力是重要却最难达成共识的一环:企业内部对自己核心竞争力的认知经常不一致!也就是说,即便是一家很成功的企业,它对内部的成功要素也可能茫然无知。这也从一个侧面反映出了核心竞争力难以描述的特点。

从这个角度看,所谓核心竞争力,就是那些隐秘的、难以复制的知识。

那么,SHEIN 的难以被复制的知识是什么?我认为有两点,早期是用户洞察能力和营销能力,未来是数字化带来的系统能力。营销能力绝对不是听听课学几个招数就能获得的。SHEIN 早期是一家广告公司,做搜索优化起家,它做海外市场也是以投放广告、计算 ROI 来切入的。这么多年来,它一直在这个能力上"迭代+反馈",这期间它积累的能力不可为外人道。我挑几个 SHEIN 团队提炼出的投放策略举例如下,实际肯定远不止于此。

投放力度大:2015 年,SHEIN 对海外广告的投放力度很大,用户定位不需要非常精准,只需要符合"年龄""购物和时尚"

这两个标签,它就开始投放。

抓住网红风口:SHEIN 赶上了海外网红商业化之前的营销机会,对 2010 年的一位网红来说,当时你只需要付出 30 美元的佣金就可以与之合作,到 2016 年则要 5 万美元。

ROI 高:SHEIN 在 Facebook 上的投放 ROI 可以达到 5 以上,而美国一般行业水准是 2~3。其他 App 的下载成本大概是 3 美元,SHEIN 的下载成本在 2015 年左右达到 0.5 美元。

投放准爆款:企业要去投放那些大概率会成为爆款的最新时尚款,而不是已经被验证过的爆款。准爆款的点击率可以达到 3%,爆款的点击率只有 1%。

从策略的多样性到方法的多样性,企业需要不断变化,持续迭代。

通过分析 SHEIN 的数据,我们还发现了以下特点:它在苹果应用程序商店里付费投放搜索关键词,包括竞争对手的词;在谷歌的关键词排名上,我们也看到大量类似 dress(穿衣)、clothing(服饰)这样的行业词以及 H&M 这样的竞品词;它几乎与所有的折扣网站都有合作,如 Slickdeals、Dealnews、WOOT、Fatwallet、Bradis Deals 等;邮件营销在欧美很流行,SHEIN 会使用不同的邮箱账号给用户发送邮件,防止被用户屏蔽,其发送频率达到了每周 5.67 封,同期的 ZARA 只有每周 1 封。邮件营销的内容主要是限时促销、折扣和包邮等福利。经过测试,SHEIN 还发现,在每周一晚上 11 点发送邮件效率最高。企业与 KOL 合作量大且门槛低:博客只要有 1 000 粉丝量,社交账号只要有 5 000 粉丝量的 KOL 就可以与企业合作。企业与网红、明星的邀请裂变更是如火如荼，比如 TikTok 上的红人会采用在评论区里控评的方式来露出邀请码。

第四，抢占价值洼地

首先，SHEIN 抢占流量洼地。我们在前文介绍过媒介扫描工具，最好的媒介阵地在增长很快却又商业化程度不高的象限。2020 年，时任美国总统特朗普一度要封杀 TikTok，这是 SHEIN 的主阵地之一。很多创作者开始逃离 TikTok，去了以 Likee（短视频平台）为代表的新平台。很快，SHEIN 就被发现在 Likee 上开展了大量运营动作，它第一时间占据了这个流量阵地（见图附录 1-12）。

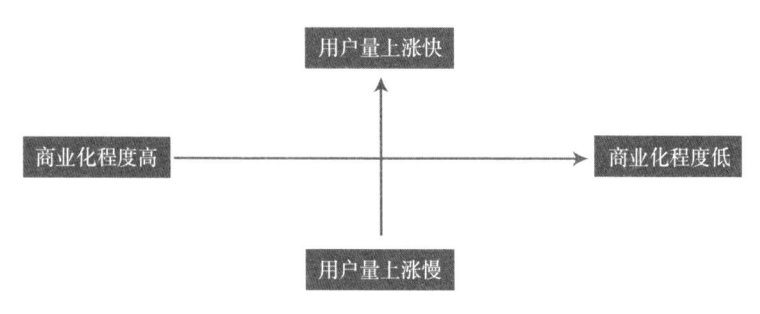

图附录 1-12　媒介扫描工具

当然，特朗普想不到的是，Likee 也属于中国公司，它的母公司是欢聚时代。

其次，SHEIN 抢占供应链洼地。最近几年流行一种说法，即中国已经成为全球唯一拥有全产业链的制造业大国。西方为了摆脱被动状态，扶持以越南为主的新制造业工厂。哈佛商学院教授克里斯坦森也认为，随着中国劳动力成本的提升，他更看好越南、印度等"成长型经济"国家。关于"中国是否会失去全球制造业工厂地位"的讨论越来越多。除了学者们讨论的方向外，还有另外一种可能性，这也就是 SHEIN 正在实践的。SHEIN 并没有把自己的供应链体系限制在国内，虽然核心供应链在中国的广东番禺南村镇一带，但它也尝试在孟加拉国、巴基斯坦、越南和柬埔寨等国家建立了成本更低的供应链体系。把 SHEIN 建立的供应链称为供应网更为合适，它是一个弹性很大、被数字化串联起来的虚拟之网。

总的来说，我们能从 SHEIN 看到未来 10 年消费品的时代大机会，除了 SHEIN 所代表的出海以外，至少还有国潮、下沉和升级三个方向（见图附录 1-13）。再强调一下"土壤"作为杠杆的重要性：企业所在的土壤本身在增长，只要跟着，企业就一起增长了。SHEIN 的问题也很明显，如果对标真正的时尚行业，它在时尚影响力和品牌文化认知方面还有很长的路要走。未来 10 年，出海是很大的时代机遇，SHEIN 覆盖的人群以年轻女性为主，而针对其他人群，企业仍有许多机会。

图附录 1-13　消费品未来机会的 4 个方向

附录 2
茑屋书店：线下业态的增长密码

从互联网时代发展到移动互联网时代，不少线下实体业都受到了冲击。苏宁、国美这样的家电巨头被京东超越；二手经纪公司市场内部激斗多年，却被互联网化的贝壳统一了江湖；而世界上最大的提供餐饮服务的公司是自己并不做饭的美团。一时间，互联网化似乎成了企业占领时代潮头的唯一解法。

但是，有一家线下书店依旧在疯狂增长，它被称为"全球最美书店"，目前已经拥有 1 800 多家门店，覆盖用户数超过 7 000 万，而且仍在不断扩张。它就是增田宗昭创办的茑屋书店，日本最大的书店。它于 2020 年登陆中国，在杭州和上海开设了两家店，很快就成了网红店。

将茑屋书店称为网红店有点儿不太公平，它并不是随着一波热潮快速兴起又快速没落的"新物种"。事实上，茑屋书店成立于 1983 年 3 月 24 日，至今已接近 40 年。它经历了影音时代的高速增长期，又穿越了互联网时代，在整个行业面临下行的背景下实现了个体的超级增长。

2018 年，中国国内实体书店经营规模比 2017 年萎缩了 6.69%，实体书店销量连续七八年处于负增长状态，这个趋势至今仍没有变化。

早在 2011 年，美国最大的连锁书店之一 Borders 就已宣布破产。

茑屋书店的所在地日本，每年约有 300 家书店面临倒闭风险。数据显示，虽然每年图书销售额都在上涨，但这部分上涨基本都来自线上渠道，线下渠道的销售额多年保持平稳。要知道，互联网时代的代表性公司亚马逊正是以网上卖书起家的，书、电影和音乐在互联网上变得唾手可得。茑屋书店与巨头正面交火，不但存活下来，还越来越好，其中一定有什么秘密。我们将层层拆解它的增长密码。

1. 几种增长策略的综合运用。
2. 持续秉承统一的商业逻辑。
3. 品牌在新时代的作用。

第一层密码

茑屋书店之所以持续增长，是因为它很美吗？是的，茑屋书店很美。美是"体验"的一部分，网购虽然省钱、省时间，却因为没有购物场景而缺失了体验，体验恰恰是线下店的优势。好战略的反面也是好战略，如果线下店不能比网购更快、更便宜，那么为什么不向另一个方向发展，往"更极致的体验"上努力呢？

茑屋书店是这样想的，也是这样做的。在工业化时代，一家企业能够不断复制扩张，往往是找到了一条用标准化实现规模化的路径。比如，麦当劳和肯德基在中国境内开的店就有数千家，它们靠的就是标准化流程，复制成本低、方差小。但茑屋书店不是这样，而是千店千面，每一家店都要针对当地人群进行调研和定位，结合地理位置，实现个性化运营。虽然现在它已经拥有超过1 800家门店，人们却很难找到两家完全一样的店面。

这样做无疑成本很高，但换来的是用户在每家店都有独特的体验。比如，代官山店的目标人群是有钱有闲的老年人，店内就会有专门给老年女性做美容的美容院、方便老人给儿孙买礼物的环保玩具专卖店、宠物医院以及方便老年人上下出租车的专门区域。银座店则主要吸引年轻人，不仅室内场景设置非常像现代美术馆，还有各种艺术装置。同时，不同门店内的书籍类型几乎完全不同。增田宗昭要求新店负责人搬到店附近居住，以便最及时地感受周围用户的体验。这样一来，不同店面不仅能给目标人群提供最适合、最优质的服务，还能带来引流效果，让用户去不同的店面打卡。用增长的语言表述，这样做拉长了用户生命周期，实现了留存。

为了提升用户体验，茑屋书店做了很多超出用户预期的事情。比如，大部分商品都没有价格牌、不设置传统的收银台、没有推销海报、不打广告，这一切安排都是为了让用户获得更好的沉浸式体验，将用户的时间留在这里。

茑屋书店中的书并不像传统书店那样按照类别和属性区分，例如分成教辅图书、小说、杂志等，而是按照书的内容来区分，包括人文、艺术、建筑、汽车、料理和旅行等。同一个板块的书籍，不论新旧和体裁，都放在一起，方便用户翻阅。这是一种视角的转变，是从用户的需求视角而不是书店的供给视角来提供服务，也是为了让用户停留翻看，而不是买了东西就走。

另外，为了更好地帮助用户挑选书籍，茑屋书店的很多一线导购甚至是"业界大牛"。旅行类书籍的导购是游历了100多个国家、撰写了10多本导游书的记者；料理类书籍的导购本人就出版过多本料理书；文学类书籍的导购是日本著名的文学评论家；美妆类书籍的导购拥有自己的化妆品品牌……凡此种种，都是为了让用户在茑屋书店拥有无与伦比的体验，增加他们的停留时间，为产生更多消费提供可能。

所以，这就是茑屋书店的增长密码吗？它通过增强用户体验，提高用户黏性，来对抗电商购物的便捷和低价，拉长用户停留时间，进而提高用户客单价，并通过好口碑带来转介绍，最终实现增长。

一句话讲，这不是卖书，而是卖空间。

这话好像有道理，又令人隐隐感觉哪里不对。我们再次观察商业模式三角模型（见图附录2-1）。

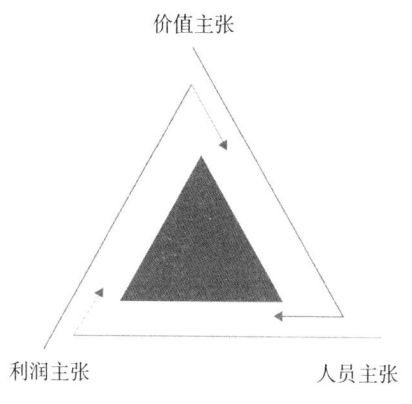

图附录2-1　商业模式三角模型

一个商业模式若想要长久成立，必须满足全部三个主张。价值主张虽然是商业模式的起点，但企业如果不赚钱，没有利润，也无法运转下去。我们在前面介绍了茑屋书店为提升用户体验所做的种种努力，这些充分满足了用户的价值主张，但企业能因此赚钱吗？

做餐饮的朋友都知道，有一个数据叫"翻台率"，指一张餐桌一天可以承接客人的次数。比如翻台率是4，指的是一张桌子一天接待了4拨客户。这是衡量经营效率的重要指标，翻台率越高，经营效率越高。意大利快餐品牌萨莉亚在中国开设了不少门店，你如果去过就会发现，它的套餐并不贵，店里以两人座为主，也不接受预订。它的目的很明显：促使消费者快吃快走，提高翻台率。如果一张桌子有三四个人，他们难免聊聊天，吃饭时间就拉长了，运营效率因此就降低了。

茑屋书店却让用户沉浸其中，拉长他们的停留时间，这不是与商业常识相反吗？中国也有很多咖啡厅，店里的桌子很大、很舒适，顾客点一杯咖啡就可以待一天。它们的理念与茑屋书店很像，这些咖啡馆要么距离关门不远，要么就是有资本在背后强撑。

"业界大牛"做导购固然好，但我们凭常识就知道他们的费用并不便宜。书能有多高的毛利？每天卖的书够支付大牛们的工资吗？茑屋书店开每家店之前都要根据当地的人文喜好做深度调研，而不是标准化复制，这也是一项成本。

这么一总结，茑屋书店的成本结构好像并不合理，怎么算它都很难赚钱。一家不赚钱的公司谈何增长？这背后一定还有其他的原因，这个原因也许就藏在创始人增田宗昭的一句话里。

第二层密码

增田宗昭曾说："对顾客而言，有价值的不是作为物体的书，而是包含在书中的提案。"

传统的线下零售是"所见即所得"，即商店摆什么就卖什么。但茑屋书店的逻辑是，先通过书籍创造需求，再通过关联陈列，让用户为自己突然产生的消费冲动买单。在茑屋书店里，健康类书架后面就是跑步机，美容书后面就是美容商品，唱片区后面是唱片店，而旅游区书架后设有一个专门的柜台，提供个性化的旅游计划。

用户要的不是书，而是书中揭示的生活，这是增田宗昭与他人不一样的洞察。在茑屋书店里，书不仅是用来售卖的商品，更是制造需求的工具。用增长的语言表述，书是"引流品"。通过配套场景式的商品陈列，用户的消费冲动很容易得到即时满足，客单价进一步提升，茑屋书店将线下店的"场景优势"放到了最大。

如此，书变成了生活方式的入口（见图附录2-2）。

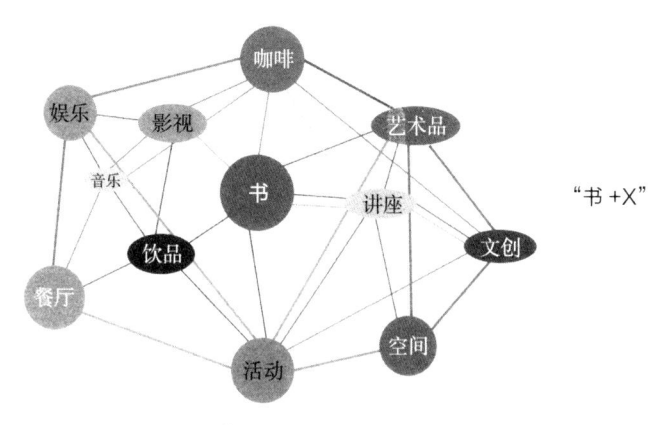

图附录2-2　茑屋书店的"书+X"场景

增田宗昭还说过另外一句看起来违反常识的话："很多书店之所以活不下去，就是因为它们在'卖书'。"

书店卖书不对吗？我们来分析一下，"线下卖书"曾经是不错的商业模式。企业开了更多店面，就意味着有了更多用户；更多用户产生的购买能力，让企业具备了更强的供应商议价能力，同时带来了更大的利润空间；有了更多利润，企业就可以开更多店，增长飞轮闭环就此形成（见图附录2-3）。时代变迁让飞轮的哪个环节出现了变化？没错，在互联网时代，

"更多店面"只能确定地带来更高成本,并不一定能带来更多用户,想买书的用户大都去网购了。网购书价格便宜,选择更多。

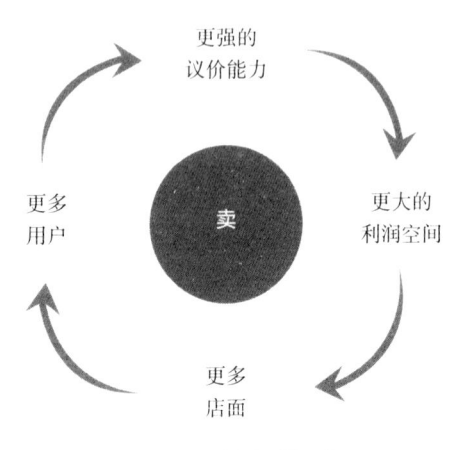

```
        更强的
        议价能力
   ↗              ↘
更多              更大的
用户      卖      利润空间
   ↖              ↙
        更多
        店面
```

图附录 2-3　连锁书店增长飞轮

增田宗昭说的没错,只卖书恰恰是传统书店活不下去的原因。茑屋书店打造的并不是卖书的场域,甚至也不是卖货的"卖场",而是"买场"。一卖一买不仅仅是字眼转换,更是经营思维的转变。卖场是供给视角,企业要将货品卖出去,考虑的必然是供应链效率和用户转化效率;而买场是需求视角,企业要从用户的角度考虑问题,用户到底要什么?用户买某个产品的待办任务是什么?

有一个案例能充分体现增田宗昭的"买场思维"。2015年,茑屋家电在广岛的二子玉川店开业。人们能够想象的家电卖场的样子无非是装修很好、产品很多,但都按品类摆放:某面墙挂满了电视机，某排货架上全是音箱，旁边还有一个区域是所有的厨房家电。这种排列方式的隐含假设是"用户想要买的是某件商品"。茑屋家电的设计理念完全不同，卖场的商品并不是按照品类摆放的。设计师将它们设计组合成了各种可能的生活场景，用户在店里就可以看到想象中生活的样子。"茑屋家电不是提供10 000 种商品，而是提供 100 种生活。"

不与网购比"省钱省力"，而是让用户为了这份优质体验心甘情愿地"费钱费力"，茑屋做到了。

所以，从卖场到买场，从卖书到卖书中的生活方式，"书 + X"的模型就是茑屋书店的增长密码了吗？

这好像仍然没有解决书店的成本结构问题。很多中国的实体书店也是以"书店 + 咖啡馆"的方式运营的，但很难有一家可以实现茑屋书店的规模。从"买者"的视角去设计用户体验、拉长用户停留时间，与快速卖货、提升周转率的零售基本逻辑并不相容。所以，在"书 +X"这种经营表象之下，必然还有一种更深层的经营理念，这才是茑屋书店取得成功的真正原因。这个原因是什么呢？我们先卖个关子，从 CCC 讲起。

第三层密码

CCC 是什么？这是茑屋书店的母公司，全名是"Culture Convenience Club"，直译成中文是"文化便利俱乐部"。

最开始，茑屋书店只是开在日本枚方市的一家经营 CD（激光唱片）、DVD（数字通用光盘）和书籍的小店，后来通过连锁加盟一直开店，开到了1 000多家。它的品牌名也不是人们现在看到的中文繁体版"茑屋书店"，而是TSUTAYA。有人会误以为1 000多家茑屋的店面都是"最美书店"，其实不然，人们经常去打卡的和在媒体上看到的非常漂亮的大店是茑屋书店的一种店型，叫T-SITE。代官山店、银座店以及中国杭州天目里店和上海上生·新所茑屋书店都是这种店型。这种店有20多家，其他更多的1 000多家是名为TSUTAYA的商场店。

纵观茑屋书店的发展历程，我们可以发现，它在不断整合并纳入新的要素。2003年，它把咖啡加入书店；2013年，它融入公共设施中；2015年，它把书店和家电组合在一起，甚至还建造了多家图书馆（见图附录2-4）。

我们早已经不能用书店来描述这家公司了。CCC作为茑屋书店的母公司，成立于1985年，比第一家店晚两年诞生。CCC目前已经拥有多家子公司，包括设计公司、娱乐公司、市场营销公司、做连锁加盟的TSUTAYA公司和T-MEDIA公司。代官山店这样的T-SITE店与出租音像书籍的TSUTAYA店甚至不属于同一家子公司，T-SITE店与图书馆等分店属于设计公司。

目前在CCC的公司架构里，代表了对外形象的、拥有"最美书店"称号的设计公司其实是亏损的（见图附录2-5）。这并不让人感到意外，从前面的分析当中我们就可以看出，书店的成本结构怎么算都无法实现盈利。

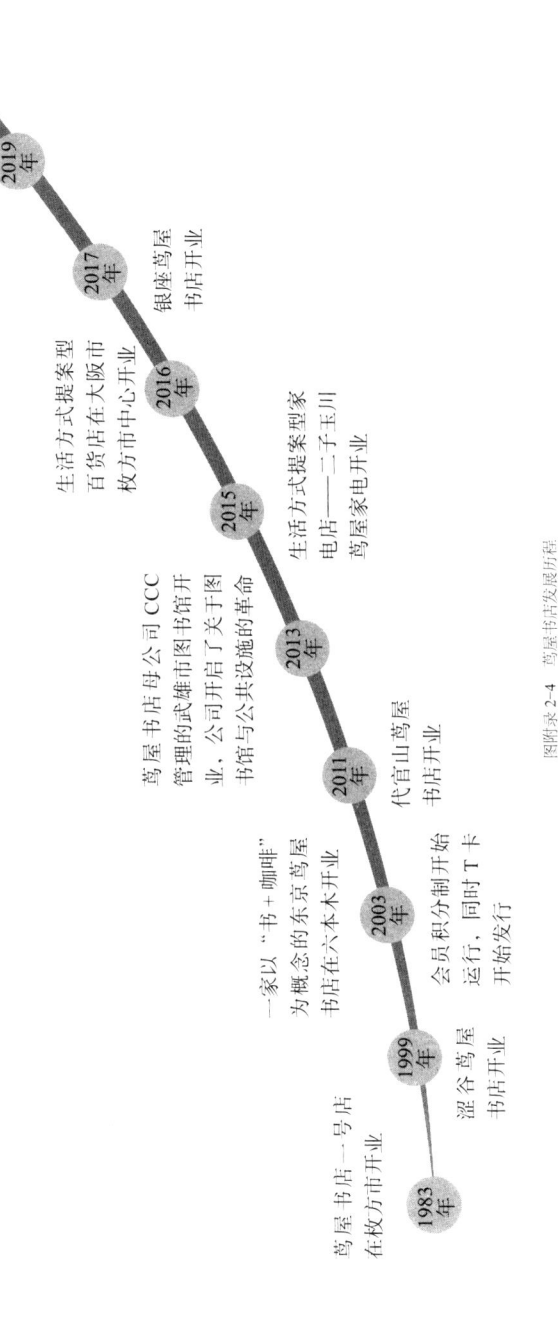

- 1983年 茑屋书店一号店在枚方市开业
- 1999年 涩谷茑屋书店开业
- 2003年 一家以"书+咖啡"为概念的东京茑屋书店在六本木开业；会员积分制开始运行，同时T卡开始发行
- 2011年 代官山茑屋书店开业
- 2013年 茑屋书店母公司CCC管理的武雄市图书馆开业，公司开启了关于图书馆与公共设施的革命
- 2015年 生活方式提案型家电店——二子玉川茑屋家电开业
- 2016年 生活方式提案型百货店在大阪市枚方市中心开业
- 2017年 银座茑屋书店开业
- 2019年 日本茑屋书店于2020年在中国杭州、上海开设了大陆店铺

图附录2-4 茑屋书店发展历程

CCC并非没有受到互联网的冲击。做线下连锁加盟的TSUTAYA公司在集团内的营收占比从60%下降到30%以下。真正赚钱的是市场营销公司，其特许经营业务实现了整个茑屋书店接近80%的收入，每年还有8%~9%的增长。市场营销公司运营的核心抓手是T卡。

设计公司	TSUTAYA	娱乐公司	市场营销公司	T-MEDIA
·商业设施企划 ·图书馆企划并接受运营委托 ·咖啡厅与餐厅的企划和运营	·连锁加盟的拓展（连锁加盟本部） ·自营店铺的企划设计与出店、运营	·电影、音乐软件的企划与制作 ·电影、电视剧、音乐短片等的企划和制作 ·书籍与杂志的出版	·T积分系统的运营 ·T积分的管理 ·通过数据库市场营销进行咨询 ·通过数据库市场营销进行促销企划	·互联网它配租借服务的运营 ·视频放送服务的运营 ·综合娱乐影音电子商务服务的运营 ·音乐放送的运营
亏损	60% → 30%		8%~9%	

图附录2-5 CCC的公司架构

T卡对于CCC非常重要，它本身是茑屋书店的借书卡，用户可以使用T卡来借书。后来，茑屋书店的分店开得多了，使用T卡的用户也多了。与中国人不一样，日本人非常喜欢使用积分卡，钱包里总是鼓鼓囊囊地塞着各家公司发的优惠卡。有一次，增田宗昭忽然意识到，人们为什么要装这么多卡片？用一张卡把各种卡集成在一起不好吗？这便是T卡开放的开始，也是大发展的开始。

目前，T卡接入了10万家以上的加盟企业和超过100万家店铺，包括酒店、服装店、银行、汽车公司、超市、餐厅、加油站、便利店、药妆店、CD店等，涵盖了人们生活的方方面面。你能相信吗？一张本来用于借书的卡，现在也能用来买奔驰车。茑屋书店有7 000万名活跃用户，这个数字超过日本国民总数量的一半。我们并不是说这些用户经常去茑屋书店,而是说使用T卡的用户超过了7 000万人。T卡变成了一张可以跨店、跨行业使用的积分卡。用户不再需要持有每一家店单独发放的卡,只需要持有T卡,他们在合作企业消费,就可以获得T积分,积分在合作企业的所有店铺中通用。T卡不仅帮助合作企业打通了会员积分体系,让企业之间可以互相引流,还解决了用户包里塞满积分卡的问题。2019年,CCC的T卡占据日本通用积分卡的第一名,排在其后的是乐天和Ponta等老牌零售企业。

CCC的T卡并不是轻轻松松就获得了今天的地位。首先,在2003年T卡开始发行的时候,茑屋书店本身的用户量已经很大,这才能吸引其他商家与它合作。其次,茑屋书店真的把T卡当作一个战略级的举措来推行。《知的资本论》是增田宗昭自己写的茑屋书店经营之道,在书中他多次描述有商家来谈判加入T卡项目时,自己的兴奋之情。

所以,茑屋书店漂亮的增长曲线并不是书店本身带来的,而是源于CCC整体的增长。其中有80%来自以T卡为引擎的特许经营业务,这些业务通过通用积分卡网罗了日本上百万家店铺,形成了网络效应。

这才是茑屋书店的增长密码!书店只是CCC业务中的一环。企业通过网络效应形成护城河,囊括越来越多的利益方;商家越多,用户越有价值,用户就越多;用户越多,就会有越多的商家愿意加入。一旦突破阈值,企业就形成了一个自增长的飞轮。

我们要问的是，这就是全部了吗？也许还不是。

第四层密码

当T卡渐成气候，茑屋书店不仅仅可以形成网络效应，锁定更多用户，更重要的是，它可以借此获取海量用户数据。茑屋书店可以在开店之前，对用户群体进行精准画像，并根据画像对店面进行设计和运营。开始运营之后，它还可以使用专门的数据采集系统，实时记录、存储、分析读者的购书情况，更好地了解用户偏好，及时调整选书方案，同时丰富自己的数据库。

正如第一章的"数字化增长转型"一节所讲，数据作为一种生产要素，会越用越多，产生指数级价值，导致领先的公司越来越领先。每家合作公司提供数据给茑屋书店，又从茑屋书店的数据中受益（在法律允许的情况下）。百万家店实现数据的对接，几乎画出了消费者的整个人生。

T卡的数据不仅仅被茑屋书店自己应用，还会被输出给合作公司，帮它们做用户洞察，提供决策依据。随着社会多元化进程的推进，每个人的收入不一样，所选择的生活方式自然也不一样。T卡的任务就是把多样化的商品和多样化的人群相匹配，为他们提供不同生活方式的提案。这张卡可以得到类似"喜欢某类音乐的人经常会在这样的地方吃早餐"的倾向性结论，让顾客的形象变得立体起来，使企业可以通过数据库更了解消费者。这是不是有点儿眼熟？这不正是中国几家大互联网平台在做的"大数据人工智能推荐"吗？而茑屋书店从十几年前就开始布局了，它的数据采集是从线下消费场景开始的。

通过用户数据回答问题，并用强大的供应链解决问题，这才是茑屋书店的核心价值。从这个意义上讲，CCC是一家大数据赋能的极难被替代的咨询策划公司。

复杂度极高的商业逻辑一环套一环，我们画出了茑屋书店的增长飞轮（见图附录2-6）。

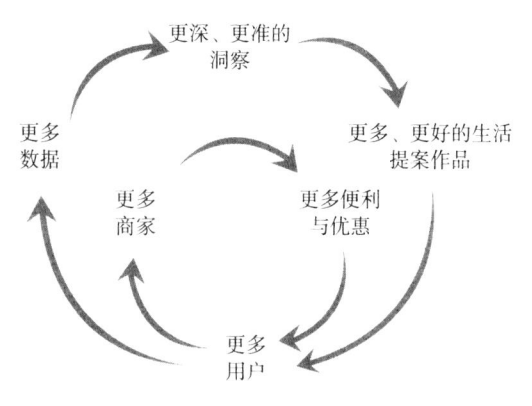

图附录2-6　茑屋书店的增长飞轮

增田宗昭说："做企划才是CCC的本行，书籍、音乐都只是践行它的方法。"增田宗昭对CCC公司的愿景是，它必须成为全球第一的企划公司，而不是书店、唱片店之类的。他很清楚，有海量用户数据在手，公司已经完全不需要害怕竞争。怎么基于数据分析做好研究、服务与赋能才是他最关心的事情。因此，"企划"的重要性不言而喻。CCC目前拥有超过120家子公司，它从2018年开始便决定今后只做三件事：创造一个平台让消费者快乐，活用数据让消费者快乐，提供内容让消费者快乐。

我们终于找到了茑屋书店的增长密码以及它的战略逻辑——"向生活提案"。在这个逻辑之下，一些看似在商业上难以解释的行为都顺理成章了。比如，代官山店明显亏损，CCC为什么还要开呢？在单店的背景下，这个商业模式不成立，把它放在CCC的战略全盘上就好理解了：代官山等T-SITE店是CCC的广告，是CCC在向客户证明自己的"提案能力"，亏损的部分可以算作广告支出。

"向生活提案"是茑屋书店的品牌主张。表面上它的业务多种多样，有书店、有家电、有图书馆、有T卡、有出版，甚至还可以邮寄DVD，看不出有什么关联性，其实这些业务底层有一个共同的价值主张：将生活浪费在美好的事物上。

"创造美好的时光。"从第一家店开始，增田就开始秉承这个理念了。那还是在小城枚方，他们尝试将CD、DVD和书进行组合，这样商品是可以联动的，能让用户的一整段时光都留在这里，而不是买了东西匆匆走掉。在这之前，市场上只有单独的DVD店、CD店和书店。再比如前面提到的"书+X"模式，其初心也不是卖更多货，而是让用户有回到家的感觉。用户感觉舒服，自然便会留得久。正如增田所说："文化就是逗留，逗留多就是用户黏性强。真正的氛围文化，就在你愿意花时间的地方，即使浪费时间也在所不惜，因为把时间浪费在美好的事情上，本身就是一件赏心悦目的事。"

我们开玩笑说星巴克有气氛组，没想到这早就是茑屋书店追求的理念了。"效率不带来幸福，要做让人感到幸福的事情。"一家不追求效率的公司，却实现了爆发性的增长，这件事情本身就值得我们反思，一定是时代发生了什么我们没有注意到的细微变化。

读到这里，有心的读者马上就会提出一些问题，为什么茑屋书店能成功？这是个例吗？早些年它仍然可以成功吗？现在仍然有很多人在使用"卖场思维"做生意，他们也做得很好，我该学谁？

我们把维度提升一些来看，消费社会一般会经历三个阶段。第一个阶段叫供给稀缺阶段，即企业只要有产品就能卖出去。比如美国早年的T型车，我国在20世纪80年代的电视机、洗衣机、自行车，重点都在生产。后来，生产力提升，物质开始丰富，多个产品需要争夺同一个用户，消费社会就会进入第二个阶段，也就是选择便利阶段。营销和品牌都在这个阶段发挥了巨大作用，帮助用户降低选择成本。但这个阶段仍以大规模标准品满足相似需求为主。随着生产力继续提升，社会来到了个性消费阶段。文化认同从大到国家、年龄代际细分到一个个小的圈层，甚至每个人都有自我追求和自我主张。企业需要大规模地满足个性化需求，目前兴起的人工智能技术正在朝这个方向迈进。新时代的大众品牌必将慢慢变少，市场上会涌现出更多的圈层品牌。品牌的三大作用是记忆、信任代偿和文化认同。前两个作用将会慢慢消逝，唯有文化认同价值不但不会消失，还会愈加丰富。日本的消费社会正从第二阶段走向第三阶段，茑屋书店的经营模式满足了这个社会变迁的需求。中国的消费社会也正向第三阶段过渡，十九大报告提出，中国特色社会主义进入新时代，我国社会的主要矛盾已经转化为"人民日益增长的美好生活需要和不平衡不充分的发展之间的矛盾"。因此，满足个性消费的产品将有实现爆发性增长的机会。

下一个问题来了，在日本遇到这个时代机会时，为什么是茑屋书店，为什么是增田宗昭抓住了这个机会？

增田其人

回看消费社会的发展历程，从物质稀缺的时代到选择便利的时代，再到个体消费崛起的时代，每个时代都有自己的特点，但有一项能力始终稀缺——洞察力。洞察力是对时代、社会以及用户与众不同又更接近本质的理解。

增田宗昭从小的生长环境让他养成了这个能力，他在艺伎馆长大，"茑屋"其实是沿用了他祖父曾经经营的艺伎馆的名字。在创业之前，增田是一位设计师，非常细腻和敏感，也非常懂女人。

在为茑屋书店选址时，他会去潜在的选址地附近跑步，一边跑一边观察附近的居民几点起来遛狗，他们会在哪里休息等。他曾经在考察的时候发现草坪上有一个公用的椅子被晒得很烫，于是自己装了一个凉棚方便他人。当他发现老人早上遛狗需要一个地方休息时，茑屋书店便开设了咖啡馆且开门很早。增田宗昭是一个拥有很强利他心的人。"用脑子想自己的事情，用心想别人的事情。"这就是他对自己的要求。在他当年写给银行的借款说明书上，第一句话便是"我想做一个生活信息的提案场所"。

如果依靠个体的洞察力可以开好几家店，那么开上千家店以及输出提案给合作公司就必须要靠数据。幸运的是，增田除了感性、细腻之外，还非常果敢、理性，他很早就意识到了通过数据将洞察力和提案力放大的可能性，最终真正做到了规模化的个性化。CCC名字中的"文化"和"便利"两个词本来是背道而驰的，而增田宗昭的目标便是把二者结合起来。

增长策略

最后，我们盘点一下可以从这个案例中借鉴的增长策略。

第一，价值破局。

反者道之动。真正实现了长期增长的公司，无不实现了价值创新。面对同一批用户，它们挖掘到了与其他公司不同的价值点，并将价值点呈现出来。网络时代，物质极大丰富，信息极大充盈，有人通过提供更快、更多、更便宜的产品或服务取得了成功。当人类的某一个方向的需求被极大满足时，另外一个方向的需求便会出现稀缺。"网络时代电商不能做什么，这就是我们战胜它的理由。"基于这个认知，增田宗昭走出了不一样的路。智能手机提供虚拟空间，提供极速连接，但永远无法模仿心情和感觉的效果，无法提供即时性的达人服务，也无法创造人来人往的真实空间。从虚拟回归真实，在真实中创造极致体验，是茑屋书店提供的独特价值。价值创造可以按照需求侧的解决问题、创造体验和供给侧的提升效率、降低成本这4个方向来实现。

茑屋作为书店与普通书店和亚马逊一样，但它面向消费者提供了不同的价值主张。虽然茑屋书店本身的商业逻辑复杂性更高，售卖图书音像制品并不是它营收的主要来源，但其后续商业价值的实现依托于前端对消费者价值主张的实现。

有趣的是，茑屋书店的成功并非为了应对亚马逊的崛起，它比亚马逊存在的时间更长。它只是一直遵从自己的核心理念，在互联网冲击来临的时候，它没有屈从，而是强化了原有优势。

第二，网络效应。

我们回顾一下网络效应的定义：一个系统里要素的效用与其他要素的数量正相关。也就是说，在一个系统里增加要素，对其他要素以及整个系统都有好处。

茑屋书店的T卡业务具有明显的网络效应特征，也是CCC营收的主要驱动力。有更多的用户，就会有更多商家愿意加入，而更多商家加入对用户来说更加便利，用户因此效用增加；用户的行为被记录得越多，数据便积累越多，更多的数据又带来更深刻的用户洞察，指导商家做经营决策。

网络效应是商业模式的放大器，一旦突破阈值，便会以巨大的势能裹挟社会资源，让它们成为利益共同体。网络效应的形成过程漫长而隐秘，人们在短期内往往看不到明显效果，但它一旦产生作用，别人就很难再追。

第三，留存为先：流量思维PK超级用户思维。

企业与电商对抗，就要应用与电商相反的策略。电商的基本逻辑还是效率为主，以"多快好省"为代表，淘宝实现了"多"，京东实现了"快"和"好"，拼多多则实现了"省"。但事情正在发生变化，马云在一次公开演讲中提到，每天晚上天猫和淘宝上有1 700万人在浏览了页面后，什么都不买就走了，他们就逛逛。他们不追求多、快、好、省中的任何一个，就是来看看。这证明有大量的用户并非一直在追求效率。效率是工业时代的产物，是应对竞争的"不得不"，但生活是反效率的。茑屋书店敏锐地洞察到了这一点。类似麦当劳、肯德基、瑞幸等品牌拓店的思维其实还是流量思维：找到流量最大的店面，或者通过线上给线下导流，实现增长。茑屋书店是先做用户洞察，千店千面是表象，每家店都在随着周围用户的需求不断变动，以用户为轴，满足店面周围用户各种各样的需求，这是超级用户思维。

用茑屋书店的语言来表述，流量思维就是卖场思维，计算公式是流量×转化率。流量思维夯实的核心能力是供应链管理能力和流量运营能力，企业赚取差价（见图附录2-7）。

而超级用户思维是买场思维，是企业将自己打造成生活方式的入口，计算公式是CAC/LTV。买场思维夯实的核心能力是洞察力和提案力。在这个场域里，用户愿意为新增的情绪价值买单。

表现形式：书店

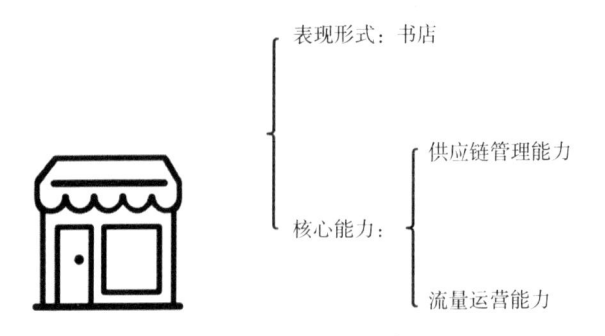

核心能力：
- 供应链管理能力
- 流量运营能力

流量思维：流量 × 转化率

图附录2-7　基于流量思维的书店运营模式

用心理账户可以很好地解释这种情况，当茑屋家电提供的不是10 000种商品而是100种生活时，在用户心中，一个账户是某台家电值多少钱，另外一个账户是某种生活值多少钱，他的付费意愿显然是不同的。

第四，认知升级。

最后，我们用本质思考的方法，将茑屋书店的几层经营逻辑做一下整体梳理。希望读者能再次意识到，对一个行业的本质认知不同，企业得出的经营策略就不同，导出的战略逻辑和路径也不同。

问题是，茑屋书店做的是一种什么生意？

第一层，我们可以把它理解成书店生意。其核心的经营策略是一端抓住供应链，一端做好流量。早期的茑屋书店确实是这样的，它出租书籍和音像制品，通过不断加盟覆盖更多人群。

第二层，我们把它理解成"书+X"模式，即将书作为引流品，引出"书中的提案"。卖书只是入口，更重要的是卖里面的生活方式：艺术、旅游、健康……这样可以提升客单价。这种模式的核心是塑造场域，将茑屋书店变成生活方式入口，以"买场思维"让用户感觉舒适，愿意停留。

第三层，我们把它理解成数据公司。这一层是茑屋能够生存下来的重要原因。T卡刚推出时本没有被赋予如此重大的战略意义，增田只是想解决人们钱包里卡片太多的问题，却意外地形成了网络效应。此处还需要匹配极强的技术能力，以采集和处理数据。

第四层，我们把它理解成咨询公司。个体或许拥有完成几个项目的咨询能力，但大规模的咨询能力必须依靠海量的数据。这时企业要匹配的能力是洞察力和提案力（见图附录2-8）。

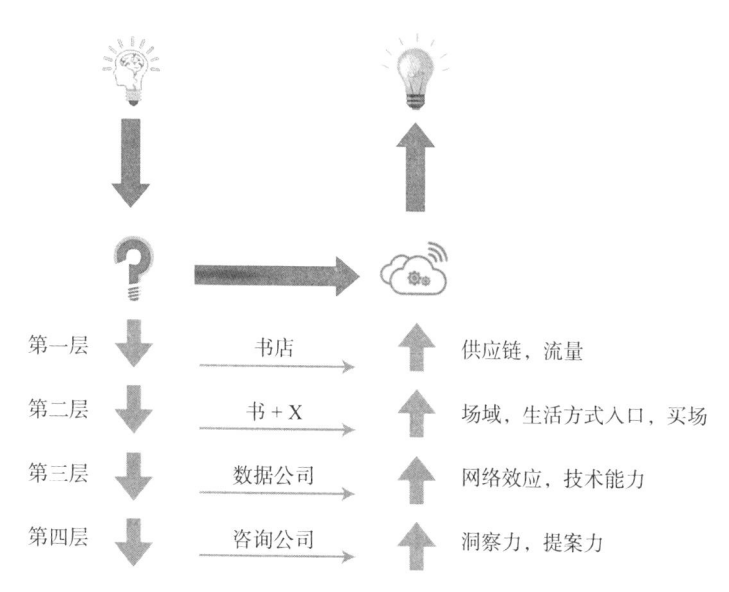

层级	定位	能力
第一层	书店	供应链，流量
第二层	书+X	场域，生活方式入口，买场
第三层	数据公司	网络效应，技术能力
第四层	咨询公司	洞察力，提案力

图附录2-8 茑屋书店的4层U型思考

这几条逻辑叠加起来，便是茑屋书店走到现在的经营逻辑。但这几条经营逻辑其实都来自同一个方向，即茑屋书店的愿景和使命。它的愿景是成为全球第一的企划公司，使命是创造美好的时光。人们愿意将时间浪费在美好的事物上，而茑屋书店就会创造美好事物。

茑屋书店已经进入中国，我们如何判断它在中国的发展走向？按照上面的层次逻辑，我们很容易可以得出结论：它作为网红打卡点没有问题；按它已经拥有的提案能力，做咨询业务似乎也走得通；但想在中国形成类似T卡的网络效应，它几乎没有可能。支付宝、微信、京东甚至爱奇艺都比它更有机会。支付宝与微信已经具备网络效应，茑屋书店这条道路也许可以让其他中国企业获得某种启发。

附录3
叮当快药：传统行业数字化转型样本

在那些因政策放宽而呈现利好态势的传统转型行业中，医药新零售成为新宠，并迅速进入发展快车道。

相关数据显示，2018年，我国网上药店药品销售额达到99亿元，同比增长41.3%；到2019年上半年，销售额达到70亿元，同比增长40.6%。随着非处方药和处方药网上销售渠道的逐步放开，以及利好政策与市场红利的推动，2020年，我国医药电商的市场规模达到了约1 956亿元。

疫情无疑带来了一次整个互联网医疗行业的爆发。2021年6月，身处这个风口产业的叮当快药向香港交易所申请了IPO（首次公开募股）。作为一家手机问诊售药平台，叮当快药凭借"7×24小时在线问诊、28分钟送药到家"的服务建立了影响力。招股书显示，2018—2020年，叮当快药供应销售订单由1.41亿笔增加至 4.05 亿笔，复合年增长率达 69.3%。

当然，叮当快药目前还不是一家大公司，我们选择这家发展型公司做案例，有三个原因。

第一，它的体量跟很多读者的公司类似，因此其做法和经验适合我们做参考。

第二，叮当快药是传统行业的互联网转型样本。在传统的医药行业里，它的视角能启发公司转型数字化互联网经营。

第三，增长研习社聚焦某些行业做深入研究和探讨。叮当快药代表的是医药行业。

本案例将分别从以下几个部分来解读：生意逻辑、竞争格局、未来推演、转型要点。

生意逻辑

叮当快药的业务形态非常简单。当你想买药又不想出门时，你可以打开叮当快药 App，下单买药，比如芬必得、创可贴，然后会有专职的外卖小哥及时送药上门。

2015 年，创始人杨文龙创建了叮当快药。事实上，叮当快药是杨文龙的第二曲线。他的第一曲线是仁和药业，这是一家上市公司，目前市值 84 亿元左右。

2018 年，成立 3 年的叮当快药拿到了软银中国的 3 亿元投资；2019 年完成 B 轮融资，拿到中金和软银的 6 亿元投资。截至 2021 年 6 月，叮当快药累计完成了 7 轮融资，融资额超过

30亿元。2021年6月22日,它向香港交易所正式递交了IPO申请(见图附录3-1)。

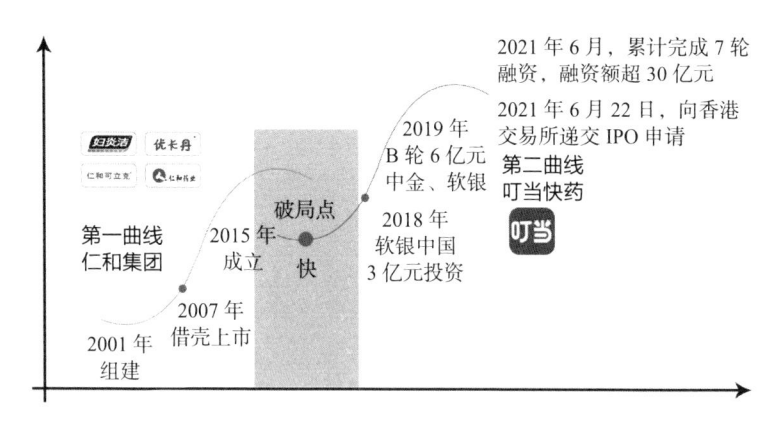

图附录3-1 从仁和药业到叮当快药

我们来看一下叮当快药的商业逻辑。先考虑第一个问题,人们为什么要去网上买药?全国已经有40万家线下药店,在每个社区的周围500米之内,你至少能看到1~2家药店;全国还有98.7万家医疗机构,你在医疗机构里也能买药。对消费者来说,购买药品非常方便,那人们为什么还要在网上买药呢?

这个问题就涉及创业机会识别了。很多创业者在创业的时候,看到市场好像已经很饱和了,就会疑惑机会从何而来。这时候就出现了一个洞见——大市场之下总有边缘细分的需求没有被很好地满足,这就是我们创业的机会。叮当快药抓住了医药市场的细分需求。医药市场中至少有六大需求在原有的药品市场里得不到满足，分别是懒、急、专、私、夜、慢。

- 懒：每栋写字楼、每个小区周围都有很多饭馆，但是外卖的生意为什么依然火爆？因为"懒人"多。懒人购药无门，外送是懒人的需求。
- 急：如果现在突然胃疼，你还能走上500米去药店买药吗？这时候送药上门是应急的需求。
- 专、私、夜：专业医生、药师和配送，以及敏感药物和病人隐私的保护，这些都是用户需求。此外还有夜间用药。外卖点餐的高峰时段是中午和傍晚，但用户生病的时间不确定，夜间用药是难题。而叮当快药承诺24小时送药上门，满足了用户的夜间需求。
- 慢：慢性病管理的需求也非常重要。慢性病患者知道自己要长期吃哪些药，他们希望在固定的时间点，有人能按时送药上门。

创业过的朋友都知道，打透细分在创业聚焦细分领域时，6个需求点已经太多了。叮当快药抓住了这6点中的一点——急，因此叮当快药的属性是"快"。叮当快药单点切入，带动用户的其他需求点。2015年，医药电商的切入点都是快，药给力承诺1小时送药，而叮当快药的承诺是28分钟，达到极致。

互联网行业跟传统行业不一样，它的特点是通杀。传统行业可以按区域保有自己的市场份额，但在线消费行业不行。互联网的商业模式基本都是快速增长。如果不快，你的投资人会反对，竞争对手会挤压，巨头会打压，所以快速增长对企业很重要。医药电商公司要怎么实现这一点？

电商有两种模式，一是平台，比如淘宝，二是自营，比如京东。从快速扩张的角度来说，做平台是最快的。平台模式有两个优点，一是扩张快，二是品类多。叮当快药搭建了平台，一方连接消费者，另一方连接线下药店。

但运行了一段时候后，叮当快药发现它很难保证"快"这个点。用户着急要药，平台也着急送药，但是线下药店老板不着急，而且药店很难做到24小时配合。当药店将产品上线到平台时，它倾向于上线自己的高毛利产品，而不是对用户最有价值的产品。另外，药店配送找的是第三方配送员，但药品有专业性的要求，比如全程冷链，一般的配送方很难做到专业。

平台满足不了企业为用户提供极致服务的需求，那企业要不要转做自营？如果你是决策者，你会怎么选？我们来分析一下。做自营需要同时有线上购药平台、线下药店以及配送方。叮当快药做自营时，操盘的增长模式是"单店模型+同城模型"。它已经不完全是线上互联网公司了，它关注的是每家店能够服务的周围人群。一个城市里有若干家店，每家店都赢利，公司整体就赢利了。

单店模式的赢利公式是（客单价-药品成本）×用户数-固

定成本-变动成本。提高客单价和用户数并降低成本能够促进赢利。叮当快药做得怎样呢？

- 客单价：刚开始用户不习惯网上购药，客单价是20~30元，现在涨到了70~80元。
- 药品成本：药品成本是叮当快药的核心。第一，创始人杨文龙的第一条曲线是药品制造，他对上游供应链非常了解，所以叮当快药的药品成本会低很多。第二，叮当快药建立了FSC（药企联盟健康服务工程）供应链管理系统，跟大量药厂合作。第三，它收购了一些OEM药厂，直接生产药品。
- 用户数：小区药店覆盖周边500米的范围，叮当快药的线下药店能覆盖5 000米的范围。
- 固定成本＋变动成本：线下药店有药剂师提供专业服务。叮当快药把药剂师的咨询服务放到线上，边际成本指数级地下降了。

网店和线下店还有一个重要的区别，就是选址成本。线下店要开在有一定人流量的街边，但网店可以开在房租便宜的社区内，这让叮当快药的药店一年能节省3/4的开店成本。

此外，叮当快药开发了数字化技术来优化配送。电子围栏系统能实现开店的最优布局；手机拣货系统能提高效率；智能路径系统能让配送员每单少跑200米、节约7分钟；运力调度系统把配送履约率提升了28%；订单沙盘系统可以提前规划某个区域未来产生的订单数。

叮当快药从平台转向自营，劣势是扩张会慢一点儿，成本要高一点儿；优势却更显著：链条中的所有环节都在可控范围内，能够保证用户体验。

叮当快药的切入点是快。转向电商自营后，他们把"快"做到了极致——内容快获取，慢病快咨询，夜间快解答等。公司最初叫叮当送药，后来改成叮当快药，就是要让用户意识到它送药很快。用户在App上下单时会看到页面上有三个选项：立即配送、两小时送达、预约配送。这是叮当快药的运力分配选项，目的是把最快的运力留给需要立即配送的人。

现在我们来看一下叮当快药的成绩：2019年10月在北京市场，叮当快药只开设了100家线下店就覆盖了全城，而当时线下药店总共有16 942家，效率得到了极大的提升。

叮当快药建立了一个稳固的三角关系：一个角是线上平台；一个角是线下药店，叫作智慧药房；还有一个角是配送方，采用完全自营的专业配送，配送员没有底薪，每单8元，1个月能挣1万元。

从平台模型转型成自营模型，叮当快药的增长发生了变化，形成了新的增长飞轮。

基础的增长理论AARRR的顺序是获客、激活、留存、变现、转介绍。在本书里，我们介绍了增长圈兴起的另一个顺序有所变化的模型，叫RAARR，即留存、获客、激活、变现、转介绍，也就是留存为先。我们先要在一小拨用户里努力提升用户满意度，当留存率达到一定标准后，再去投放获客。改变留存和获客的顺序后，更好的用户体验能留住更多的用户，效率更高了（见图附录3-2）。

图附录3-2　从AARRR到RAARR

叮当快药的拓店逻辑并不是先在城市里选好几个点，然后去开拓，而是用了RAARR模型，先做留存。它先开一家店，在这家店的覆盖区域不断地做用户运营，提升用户体验。当这家店不能满足越来越多的用户需求时，它再裂变另外一家店。叮当快药的整个模式叫"单店模型+同城模型"，指的就是单店裂变到全城。先做到一家店赢利，接着裂变，然后加力复制，这就是叮当快药的增长路径和商业逻辑。

叮当快药的增长飞轮看起来很简单，即跑通最小业务单元，第一家单店赢利，接着裂变出新店，再扩展到整个城市。它的逻辑很清晰。当你的生意模型和增长飞轮很清楚时，你就知道了如何实现盈亏平衡。你只要按照规划一步步做就好了，用曾国藩的话来说，这叫作"结硬寨打呆仗"（见图附录3-3）。

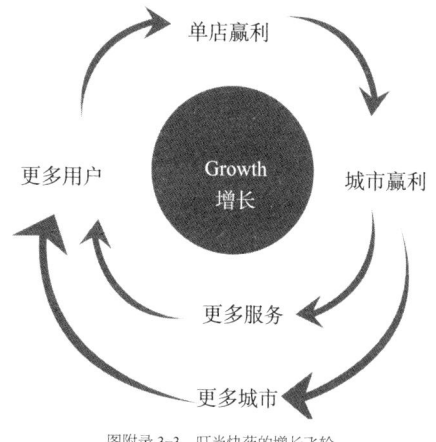

图附录3-3　叮当快药的增长飞轮

竞争格局

刚才我们拆解的是叮当快药的商业逻辑,也就是公司和用户之间的关系。现在我们来看看它的竞争对手。

我到一些公司访谈时经常会问负责人:"你们公司有什么竞争对手?"很多人都自信满满地说:"我们这家公司没有什么竞争对手。"听到这样的回答,我真的很替他们担心。为什么?逻辑上来讲,一个真正的、需求很大的市场,一定会有新公司进来竞争。他们所说的没有竞争对手,很可能因为这两点:一是他们不承认新公司是他们的竞争对手,二是他们所在的市场是一个伪市场。

叮当快药的竞争对手有两大类公司,第一类是传统的连锁药店,第二类是头部的互联网公司,比如美团、饿了么、京东健康、阿里健康等。

与连锁药店的竞争

传统连锁药店怎么看待线上销售呢?国药前董事长宋志平曾说:"网上售药非常便捷,国药一定得把线上配送做起来,不然,传统的配送方式很可能被颠覆。"

我们来看两张数据图,一张图是线上销售比例变化(见图附录3-4),另一张图是线上销售额变化(见图附录3-5)。2014—2018年,非处方药线上销售额以每年40%~50%的速度持续增长;2018年,非处方药线上销售比例占整个医药零售比例的约5%,这个比例不算高,但据业内预测,5年后非处方药线上销售比例将占整个医药零售比例的30%左右。

另外,我们从图附录3-5中可以看到非处方药的线下增速与线上相比还差很多。由此可见,传统药店与叮当快药的竞争主要是在医药零售的线上部分。而传统药店如果想要转型线上,其实有两种方式:一是自建平台,二是上线公域平台。

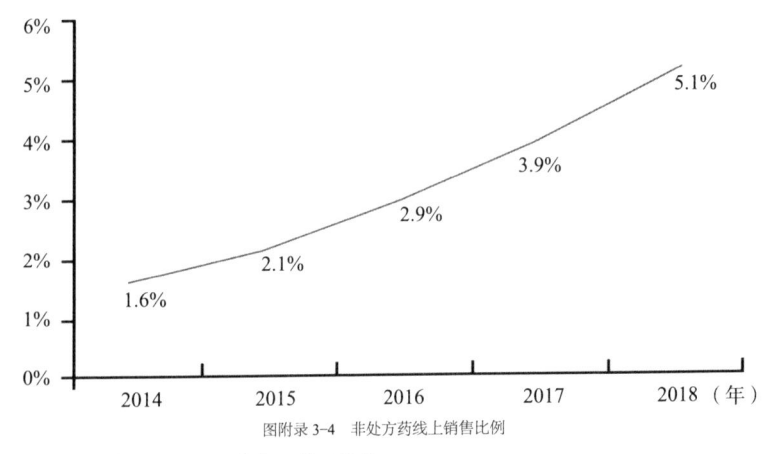

图附录3-4 非处方药线上销售比例

资料来源:Wind、华泰证券研究所

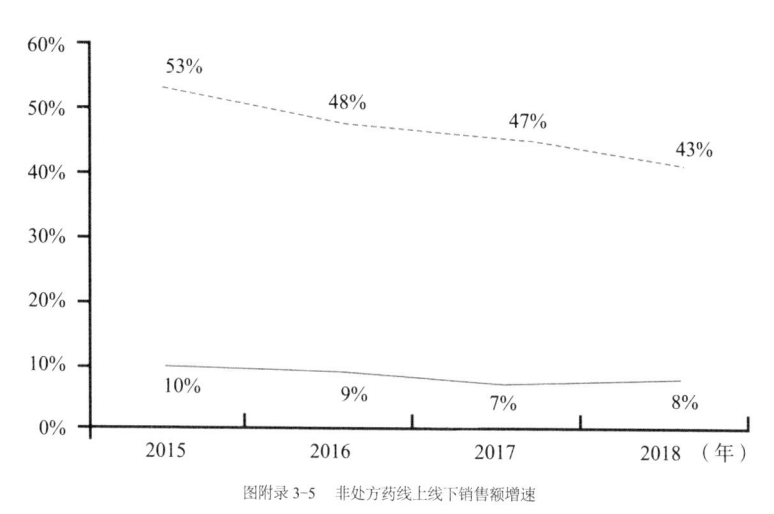

图附录3-5 非处方药线上线下销售额增速

资料来源：Wind、华泰证券研究所

企业如果自己有大量的线下药店，可以自建一个线上平台。当然，这种方式也会存在两个问题。一是企业能不能砍掉已有的药店。叮当快药用100家店覆盖北京城区。线下药店转线上，多出来的原有药店就变成了累赘成本。二是"线上+线下"的运营模式要求企业付出两份运营成本。这还没有提人才问题，能否招到、留住互联网人才是企业一起步就会遇到的难题。

如果不自建平台，企业就可以把药店和药品上线到公域平台，比如美团、京东等，从而成为公域平台供应商。企业成为供应商也需要考虑两点。其一，流量费提成。药店到美团买流量，与餐馆买流量类似，提成比例大概是20%。其二，线上运营管理。在美团、京东开了一家店，企业需要线上运营的团队管理。

与互联网巨头的竞争

实际上，叮当快药也是公域平台的供应商。在美团上北京的几个分区，包括沿海赛洛城、西直门、管庄等，叮当快药基本都是排第一名。它对北京城区的覆盖实现得非常好，但我们从北七家可以看出，叮当快药对郊区的覆盖一般，没有排上第一名。虽然没有排上第一名，但是叮当快药并没有放弃郊区，它为此提供了叮当智慧药房全城送的服务，也就是开设了一家专门负责全城配送的药房。

北京有四大连锁药店：医保全新、国大药房、同仁堂、嘉事堂药业。跟它们比，叮当快药是家新公司。但在2019年，叮当快药的销售额已经是整个北京地区的第二名了。

当然，其他城市也有叮当快药，比如上海、广州、成都……叮当快药在上海的运营不如北京，广州的还不错，成都的稍弱。这符合增长逻辑：单店突破，接着再裂变。

叮当快药跟美团和饿了么有合作，且运营良好；在平安好医生上运营一般；在其他平台，比如健客、妙手、丁香医生上没有入驻；在天猫、淘宝、京东上的运营状况不如美团和饿了么（见表附录3-1）。为什么会这样呢？

电商的运营模式分为B2C和O2O，美团、饿了么是O2O，而京东、淘宝、天猫是B2C。比如，O2O可以承诺2小时送货，B2C需要的时间会长一点儿：商家集中发货、干线物流再到支线，可能两三天才到货。所以叮当快药跟O2O电商合作更顺畅。

叮当快药与美团等公域平台并不是完全的竞争关系，而是竞

表附录 3-1 叮当快药平台运营情况评估

平台方	是否合作	运营评估	备注
美团	√	优	• 以区域药房形式入驻 • 叮当药房（某店）月销 7 873 件，其他非叮当药店月售 6 000 件以下
饿了么	√	优	• 以区域药房形式入驻 • 叮当药房（某店）月销 3 319 件，其他非叮当店月售 2 000 件以下
平安好医生	√	未运营	• 以区域药房形式入驻 • 北京区域叮当门店很少，显示 1 小时达，热销商品销量 2 位数 • 平台整体运营情况差，比如超级秒杀很多都是个位数购买量
健客、妙手、七乐康	X	未入驻	七乐康、健客、妙手是成立得比较早的一批经销商，一般都直连厂商，有一定的价格话语权。
丁香医生	X	未入驻	与国药堂大药房独家合作
天猫	√	未运营	• 康爱多大药房：粉丝量 303 万，月销最佳宝贝超过 21.5 万件 • 海王星辰大药房：粉丝量 41.3 万，月销最佳宝贝 2 664 件 • 阿里健康大药房：粉丝量 176 万，自营、专业药师服务、独立会员 • 国大药房：粉丝量 81.8 万，月销最佳宝贝超过 1.5 万件 • 叮当快药：粉丝数量 5 480，月销最佳宝贝 3 574 件并有评价 1 916 条
淘	√	未运营	• 叮当好健康企业店：粉丝量 368，月销最佳宝贝 61 件
京东	√	中	• 京东大药房：粉丝量 766.8 万，销量最佳宝贝有 81.77 万条评价 • 汇仁：粉丝量 138 万，销量最佳宝贝有 23.21 万条评价 • 999 官方旗舰店：粉丝量 44.2 万，销量最佳宝贝有 124 万条评价 • 叮当快药：粉丝量 1.6 万，销量最佳宝贝有 1.16 万条评价

合关系。作为线上流量平台，它们是竞争对手。在线下，叮当快药是美团的合作方。

在这个行业中，并不是所有的局内人都认为发展线上是第一要务。叮当快药生长在互联网上，它的第一要务是发展线上和线下的联动，但四大上市连锁药店（老百姓、大参林、一心堂、益丰药房）的逻辑就不一样。它们在大量收购原来的单体药店和小连锁店。这是为什么？这可能有三个理由。

1. 政策限制。药店不能随便开，药店的批文本身就是资产。
2. 财报上能体现增量。它们收购一批药店，被收购药店的营业额可以加入财报。
3. 四大上市药店认为线下仍然是药品的主要销售渠道。

由此可见，叮当快药与连锁药店的竞争核心，在于用户心智的形成以及线上线下整体运营能力的比拼。对叮当快药来讲，它是以"快"而生的，但如果想赢得这场竞争，它不能只靠一个"快"字。这就是我们需要思考的另一个问题：我们通过一个单点破局后，能利用这个单点实现持续增长吗？

我们来看叮当快药前期竞争者药给力的例子。药给力是一家O2O公司，当时做得非常好。但是在发展最关键的时候，公司团队出现了路线争执。当时团队由两拨人组成，一拨人是互联网团队，一拨人是医药团队。互联网团队认为极致化1小时送药更重要，医药团队认为公司的服务应该延伸到药学服务里。

第一条路走向了美团的细分领域，第二条路横向延展到了药学服务。

在我看来，第一条路根本行不通。美团不会给你任何抢它生意的机会，它一定会封杀；另外，药给力的效率也不可能超过美团，你只能在自己的专业性上下功夫，也就是延伸到整个药学服务。叮当快药就是按照这个逻辑走的。

叮当快药的业务延展有一整个链条，从智慧药房、快医、好健康到保险。它在整个链条上都做了布局，比如在检测领域有核酸检测、艾滋病检测等。从快药切入，它做医疗、检测、药品，还有保险。现在的叮当快药是线上购药平台，未来这家公司的场景是医生在线问诊、开处方、医药师审核、指导用药，然后是药房拣药、配送到家，整个医药的链条形成闭环（见图附录3-6）。

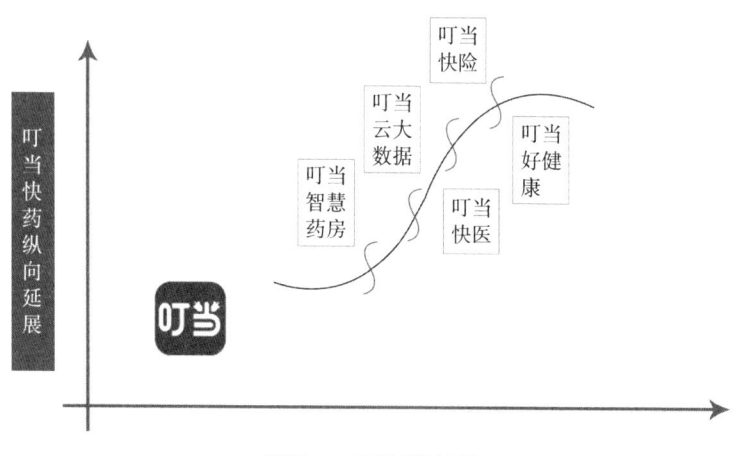

图附录3-6 叮当快药纵向延展

总而言之，传统的连锁机构和新兴的线上平台都在抢占在线零售市场，它们都认为在线零售市场在未来几年有一个快速增长的趋势，但竞争的核心在于"线上+线下"的联动能力。叮当快药与"美团们"的竞合关系取决于用户心智争夺的结果及各自的战略路径。也就是说，当有用药需求时，用户是到美团上购买，还是到一个专业平台上去购买？

未来推演

叮当快药还是一家小型的创业公司，现在还未上市，未来这家公司会成为什么样？

我们先看一看未来医药电商有哪些红利。最近几年，医药行业出台的政策几乎都利好在线业务，包括三医改革、分级诊疗、医保在线支付、医药分离药占比。国家越来越不鼓励医院以药养医，而是要把药这部分剥离出去。现在，处方药在医院才能开，以后可能会处方外流，即处方药能在院外购买。这代表着院外零售迎来10倍速的增长红利。

医药领域分为院内市场和院外市场，叮当快药处于院外市场的线上零售部分。目前医药行业的市场容量为1.8万亿元，院外市场占4 000亿元，其中线上部分是200亿元。预估在5年之后，医药行业的市场份额将达到2万亿元，院外市场占40%，是8 000亿元，其中在线零售的份额能提升到30%~40%，即大约2 000亿~3 000亿元的规模。5年后，市场扩大10倍以上，叮当快药就在这个市场当中。

在线零售平台除了面向消费者外还有两大可挖掘的机会，一是医保的机会，二是医院的机会。医院的处方外流需要承接平台，医保在线支付也要有平台。医保只能实现同区域支付，比如北京的医保统筹方只支付北京患者的医疗费用。叮当快药的模式是单店模型加同城模型，同城模型在医保市场上很重要。另外，企业在消费端的做法可以参考零售电商，比如社交电商、私域流量、KOL、KOC（关键意见消费者），这些都可以同步迁移到医药电商领域。

对叮当快药，我们给出以下建议。

第一，需求侧。

1. 它要从快公司转变为专业公司。"快"不足以形成它的护城河，它要在用户心智当中建立一个专业医药公司的形象。
2. 它应当借鉴零售电商的做法。
3. 它要实现线上与线下同步的私域运营。
4. 它应当承接医院和医保的需求。

第二，连接侧。

1. 它要继续打通公域平台。
2. 它可以尝试应用新媒介，比如抖音。
3. 它需要有稳健的城市布局。

第三，供给侧。

1. 上市之后，它可以收购工业公司。医药行业的核心竞争点是生物技术，如果生物技术有突破，企业就能攫取行业的最大利润。
2. 它应当布局原研药。
3. 它需要继续夯实FSC体系。

转型要点

抛开医药领域，叮当快药给我们的启示是传统行业如何做互联网转型，有三个要点。

第一，思维层。企业要明确判断行业的发展趋势。未来至少有四大趋势，分别是渠道为王、品牌为王、终端为王和用户为王。

渠道：药品从药厂出来，被低价出售给代理商。药品渠道铺建好，销售就赢利。

品牌：企业可以打造类似哈药六厂的知名药品品牌，通过投放广告渗透用户认知，促进销售。

终端：企业应当控制零售终端。药店的药师经常给用户推荐利润更高的产品，企业让利给药店，可以让终端的药店更愿意卖自己的产品。

用户：企业直接掌握用户端，而不是通过中间渠道触达用户。

张一鸣有句话说得非常好：不要迷恋旧战场。我们要看到未来行业发展的变化，而不是局限在当下的战场。杨文龙之前做的仁和药业是待在旧战场里。后来他跳到互联网中，跳到用户运营的范畴，开辟了新领域。做互联网不等于做流量，也不等于做线上。叮当快药做的是线上线下的结合。

第二，组织层。

股权设置：叮当快药是独立的小机构，跟仁和药业没有明显的股权关系。不依附仁和药业的独立机构，才能拿到软银中国的投资，走 A、B、C、D 轮融资，最后上市。

融合两类人：企业转型后有两拨人，一是传统公司原有的老兄弟，二是互联网的新鲜血液。叮当快药以项目制的方式把两拨人结合在一起，一荣俱荣，一损俱损。

转型的变与不变：叮当快药转型后不变的是核心引擎、铁军一样的战斗力以及创新基因。叮当快药改变的是与新环境适配的点。传统公司的管理思维是管控思维，企业转型后，管控思维转变成合伙人思维。

第三，能力层。

首先，放大原有优势。叮当快药的战略优势是它熟悉传统医药供应链，放大上游供应链控制能力。其次，重度投入数字化。企业在做互联网转型或是数字化转型时，重度投资数字化是少不了的。

除了以上三个转型要点之外，我们还得到两个启示。

第一，企业实现单点突破之后怎么办？企业突破之后分 4

步：（1）击穿单点阈值；（2）评估单点的持久性；（3）布局同一批用户，在忠实用户中，布局他们的延伸需求；（4）形成护城河。

第二，对行业本质的认知不同，人们看到的路径就不一样。滴滴出行创始人程维说过一句话："创始人的认知边界是企业真正的边界。"企业活在创始人的认知通道里。创始人怎么看待一个行业的本质以及这个本质衍生出来的路径，企业基本就在创始人认知中的这条路径上发展。

对行业本质的认知不同，企业看到的路径就不一样，叮当快药也同理。

附录 4
理想汽车：奔跑在逻辑里

到目前为止，理想汽车还远远称不上一家成功公司，甚至在新造车势力里，它的市场份额都不算领先，我们为何要分析它？原因有二：一是新能源汽车将是未来 30 年最大的时代风口之一，对它们的观察极其必要；二是李想等新一代"认知型创业者"让我们看到了未来中国企业家的样子。

我们国家近年来大力发展新能源汽车，动力有二。一是市场需求倒逼供给侧改革，发展新式能源，摆脱对石油的强依赖。二是我们希望在汽车这种战略性产业中实现弯道超车。我国在燃油车领域落后美、德、日数十年，上游专利被牢牢把持，自研发动机总也造不好。但新能源汽车不需要发动机，在新环境下，我们可以绕过产业原有的关键核心节点，重新开辟路径。这最有可能让中国在战略产业上实现领先和超越。

中国已经走过40年改革开放的红利期，几代企业家凭借本能和市场机会杀出了一条路。可我们应该认识到，未来这种"努力型"和"机会型"的大企业家将越来越难出现。用户变了，竞争环境也变了，认知型企业家将成为主导力量。我们从李想、王兴、张一鸣、黄峥身上可以嗅到这种味道，即他们对社会、对人类具有深刻的洞察，而不是凭一时之勇开创了一家企业。这对我们商业研究者是一个巨大的抚慰：主导未来商业世界的核心思想应该产生于中国，按照先验的商业逻辑去成就社会比成功之后总结一套说辞更让人信服。虽然同样爱思考，但王兴、张一鸣和黄峥已经功成名就，李想还在路上，这是我们选择李想和理想汽车作为本书最后一个案例的最初考虑。

李想是一位连续创业者，他先后创立了泡泡网、汽车之家、车和家以及更名后的理想汽车。经纬中国的张颖曾问李想："创立汽车之家以后，你已经实现了财务自由，为什么会选择继续创业？"李想答："我想探索自己和整个团队的成长极限。"

他确实不是为了生存而创业。创立车和家之前，李想团队已经有了比较完备的战略思考。我们以本书阐述的结构性增长为分析框架，将理想汽车作为具体案例进行分析，希望帮读者建立基本的商业思考框架。

价值破局

李想曾讲，企业在0到1的阶段主要思考价值主张，在1到

10的阶段思考"价值主张＋组织＋战略"。用企业生命周期描述如下（见图附录4-1）。

持续增长的核心是价值创造而非流量，这是本书秉持的观点。这并非说流量不重要，而是作为希望成就伟大事业的企业家，我们不能将自己的精力都放在如何找到便宜的流量上，而是要多思考我们究竟创造了什么价值。

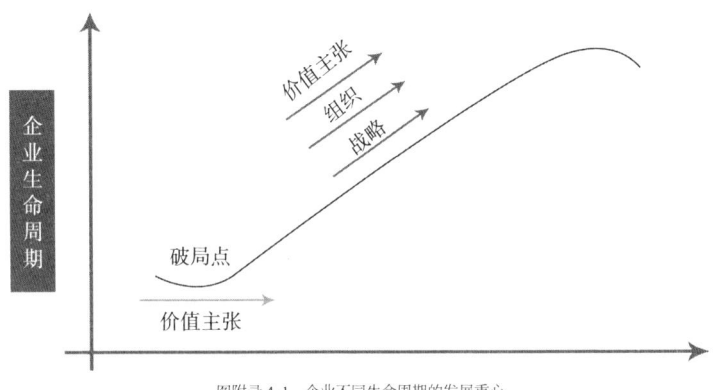

图附录4-1　企业不同生命周期的发展重心

李想曾评价电视剧《大江大河》第一部中的小杨巡。他折腾来折腾去，见人说人话，见鬼说鬼话，是个通常意义上的"能人"。但他总是原地打转，像极了我们周围那些积极拓展人脉的希望蹭点流量的人。小杨巡经历了多番痛苦，直到找到了"绝不卖假货"这个价值主张，才真正实现了生意破局。

价值主张是用户选择我们的理由，是具有复利价值的用户心智积累。李想给理想汽车的价值主张是"创造移动的家，创造幸福的家"。很显然，理想汽车没有强调诸如"高科技""专业度"等价值主张，而是从对用户家庭场景的理解出发，构建企业的价值主张,进而达到了差异化效果。

在汽车之家时代,李想就秉持"比用户更懂汽车,比专家更懂消费者"的目标。很显然,这种思路被理想汽车延续了下来。它不去跟传统厂商比专业,也不去跟消费互联网公司比用户理解,而是取了中间地带。李想虽然很年轻,但类似的"中庸感"屡次出现在他的决策中,包括选择"增程式"这种过渡性技术路线作为首款车"理想ONE"的动力方式。

随着规模扩大,企业只有价值主张也是远远不够的。它是否有清晰的规模化战略路径,其组织能力能否支撑这个战略路径显得越发重要。李想是第三次创业,所以更关注组织成长。过去两次创业让他认识到,有什么样的组织才能做出什么样的成果。

理想核心团队出身于互联网,汽车公司又是典型的工业型组织。公司是采用工业型组织机制还是采用互联网型组织机制,这成了一个问题。李想的"中庸感"又一次体现在重大决策中,在咨询了曾鸣教授后,他得到了理想汽车的组织形式象限图。

每个象限根据不同业务形态对应着不同的组织形式,理想汽车给自己的业务类型做了分区:供应链和制造对应工业型组织,理想App和销售与服务对应赋能型组织,车辆和大型软件的研发对应系统型组织,而自动驾驶已经到了未知的无人区——不是一两个聪明人想明白的,而是一群聪明人"跑出来"的,对应的就是共创型组织。早期理想汽车采用的是工业型组织。作为互联网人,李想先向工业组织学习。虽然他上次创立的汽车之家也算在汽车行业中,但媒体与真正的产业之间的差距是十万八千里。

为了快速了解行业，李想找到一个技巧，即面试这个行业的牛人。在面试过十几个真正的行业专家后，他也变成了半个专家。

2019年以后，理想已经拥有了下图左下角的工业型组织能力，又结合了右下角的赋能型组织能力，现在它要向"上"，即向系统型组织和共创型组织延伸。在这两个方向上，它分别向华为和字节跳动学习（见图附录4-2）。

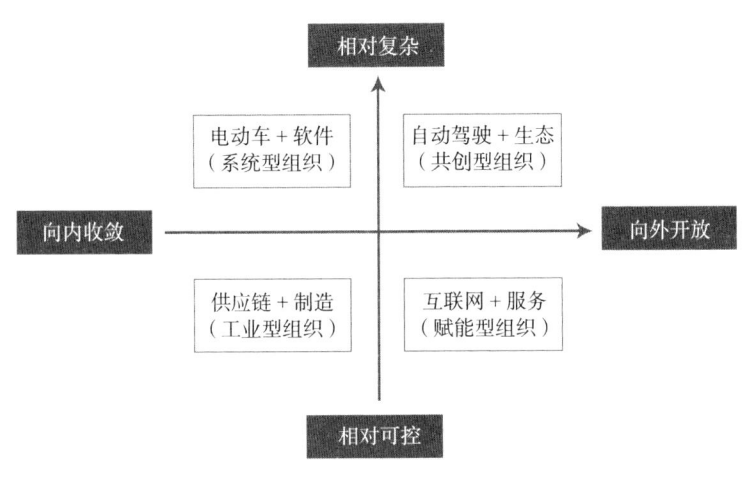

```
                    相对复杂
                      ↑
      电动车+软件     │    自动驾驶+生态
      （系统型组织）  │    （共创型组织）
                      │
向内收敛 ─────────────┼───────────── 向外开放
                      │
      供应链+制造     │    互联网+服务
      （工业型组织）  │    （赋能型组织）
                      │
                    相对可控
```

图附录4-2 理想汽车的组织形式

华为从IBM引进的IPD（集成产品开发）和BLM（业务领先模型）在产品和战略层面成为理想汽车的学习标杆。OKR（目标与关键成果法）则让理想汽车走进了共创型组织的大门。字节跳动是国内把OKR实践得最好的案例，它开发的办公协同软件飞书作为工具与OKR的管理思想相辅相成，被理想汽车整体引进。

OKR与增长型组织呈强相关关系。增长不是创新，而是让团队回归到生意的本质。

OKR不仅仅是网状协作的目标管理工具，更是有效的网状协作工作沟通系统。

OKR有三个关键点。

1. 必须是在线系统，用于同步信息的会议将大量减少。
2. 必须是一把手工程。
3. 必须持续复盘。

我们观察到，目前应用OKR较好的公司还是以新经济公司为主。OKR要求每个人都是独立决策单元，至少在以总监为代表的中层就有理解战略的能力。由于团队不适应，应用OKR一定是从糟糕到更糟糕再到有好转的过程。今天很痛苦，明天更痛苦，大多数人会在明天晚上放弃，但后天很美好。

在OKR机制下，战略并不遵循传统的"决策—执行"路径，而是被共创出来的。观察理想汽车的战略，其价值不是内容上的，而是结构上的；不是关于"战略是什么"，而是关于"如何产生战略"。这种机制的形成受阿里巴巴影响甚深。李想发现，阿里巴巴用组织构建了超级大脑，借助超级大脑进行战略共创。认知的共创与共识，战略的共创和共建，通过系统运作并运营（见表附录4-1）。

表附录4-1 理想汽车的战略

	品牌	战略	组织
目的	我们是谁？	我们到哪里去？	我们如何实现？

（续表）

	品牌	战略	组织
流程	1. 品牌的理念 2. 人才的理念 3. 5年目标和价值选择 4. 关键指标和品牌计划 5. 财务预算和品牌漏斗	1. 未来10年愿景共识 2. 5年目标和价值选择 3. 产品计划和商业计划 4. 组织架构和人力需求 5. 财务预算和企业利润	1. 组织的工作法 2. 决策机制和流程 3. 委员会和人才图谱 4. 人才招聘和人才成长 5. 财务预算和人才效益

制定战略需要一种终局视角，即从未来看现在。理想汽车给2025年定的销售指标是160万辆，这是算出来的。以合理的增长率预估，全国整体的汽车销售量到2025年可达3 200万辆，其中25%为新能源汽车，即800万辆。要占据其中的20%，就是160万辆，理想汽车必须要做到这样才能活下来。一个行业的集中程度与竞争效率强相关，竞争效率高，集中度就高，比如互联网企业。竞争效率低，集中度就低，比如餐饮和教育行业。汽车行业的原有竞争要素是工业和机械，竞争效率不高，企业的市场份额能达到5%就可以很好地活着。但新能源汽车的竞争要素是芯片与数据，市场上可能会出现马太效应，即强者更强。如果选了一个小品牌，用户就失去了选择新能源汽车的意义。这是一个竞争效率高于传统汽车行业的领域，从市场集中度的角度判断，企业需要达到20%的市场份额占有率才能存活下来。

正确的战略逻辑不是根据当下的能力给出一个增长率，据此算出企业5年后能达到什么水平，而是从5年后需要达成的水平倒推出企业这5年需要做到什么。

杠杆放大

积极地利用杠杆，是实现增长不可或缺的方法。

杠杆之资本：理想汽车在美国纳斯达克和中国香港两地同时上市，是在给未来积累"弹药"。造车这个行业花钱如流水，李想表示不拒绝各种各样的融资方式。

杠杆之土壤：新能源汽车行业其实是多个趋势的综合汇集，包括电动化、智能化、网联化和共享化。企业站在一个快速上涨的赛道上，即选择了好的土壤。新能源汽车这个赛道的爆发趋势非常明显，但它又是有门槛的，企业切入早可以获取更多杠杆资源。现在提起新能源"造车新势力"，人们就会想起蔚来、小鹏和理想汽车。这就是先发品牌价值，其实造车新势力远不止它们。"造车新势力"的说法对它们来说价值千金。

杠杆之新政策：在2021年下半年，企业应该嗅到了一些政策信号。K12教培行业几乎整体消失，对游戏行业的定性让腾讯、网易等公司的市值短时间内蒸发5 000亿元……有一种说法，即过去数十年中国曾经希望学习美国通过发展服务业来推动经济增长，在中美贸易摩擦和新冠疫情后，我们意识到，工业体系的完善和完备更加重要，不能被别人卡脖子。于是我国在经济发展道路上出现明显的转向，从美国道路转向德国道路，通过发展制造业带动GDP。"重制造，轻服务"成了大方向，医美、教育、电子烟、电商、传媒、娱乐、游戏等行业可能都不处于被鼓励的赛道。理想汽车则处于制造业高地，无疑会获取政策支持。此外，有些开玩笑的说法是，为了预防老龄化趋势加重，政策鼓励居民生孩子，理想汽车的价值主张可以自然延伸到多子家庭。这些都是杠杆。

车和家在其第一个产品 SEV 未获得政策明确允许的情况下对其投入大量资源，是在赌它量产时政策将会放开。目前看，这是一个战略失误，好在已经被及时停掉。绝大多数情况下的商业决策要追求成功概率，极少数情况需要靠创始人的非共识决策将不可能变成可能。君子不立危墙之下。

打透细分

哈佛商学院的克里斯坦森教授曾经提出"低端颠覆"模型，这一模型在国内经混沌学园传播而广为人知。"低端颠覆"是一种差异化竞争战略。如果某市场上的主流产品对大众人群存在性能过度的情况，且此行业的技术发展存在"右上角迁移力"，即技术的发展快于需求的增长，则此市场存在低端颠覆的机会。

理想汽车明显走了一条与之相反的路径，我们称之为"高端颠覆"。造车是一个投入高、回报慢的行业，前期企业需要抓住一批对价格不是特别敏感的、愿意为功能本身以外的价值支付溢价的群体，即所谓的"高端人群"。理想汽车对自己的用户群体定义很明确：有孩子的家庭用户，通常是三世同堂；拥有充电条件；不只有城市出行需求，也有明确的长途驾驶需求，如自驾游。

李想自己也发现，购买理想汽车的消费者往往都拥有多辆车，理想 ONE 的定位是"30 万元以上自主豪华品牌车型"。

在新造车势力中，理想汽车和蔚来都以与用户关系好而著称。之前出现过很多案例，有用户投诉理想汽车，官方还没说话，其他用户自发维护起来了，这有点儿像饭圈现象。其实这都是理想汽车明确选择了细分市场进行切入的结果。它的目标人群很清晰，它只需要尽全力服务好他们。同时李想定调只做一款车，给这个车型绝对到位的资源和人力匹配，实现压强最大、舍九取一、力出一孔。

这种方式可以让科技企业完成 0 到 1 的阶段成长，但要跨越 1 到 10 的阶段，需要可以规模化打动大众市场的方法，就像小米在早期通过"米粉"实现 0 到 1 一样，但现在的小米不怎么提米粉了。理想汽车希望在 2025 年销售 160 万辆车，这显然是目前定位的人群无法实现的水平。

势能崛起

对于"势能崛起"，李想应当特别有感触。

早在泡泡网时代，媒体炮制出"四大 80 后创业明星"，李想便位列其一。后来他接受采访时说了实话，当初很多人都以为他是亿万富翁，其实他兜儿里只有几十万元，但那种说法可以让他获得更高关注度，帮助公司获取投资和用户，他便安之若素了。

李想多次出现在媒体报道中，这是有意的公关安排。他参与

《奇葩说》等综艺节目，带来了破圈效应。借助势能是低成本获取资源的有效途径。

观察新能源汽车行业，我们会发现产业边界被进一步打开，新造车势力都是"外行"。这会成为各个行业的常态，推进数字化转型会加快产业边界的打开与融合。当生产力发生变化时，商业模式与组织心智都要相应与之适应。造车新势力统一抛弃了传统车企的经销商模式，采用直营模式，是放弃了市场渗透效率来换取直接的用户交互，底层是数据联通。面对新世界，很多人以为自己适应了，其实没有。很多老板进行的转型往往是"我不变，但底下人要变"，转型最难也最关键的就是"杀掉"自己。其实二代接班是个好事情，新的人可能做好，可能做坏，唯一能确定的是他们一定与上一代不一样，而这已足够令人期待。

观察理想汽车，我们会发现这是一家成长在逻辑里的公司。张一鸣讲过，人和人没有什么核心区别，只有认知的区别。这也是本书的写作目的，我们希望这本书对中国企业家提升商业认知有一点点帮助。商学院成立100年以来，前辈们在尽可能地用科学的方法把规律性的东西总结出来，商学院讲的就是普遍规律。普遍规律之上是个人的天马行空和艺术性发挥。商业是高度不确定的，对于模糊问题不要奢望得到确定答案。我本人是中国教育机制的受益者，但不妨说说教育机制的问题——答案思维。我们总认为有一个答案写在教科书里，所以面对模糊问题仍然追求确定答案，追求不到就会认知失调。在公开演讲场合，我最害怕遇到的问题就是："李老师，我做某某行业，请问我们怎么做增长？"这类问题我没有办法简单回答，我必须结合商业逻辑、事实现状、个人心智等进行综合判断，才能得出大概率有效的方案。

一家好的企业一定有超越金钱的追求，一定会不断拷问自己存在的意义是什么。这便是使命，使命是企业在从小到大的过程中逐渐明确、逐渐强大起来的。反过来，它也会对一家好企业的基因起到促进作用。美团创始人王兴讲过，对未来越有信心，对当下越有耐心。

进入管理层的人都要慢慢培养战略思考能力。如果领导者到了总监层仍然没有战略思考能力，企业的执行力会大打折扣。OKR的实现就需要至少中层的人能够理解战略。在制定战略的过程中多让中层参与，可以大幅提升执行效率：他们理解了战略的制定逻辑和背景，就会更有参与感，也会更积极主动地执行。

李想的经历提醒了企业家们，曾经成就我们的会遮蔽我们，能够穿越周期的是深度思考，新一代企业家普遍具备深度思考能力和高认知水平。这同时也提醒了年轻人，要以积极的心态面对未来。李想在《奇葩说》上讲："选择上大学还是不上大学，这不是积极的选择；选择上大学还是去创业，这才是积极的选择。"

附录 5
本书涉及行业及企业

- 新消费：喜茶、元气森林、小罐茶、极宠家、超级猩猩、泡泡玛特、熊猫不走、完美日记
- 互联网、移动互联网：谷歌、百度、新浪、字节跳动、摩拜、高德、美团、滴滴、360、搜狗、快的、神州专车、ofo 小黄车、Uber、盛大、腾讯、网易、汇通达、搜狐、瑞星、VPHOTO、Dropbox、PayPal
- 电商：阿里巴巴、京东、拼多多、唯品会、亚马逊、携程、淘宝、58 同城、大众点评、天猫、易车网、爱库存、饿了么、Slickdeals、Dealnews、WOOT、Fatwallet、Bradis Deals
- 汽车：理想汽车、蔚来汽车、特斯拉、大众、小鹏
- 零售、新零售：盒马鲜生、茑屋书店、几光、开市客、孩子王、

便利蜂、沃尔玛、家乐福、瑞幸、兴盛优选、宝洁、联合利华、奥特莱斯、名创优品、宝岛眼镜、星巴克、吉列、Borders、Ponta

- 综合产业：五星控股、乐天集团
- 金融：纽约证券交易所、上海证券交易所、软银集团、中金投资、招商银行、IDG 资本、景林投资、平安银行、高瓴资本、今日资本
- 家电：格力、奥克斯、苏宁、国美、好享家
- 体育用品：尤尼克斯
- 媒体游戏：任天堂、暴雪、爱奇艺、优酷、刀塔传奇、T-MEDIA 公司、Culture Convenience Club
- 社交网络：微信、陌陌、Facebook、YY 直播、支付宝、牛博网、雅典学园、Soul
- 电子信息：IBM、飞利浦、尼康、英特尔、小米、苹果、锤子、传音、优刻得、华为、TCL、康佳、OPPO、VIVO、itel、南方高科、科健、阿斯麦尔、中国移动、中国联通、中国电信、德州仪器仪表公司、NEC、富士通、日立、三星、诺基亚、摩托罗拉、惠普、安克创新、波导、夏新、台积电、MOSTEK 公司、宏碁
- 教育培训：哈佛商学院、北大、清华、长江商学院、中欧商学院、美国宾夕法尼亚大学沃顿商学院、混沌学园、猿辅导、跟谁学、作业帮、好未来、新东方、学而思、风变编程、编程猫、开课吧、VIPKID、51Talk、英语流利说

- 知识付费：樊登、微博、得到、豆瓣、知乎
- 新媒体：趣头条、抖音、B 站、小红书、视频号、今日头条、快手、欢聚时代
- 餐饮食品：外婆家、雪花啤酒、可口可乐、百事可乐、七喜、伊利、三元、光明、红牛、王老吉、加多宝、云海肴、青年餐厅、海底捞、蒙牛、丽华快餐、麦当劳、肯德基、萨莉亚、统一、康师傅
- 营销咨询：华与华、CCC
- 鞋服：SHEIN、Club Factory、FILA、百丽、安踏、耐克、优衣库、ZARA、H&M
- 化妆品：欧莱雅、上海创元化妆品、玛丽黛佳
- 酒业：茅台
- 房地产：贝壳、万科物业、九九房房地产
- 医药：京东健康、叮当快药、阿里健康、仁和药业、医保全新、国大药房、同仁堂、嘉事堂药业、健客、妙手、丁香医生、老百姓、大参林、一心堂、益丰药房、药给力
- 企业服务：微软、增长研习社、钉钉、飞书、Zoom
- 交通运输：国航、东航、南航、中国高铁
- 物流：闪送、顺丰、四通一达、EMS、极兔、达达
- 保险：平安、安利、泰康、凯森保险
- 奢侈品：爱马仕、香奈儿

　　（排名不分先后）